国家高端智库武汉大学国际法研究所

国　际　法　文　库
INTERNATIONAL LAW LIBRARY

黄　进　总主编
肖永平　执行主编

专著系列
黄志雄　主编

跨境代孕国际私法问题研究

A Study of Private International Law Issues in Cross-border Surrogacy

袁　泉　罗颖仪　著

法律出版社
LAW PRESS · CHINA

教育部人文社会科学研究一般项目“跨境代孕的国际私法问题研究”
（17YJA820041）研究成果

总序一

当今之世界，随着全球投资贸易不断增长，科学技术特别是信息技术飞速进步，通信和交通日益便捷，人文交流蓬勃发展，经济全球化、政治多极化、文化多元化、社会网络化、法律趋同化已成为天下大势。在这种背景下，作为国际社会最为重要的行为规范，国际法在全球治理中发挥着不可替代的作用。

今日之中国，秉持“创新、协调、绿色、开放、共享”五大发展理念，正在全面建设小康社会、全面深化改革、全面推进依法治国、全面从严治党、全面参与全球治理。在这个过程中，国家始终坚持统筹国内、国际两个大局，于内，追求实现“两个一百年”奋斗目标，追求实现中华民族伟大复兴的中国梦。于外，坚定不移对外开放，参与全球治理；坚持和平发展、合作共赢；积极构建中国特色大国外交，完善对外战略布局，既“请进来”，又“走出去”，加快推进“一带一路”建设；坚决维护国家主权、安全、发展利益，争取良好国际环境，维护世界和平稳定，促进各国共同发展，打造“人类命运共同体”。毫无疑问，坚持统筹国内、国际两个大局，不仅要全面推进依法治国，加强国内法治，而且要在全球治理中高度重视和善于发挥国际法的作用，加强国际法治，推进国内法治与国际法治良性互动，特别是要完善中国自己的涉外法律法规体系，积极参与国际规则的制定，增强中国在国际法律事务中的话语权和影响力，运用法治思维和法治方式依法处理涉外事务，强化涉外法律服务，加强国际法治合作。

当下之中国国际法学界，经过改革开放30多年的建设和发展，可以肯定地说，国际法学科体系不断健全，学术队伍不断壮大，国际学术交流与合作不断拓展，学术水平和创新能力不断提高，培养了一大批国际法专门人才。而且，广大国际法专家学者解放思想、实事求是、求真务实、与时俱进，深入研究和回答中国改革开放面临的国际法理论和实践问题，产出了一大批有分量的学术成果，为国际法学的繁荣发展和国家改革开放及现代化建设做出了重要贡献。但应该指出的是，中国国际法学领域还存在一些亟待解决的问题。比如，国家缺乏整体的国际法学科发展战略规划，国际法学科建设放任自流，各国际法机构各自为阵；国际法人才队伍学术原创能力和解决实际问题的能力不强，活跃在世界国际法舞台的人才不多，总体素质亟待提高；国际法人才培养体系不健全，德行教育与知识传授相分离、理论培养与实践训练相脱离、国内培训与国际培训相隔离；国际法学术研究缺少精品力作，还没有产出具有广泛国际影响的创造性思想成果和理论成果，在国际规则制定和国际法律事务中的话语权和影响力不大。可以这样说，中国国际法学界目前在学术命题、学术思想、学术观点、学术标准、学术评价、学术话语上的能力和水平同中国综合国力和国际地位还不太相称。

综上所述，国际法在国际社会中的重要地位日益凸显，中国全面推进依法治国、对外开放、参与全球治理，亟须掌握和运用国际法，中国国际法学界仍处于有数量缺质量、有专家缺大师以及作用没有充分发挥出来的状态。我们所处的时代表明，这是一个需要国际法的时代，这是一个需要国际法理论创新而且一定能够产生国际法新理论的时代，这是一个需要国际法思想而且一定能够产生国际法新思想的时代。所有这些，正是我们编辑出版“国际法文库”以推动国际法学繁荣发展的初衷。

“国际法文库”将坚持兼容并包、思想自由。主张立足中国、借鉴国外，挖掘历史、把握当代，关怀人类、面向未来，着力推进构建既具有中国特色、中国风格、中国气派，又能进入世界学术话语体系的国际法学。

“国际法文库”将坚持问题导向。面对中国改革开放的新常态、国际局势的新变化，世界范围内各种思想文化交流交融交锋的新形势，只有聆听时代的声音，回应时代的呼唤，认真研究国家深化对外开放、全面参与全球治理的重大而紧迫的问题，才能真正把握历史脉络，找到发展规律，推进国际法理论创新和全球治理实现良法善治。

“国际法文库”将坚持跨学科研究。国际法律问题涉及国际社会生活的方方面面,具有跨学科性,需要从多学科视角,运用学科交叉融合的方法,进行跨学科研究。也就是说,对于国际法律问题,不仅要从国际公法、国际私法、国际经济法等国际法学视角进行研究,而且还要从宪法、行政法、民商法、刑法、诉讼法等国内法学视角进行研究;不仅要从法学视角进行研究,而且还要从国际政治、世界历史、全球经济、人类社会变迁、多元文化交融、地球生态文明等视角进行研究。跨学科研究在于坚持用联系的发展的眼光看待问题,增强研究的整体性、系统性、协调性、战略性,促进问题合情、合理、合法的解决。

“国际法文库”将坚持创造创新。创新是一个民族进步的灵魂,也是引领理论发展的动力。创新,就是有所发现、有所发明、有所创造。国际法理论的生命力在于创新,只有不断进行探索,才能推进国际法思想创新、知识创新、理论创新、制度创新、方法创新。国际法理论创新要从问题开始,发现问题、筛选问题、分析问题、研究问题、解决问题的过程就是创新的过程。国际法理论创新不必贪大求全,发现新事实、新材料、新现象是创新,阐明一个新原理、提出一种新学说、揭示一条新规律是创新,发明一项新技能、找到一条新路径、创造一种新方法也是创新。

“国际法文库”设专著系列、译著系列、实务系列、文集系列,是法律出版社与武汉大学国际法研究所共同打造的学术品牌。法律出版社在中国出版界特别是法学、法律出版领域的龙头地位自不待言。这里有必要对武大国际法所多说几句。武大国际法所是我国著名法学家、教育家、国际私法一代宗师韩德培先生于1980年创办的,是我国高校设立的第一个国际法研究所。该所自创立以来,自强不息,追求卓越,先后培养了一大批已在学术和实务方面崭露头角的国际法专门人才,先后产出了一大批具有较高水平的国际法学术成果,先后两次被评为国家级重点学科,2000年被确定为教育部人文社会科学重点研究基地,2015年入选首批国家高端智库。可以肯定地说,武大国际法所是当今中国国际法领域的学术重镇,不断推进中国国际法人才培养、科学研究和新型智库建设,不仅是它义不容辞的责任,更是它崇高而神圣的使命。正是基于这种情怀,武大国际法所与法律出版社携手合作,设立了这个“国际法文库”。这是为中国国际法学界开辟一块新的学术园地,建造一个新的学术舞台。“国际法文库”是自由、开放、包容、多元的,海内外的国际法同仁都可以在这块园地里辛勤耕耘,春播夏种、秋收冬藏;也都可以在这座舞台上翩翩起舞,崭露头角、一展锋芒。我真诚希望,所有以国际法为志业、立志为中国国际法事业做出贡献的海内外同仁,都能把“国际法文库”视为我们共同的国际法事业的一部分,关心之、支持之、帮助之、鞭策之,勿忘初心、久久为功,去迎接我们共同期待的中国国际法学界百花齐放、百鸟争鸣的春天。

是为序。

*

2016 年 12 月 1 日于北京

---

* 黄进,中国政法大学教授,中国法学会副会长,中国国际法学会会长,中国国际私法研究会会长。

总序二

随着中国日益接近世界舞台的中央，我国迫切需要加强国际法律共同体建设，利用国际法维护世界和平和人类命运共同体以及可持续发展，保障中国的正当利益。因此，不管是国际法制度构建，还是国际法理论创新，抑或是国际法实践引领，中国都需要从“被动适应者”向“主动引领者”转变。

由我国著名法学家、教育家、社会活动家、国际私法一代宗师韩德培先生创办的武汉大学国际法研究所是1980年由原国家教委批准成立的中国高校第一个国际法研究机构；1981年设立博士点；1995年建立博士后流动站；1996年列为“211”工程重点建设单位；2000年被教育部批准为普通高等学校人文社会科学重点研究基地；2004年被批准为“985”工程哲学社会科学创新基地；2015年被中宣部确定为首批国家高端智库试点建设单位。她一贯秉持国际公法、国际私法、国际经济法的全面和综合研究，积极拓展联合国法、欧洲联盟法、国际能源法、电子商务法、国际发展法、国际网络法、国际投资法、国际金融法、国际体育法、世贸组织法、海洋法和海商法等前沿学术领域，形成了学科研究方向齐全、学科发展水平一流、咨政服务能力突出、教学科研成果领先的鲜明特色。

但是，不管是作为教育部的人文社会科学重点研究基地，还是作为国家高端智库，仅仅依靠一个研究所的力量难以实现中国国际法理论的创新，难以实现中国从国际法的“被动适应者”向“主动引领者”的转变。当下，中国面临的问题在全球化进程中愈发凸显其复杂性，许多问题往往需要从不同学科、不同视角、不同谱系进行合理的理论解释、作出正确的政策选择；而不同学者、学术机构、智库在不同领域具有相对优势，或者因所在区域不同而存在区域政策问题的竞争优势。因此，团结、组织中国国际法学者共同攻关、协同创新是获得国际竞争优势、创新中国国际法理论，进而实现中国从国际法的“被动适应者”向“主动引领者”转变的必由之路。正是出于这种考虑，我们与法律出版社合作出版“国际法文库”，希望集中展示中国学者的国际法著述和学术见解，及时传播国外国际法学界的最新研究成果，协同研究中国面临的重大国际法实践问题，不断增强中国国际法理论的国际话语权，不断提升中国国际法制度的国际吸引力，不断提高中国国际法实践的国际影响力。

因此，“国际法文库”将面向中国国际法理论界和实务界广泛征集选题，通过自荐与他荐相结合的方式，由丛书编辑委员会根据其学术性、思想性和创新性决定出版选题。本文库分为专著系列、译著系列、实务系列和文集系列。

专著系列旨在集中呈现中国学者在国际法领域的理论研究成果，引导中国国际法学界关注国际学术动态、设置前沿学术议题、营造良好学术风气，推动中国国际法理论创新。以学术性和创新性为选题标准，主要出版中国学者关于国际法领域具体问题的创新性研究成果。

译著系列旨在全面推介国际社会国际法理论的经典著作和最新成果，促进中外国际法理论的交流与交锋，促使中外国际法实践的互动与创新。以思想性与新颖性为选题标准，主要出版国际社会在20世纪90年代以后创作或再版的国际法著作的译作。

实务系列旨在在中国国际法理论研究和实践运用之间架起桥梁，促使中国国际法研究更加贴近国家和社会的现实需要，在国际法理论的支撑下运用国际法规则分析和解决实践中出现的问题。以对策性与实用性为选题标准，主要出版针对实践中的国际法问题，特别是与中国密切相关的国际法问题的著作，强调贴合国家对外交往实际需要，关注操作层面的问题选择、分析和解决方案。

文集系列旨在及时反映中国国际法学界举办的学术会议成果，提高学术交流的质量，加强学术交流的深度，扩大学术交流的影响。以新颖性与可行性为选题标准，主要出版能够设置学术议题、引领理论前沿的论文集。

我们相信,在中国国际法学界同仁的关心、支持与积极参与下,“国际法文库”一定能够实现上述目的,为中国国际法的理论创新、制度变革和实践引领贡献她应有的智慧、发挥她应有的作用。

[*]

2017 年元旦于武汉

---

* 肖永平,武汉大学国际法研究所所长,长江学者,法学教授,中国国际私法研究会常务副会长。

Contents

目录

第一章 代孕的理论概述

第一节 代孕概述

一、代孕的起源及其发展

（一）代孕的起源

代孕并不是一种新兴的社会现象，它与人类的历史一样古老。有关代孕的文字记载早已有之，最早可追溯至《圣经》和古巴比伦时期的《汉谟拉比法典》。在历史上，第一对使用代孕服务的不孕夫妇是《圣经》（The Genesis，16.1－15）中提及的亚伯拉罕和莎拉。大约在公元前1910年，莎拉雇用的女佣哈加尔（Hagar）与莎拉的丈夫亚伯拉罕生下了伊斯梅尔（Ishmael），这个孩子是历史上第一个通过传统代孕而出生的孩子。[①] 已知的人类历史上第二个和第三个代孕孩子，则是出生在公元前18世纪中叶，是苏美尔—美索不达米亚（Sumer-Mesopotamia）雅各布家族中亚伯拉罕的孙子。在苏美尔—美索不达米亚，代孕是根据法律规定安排的传统意义上的代孕。[②] 编纂于公

---

① Open Access Scientific Reports, Konstantin Svitnev, "New Russian Legislation on Assisted Reproduction", https://www.omicsonline.org/scientific-reports/2155-9627-SR207.pdf, August 28, 2019.

② See K. Svitnev, "Legal Control of Surrogacy-international Perspectives", in Joseph G. Schenker, ed., *Ethical Dilemmas in Assisted Reproductive Technologies*, Berlin and Boston, Walter de Gruyter, 2011, Chap. 13, p. 149.

元前1780年的《汉谟拉比法典》第144条规定:"如果妻子为丈夫带来能为丈夫生育的女仆,这位丈夫不得再娶第二位妻子。"[①]而该法典第146条规定:"如果妻子为丈夫带来能为丈夫生育的女仆,那么该女仆则由于怀有男主人的孩子而将不会被主人卖出换钱,但是男主人可以继续以奴隶身份对待她。"[②]可见,在这种情况下,女仆扮演了为处于主人身份地位的夫妻生育子女的"代孕者"角色。[③] 妻子可以允许女性奴隶以妻子的身份和其丈夫生育,以防止因无子嗣而导致的分开或者离婚。[④]《汉谟拉比法典》是世界上第一部有规制代孕条文的法律文件,其目的是用之来提倡、鼓励生育男性后代。正因如此,在古埃及代孕现象非常普遍。许多法老利用他们的妃子生下男性继承人。然而,这些女仆生下的孩子即使被视为法老的孩子,但在权利上仍会受到限制。只有在没有其他更高贵、更合法的竞争者继承王位时,他们才能享受继承权。传统代孕在古希腊和古罗马也很常见。[⑤]

(二)代孕的发展

随着人类社会和医学技术的发展,到了1978年7月25日,人类历史上第一位试管婴儿路易丝·布朗(Louise Brown)在英国诞生,这标志着体外人工受孕(In Vitro Fertilizationin ,IVF[⑥])技术的大功告成,[⑦]也意味着生殖科技的发展进入了一个新的里程碑。代孕作为一种辅助人类生育的孕育方式,通常被视为不孕不育夫妻、同性伴侣或同性婚姻者以及单身人士拥有自己子女的

---

① Yale Law School-the Avalon Project,"The Code of Hammurabi(Translated by L. W. King)", https://avalon. law. yale. edu/ancient/hamframe. asp ,June 6,2019, § 144.

② Ibid. , § 146.

③ See David M. Smolin, "Surrogacy as the Sale of Children: Applying Lessons Learned from Adoption to the Regulation of the Surrogacy Industry's Global Marketing of Children",43 *Pepperdine Law Review* 265(2016),p. 300.

④ See Claire Fenton-Glynn, "Review Article: Human Rights and Private International Law: Regulating International Surrogacy",10 *Journal of Private International Law* 157(2015),p. 157.

⑤ See K. Svitnev, "Legal Control of Surrogacy-international Perspectives", in Joseph G. Schenker,ed. ,*Ethical Dilemmas in Assisted Reproductive Technologies*, Berlin and Boston, Walter de Gruyter,2011,Chap. 13,p. 150.

⑥ 人工辅助生育技术是从女性卵巢中取出卵子,在实验室中与精子受精进行胚胎移植的过程。人绒毛膜促性腺激素是胚胎植入后胎盘产生的激素。妊娠试验中检测到hCG的存在。

⑦ 参见管理一号:《世界上第一位试管婴儿路易丝·布朗(Louise Brown)在英国诞生》,载外星探索网:http://www. ufo-1. cn/article/201902/6423. html? pc,2019年6月6日最后访问。

有效方式。

本书要探讨的代孕是指女性接受他人委托,将人工受精或体外受精所形成的胚胎通过移植[①]技术植入其子宫内孕育孩子,产后将孩子交由委托方抚养的行为。代孕的实施过程具有一定的复杂性,需要体外受精胚胎移植技术的支撑,是人工受精、体外受精胚胎移植技术的延伸。如果说人工受精是弥补男性绝对不育的可行方式,那么体外受精、胚胎移植则可以为绝对不育的女性提供有效的帮助,代孕就是其具体措施之一。[②] 1991 年,世界卫生组织(World Health Organization,WHO)的一项研究估计,育龄妇女中的不育夫妇占比为 8% ~12% 。[③] WHO 2012 年的一份报告显示,截至 2010 年,世界上大约 10.5% 的育龄女性患有继发性不孕症(secondary infertility),[④]2% 左右的育龄女性患有原发性不孕症(primary infertility)。这些育龄女性经过超过一年以上的没有采取任何避孕措施的夫妻生活之后,仍然没有怀孕的迹象。[⑤]

放眼古今,不难发现,自英国 1985 年出现了第一例涉及通过人工辅助生殖技术实施的代孕案件之后,代孕便逐渐为国际社会所熟知。[⑥] 概言之,到目前为止,人类历史上的代孕大致经历了以下三个发展阶段。

1. 传统代孕阶段

在 20 世纪 80 年代英国出现第一例试管婴儿之前,在相当长的一段历史时

---

① 胚胎移植是通过体外受精产生胚胎,并使用导管将其移植到女性子宫内的过程,导管通过阴道。在新鲜胚胎移植周期中,这是在胚胎发育的第 3 ~5 天完成的。剩余的胚胎被“冷冻”以备后用,解冻以进行“冷冻循环”胚泡移植比胚胎移植更常见。不同的是,胚泡移植时,胚胎在实验室培养箱中最多培养 6 天,直到它们到达胚泡阶段,然后再转移到代孕人员的子宫。在日常生活中,医生和代孕安排中的其他行为者并不区分胚胎移植和胚泡移植。因此,本书使用了一般术语“胚胎移植”。See Christina C. Weis, Reproductive Migrations-Surrogacy Workers and Stratified Reproduction in St Petersburg(Ph. D. diss. , De Montfort University, 2017), p. 18.

② 参见刘姣丽:《代孕的伦理审视》,湖南师范大学公共管理学院 2010 年硕士学位论文,摘要部分第 1 页。

③ See World Health Organization, *Infertility: A Tabulation of Available Data on Prevalence of Primary and Secondary Infertility*, Geneva, Programme on Maternal and Child Health and Family Planning, Division of Family Health, 1991, p. 2.

④ 继发性不孕症是指育龄女性过去曾经怀孕过,但是因流产、宫外孕、死胎等,或是正常生产之后,再也没有怀孕的症状。

⑤ See Maya N. Mascarenhas, et al. , National, Regional, and Global Trends in Infertility Prevalence Since 1990: A Systematic Analysis of 277 Health Surveys, 9 *PLoS Med* e1001356(2012), p. 5.

⑥ 王洪根:《论跨国代孕法定父母身份承认中的公共秩序》,载《西部法学》2018 年第 1 期。

期内,代孕都归属于早期的传统代孕。传统的代孕安排是指有生殖能力的丈夫与不能生殖的妻子因想要生育子女而安排其他女人与丈夫通过性交方式代孕产子的行为。

2.不完全代孕阶段

在20世纪70年代体外受精技术出现后的初期,代孕安排中所涉及的女性不仅是卵子的提供者,而且是通过体外受精技术怀孕生育孩子的母亲,尤其是在生下代孕子女之后需将其交给委托代孕的父母。① 从中可见,在不完全代孕阶段,代孕子女与委托父亲、代孕母亲之间是存在血缘关系的,在此方面与传统代孕并无区别。所不同的是,委托父亲与代孕母亲并非通过性交方式达到怀孕生子之目的,而是通过医疗技术手段来实现的。

3.完全代孕阶段

在过去的几十年里,随着医疗技术的迅猛发展,代孕已发生了巨大的变化。委托父母与代孕母亲之间所发生的妊娠代孕或商业代孕的发展势头迅猛,代孕进入了一个崭新的发展阶段,即完全代孕阶段。在这个阶段,代孕子女的基因或与委托父母有关;或与委托父亲和提供卵子的第三方女性有关,但与代孕母亲的基因无关。② 从医学上讲,这种方式是完全代孕(gestational surrogacy),它是通过委托父亲的精子和捐赠者的卵子相结合而受孕生育子女的方式。这种通过宫腔内人工受精或体外受精生育代孕子女的方式表明,代孕母亲虽然是代孕子女的分娩母亲,但并非与其有血缘关系的母亲。如今的代孕因代孕子女与代孕母亲之间没有血缘关系,纯属于“借腹生子”,是一种租借代孕母亲的子宫来完成生殖的行为,与传统代孕、不完全代孕有着本质的区别。

二、国际社会对代孕种类的划分

与传统代孕方式不同的是,现代意义上的代孕是以男女之间不发生性行为为特征的,它的实现需要借助现代的人工辅助生殖技术,包括人工受精、体外受精、胚胎移植以及各种衍生技术。目前,国际社会根据不同的标准对代孕进行

---

① 本书将使用“预期父母”“意向父母”“意向夫妇”“委托父母”来指称打算寻求代孕服务并抚养代孕子女的人。

② See Emily Stehr, “International Surrogacy Contract Regulation: National Governments' and International Bodies' Misguided Quests to Prevent Exploitation”, 35 *HastingInt'l & Comp. L. Rev.* 253 (2012), p. 254.

了种类划分。由于代孕安排中存在精子和卵子的来源多样化因素，于是出现了代孕子女与其生物学母亲、分娩母亲和抚养母亲分离的现象，因而也使代孕子女法定父母身份的认定变得非常复杂。关于代孕的种类，在国际社会上最为常见的分类方法有以下几种：

（一）传统代孕安排与妊娠代孕

依据是否采用了人工辅助生殖技术，可以将代孕分为传统代孕安排和妊娠代孕两种。

1. 传统代孕安排

传统代孕安排（traditional surrogacy）也可称为“部分代孕”或“低技术代孕”，是指使用代孕母亲的卵子所进行的代孕安排。在这种情况下，代孕母亲是孩子的遗传母亲。妊娠是借助与目标父亲的精子或另一男性捐赠的精子通过自然受孕的方式来实现怀孕生子的。

2. 妊娠代孕

妊娠代孕（gestational surrogacy）又称为“完全代孕”，是指代孕母亲的卵子未被使用，而其他女性才是代孕子女遗传母亲的代孕安排。这类怀孕是通过采用 IVF 技术手段，使用意向母亲的卵子或捐赠者的卵子实现的。因此，妊娠代孕有时也被称为“全 IVF”或“高科技代孕”。

（二）商业性代孕与非商业性代孕（利他代孕）

根据对代孕母亲的补偿是否在合理范围之内，可以将代孕分为商业性代孕和非商业性代孕，又称为有偿代孕与无偿代孕。

1. 商业性代孕（有偿代孕）

商业性代孕（commercial surrogacy）又称为有偿代孕（paid surrogacy），它比利他代孕更容易定义，因为国际社会对于“商业”的含义并不存在争议。代孕费用是委托父母可以接受的费用，代孕母亲收到的费用也可以超过合理费用的范围。一般而言，商业性代孕是指代孕安排中代孕母亲的报酬超出了与代孕本身有关的费用。这种费用可被称为“痛苦的费用”或“痛苦的补偿”，通常包括代孕本身的服务费用、药物治疗费用、津贴、律师费用和心理咨询费用，等等。然而，由于各国对于商业代孕合理费用有着不同的理解和认定标准，致使代孕母亲实际收到的代孕费用是否属于商业性代孕的范畴，不免显得有些含混不清，缺乏应有的明确性。加之，各国的法律规定和社会经济发展的水平各异，不同国家的代孕母亲之间在所获得的报酬方面存在非常大的差异。例如，在印度，代孕母亲通过代孕可获得的报酬是其家庭5年收入的总和。[①] 而美国某商业代孕机构所列出的代孕母亲报酬,则远远超过了印度代孕母亲的报酬。普通代孕的基本费用,在加利福尼亚州是30,000美元,在其他州是28,000美元。如果某一名代孕母亲在加利福尼亚州由中介公司提供住宿,那么她能获得的基本费用是25,000美元。代理妊娠的报酬是从代孕检测到胎心后开始按月支付的。如果代孕检测为双胞胎,则需额外向代孕母亲支付5000美元的费用,从妊娠至20周时开始分期支付。多胎如三胞胎则需额外向代孕母亲支付10,000美元的费用,从妊娠至20周时开始分期支付。代孕母亲每月可以获取杂项津贴200美元,用来支付电话费、邮费、托儿费、钟点工以及其他的花销。从成功怀孕16周起,代孕母亲会一次性获得800美元购买孕妇装的费用。如果怀有多胞胎,代孕母亲在此基础上可以加收200美元。意向夫妇(委托父母)必须一次性支付在代孕初始需要使用的药物治疗费用500美元。在代孕过程中,为了做侵入性检测和治疗,如羊膜穿刺、选择性减胎、刮宫、宫腔镜和宫外孕手术等,意向夫妇须支付约500美元的相关费用。剖宫产则需额外支付2500美元。从代孕开始至产后6~8周这段时间,如果医生要求代孕母亲卧床休息,那么代孕母亲还能获得误工费的补偿。与此同时,代孕母亲可要求中介公司提供心理咨询服务,总计费用约1500美元。如果代孕母亲的保险不包括生育险,代孕诉求方则需要为代孕母亲购买生育保险。意向夫妇需要为代孕母亲购买总赔偿金额为250,000美元的一年期人寿保险。意向夫妇需为代孕母亲聘请律师,起草代理妊娠的合同,其费用为1000~3500美元。另外,代孕合同中会单独列出代孕母亲静养期间找钟点工和托儿费用等杂费,但不能超出代孕合同约定的范围。[②]

2. 非商业性代孕(利他代孕)

非商业性代孕又称为利他代孕(altruistic surrogacy)、无偿代孕(free surrogacy),是指代孕母亲不收取任何费用或仅收取与代孕有关费用的代孕安排。此类费用通常由意向父母承担,是一种"合理"(reasonable)的费用。[③] 该费用的"合理"性是所有利他代孕的共同之处,通常包括代孕母亲的医疗费用、生

---

① See Amrita Pande, "Commercial Surrogacy in India: Manufacturing a Perfect Mother-Worker", 35 *Signs Journal of Women in Culture and Society* 969(2010), p. 974.

② 相关信息和数据为作者收到美国加利福尼亚州某一生殖医疗诊所发给的合同。

③ See Mhairi Galbraith, et al., "Commercial Agencies and Surrogate Motherhood: A Transaction Cost Approach", 13 *Health Care Analysis* 11(2005), p. 13.

育孩子产生的费用、保险费、咨询费、法律费用以及在某些情况下代孕母亲的收入损失。[①] 另外，代孕母亲的代孕动机也可以包含在利他代孕的概念之中。利他主义代孕行为的动机来自“仁慈、善良、友谊和亲情”。[②] 也有学者将利他行为视为一个人旨在增加或增强另一个人福利、生活的行为。换言之，代孕母亲是一个无私奉献的人，代孕不求“外部奖励或回报”。[③] 也有一些学者强调，利他代孕行为完全是自愿的，因此在道德上是可接受的。[④] 甚至，还有人将利他代孕行为看作代孕母亲给他人赠送的礼物。[⑤]

（三）基因代孕和妊娠代孕

以代孕母亲在提供子宫的同时是否还提供卵子为标准，可将代孕分为基因代孕和妊娠代孕两种。

1. 基因代孕（genetic surrogacy）又称为“部分代孕”（partial surrogacy），它是指代孕母亲用自己的卵子与委托夫妇中的丈夫或单身人士的精子受孕。从卵子受精的地点来看，基因代孕采取的是人工体内受精的方式。

2. 妊娠代孕是指代孕母亲以自己的子宫为载体，植入委托夫妇中丈夫或单身人士的精子和捐赠者的卵子所形成的胚胎，对代孕子女进行妊娠和分娩的行为。从卵子受精的地点来看，妊娠代孕采取的是人工体外受精的方式，需要经历体外受精到胚胎移植的程序。

基因代孕与妊娠代孕的区别在于，在基因代孕中，“代孕母亲”提供了自己的卵母细胞。而在妊娠代孕中，代孕子女是通过胚胎移植怀孕的，与“代孕母亲”没有遗传联系。

事实上在世界上，对于利他代孕的性质，没有任何一个国家在法律上作出明确的规定。芭芭拉·史塔克（Barbara Stark）认为，在利他代孕中，“代孕母亲

---

① See Caitlin Pryce, “Surrogacy and Citizenship: A Conjunctive Solution to a Global Problem”, 23 *Ind. J. Global Legal Stud.* 925 (2016), p. 929.

② Vida Panitch, “Surrogate Tourism and Reproductive Rights”, 28 *Hypatia* 274 (2013), p. 276.

③ Rhonda Shaw, “Rethinking Reproductive Gifts as Body Projects”, 42 *Sociology* 11 (2008), p. 16.

④ See Rhoda Scherman, et al., “Global Commercial Surrogacy and International Adoption: Parallels and Differences”, 40 *Adoption & Fostering* 20 (2016), p. 23.

⑤ See Claire Fenton-Glynn, “Outsourcing Ethical Dilemmas: Regulating International Surrogacy Arrangements”, 24 *Medical Law Review* 59 (2016), pp. 61 – 62.

没有为她的劳动得到报酬”。[1] 换句话说，利他代孕最重要的特征是，代孕母亲提供的生育劳动本身是无偿的，不具有劳动价值。戴夫·斯诺(Dave Snow)认为：“政府之所以禁止商业代孕，允许利他代孕，反对支付超过合理报酬以外的费用，是为了防止代孕成为一种特定的职业。”[2]“一旦代孕没有报酬，似乎摆脱了代孕常受到妇女出租子宫和向委托夫妇出售婴儿的嫌疑。”[3]

综上所述，商业代孕与非商业代孕二者之间的差别主要表现在，在商业代孕中，代孕母亲除了能够获得怀孕的医疗、生活支出等费用外，还可以领取生育代孕子女的劳动报酬。否则，就属于非商业性代孕。

三、从法律的角度看代孕合同关系

所有代孕安排，无论利他代孕安排抑或商业性代孕安排，都可以被界定为双方在代孕生殖事宜上达成了某种形式的协议。本书要重点研究的是商业代孕合同，探讨商业代孕合同应否在法律上得到执行以及商业代孕合同应包括的当事人权利和义务范围。

（一）代孕合同的可执行性问题

商业模式的代孕完全是契约性的代孕，而契约型合同在法律上一般都是可以得到执行的，但这并不意味着所有的商业代孕合同也能够在禁止代孕的国家得到承认与执行。从理论上讲，意向父母和代孕母亲有权签订合同，约定各方的权利和义务。当代孕母亲将一名或多胞胎代孕婴儿们生下来并放弃亲权时，代孕合同即告完成。然而在实际上，商业代孕合同的签订与履行过程并非如此简单。在商业代孕合同关系中，为了满足代孕母亲提出的条件，意向父母一般都会支出相应的款项。此外，商业代孕合同在其内容上有时可能会受到法律的限制。例如，有的国家在立法上对一次性植入代孕母亲子宫的胚胎数量作了明确的限制，最多只能是两个胚胎。

每份商业代孕合同的核心问题是确保意向父母最后能够得到一个孩子，这也是一些国家禁止商业代孕的原因。例如，英国之所以禁止商业代孕，其部分

---

① Barbara Stark, “Transnational Surrogacy and International Human Rights Law”, 18 *ILSA Journal of International & Comparative Law* 369 (2011), p. 369.

② Dave Snow, “Criminalising Commercial Surrogacy in Canada and Australia: The Political Construction of ‘National Consensus’”, 51 *Australian Journal of Political Science* 1 (2016), p. 2.

③ Ibid., p. 8.

原因是其立法者认为,在代孕合同中对代孕母亲放弃孩子的行为不作出强制性的约定,是不现实的。但是,如果只是要求代孕母亲放弃孩子,则意味着在商业代孕合同中又将婴儿商品化了。当然,代孕母亲"放弃孩子",是代孕合同能够得到完全、实际的履行的必要条件。正因如此,商业代孕合同若在法律上是可执行的,则很难摆脱涉嫌买卖婴儿的控诉。

(二)在代孕合同中约定代孕母亲放弃亲权,并不意味着委托父母与代孕子女间的亲权关系就能够合法地建立

实际上,仅在代孕合同中要求代孕母亲放弃婴儿,仍不能让意向父母与代孕子女之间建立起合法的亲权关系。在美国,某些州允许意向父母在州司法管辖的范围内,以向法院申请代孕子女出生前的亲权命令(pre-birth order)方式来确认其对代孕子女的合法父母身份。不过,即使在这些情况下,也需要有代孕母亲正式作出自己不是代孕子女合法母亲的声明。许多国家在法律上规定,在代孕子女出生后,便将代孕子女的亲权关系从代孕母亲转移给委托父母,英国的做法即是如此。[①] 因此,代孕合同被广泛认为是将父母权利从代孕母亲转移给委托父母的桥梁。简言之,代孕合同看似确定了谁将拥有代孕子女的父母权利,但在事实上单凭代孕合同是无法转让代孕子女亲权的,还需要办理一些特殊的手续。在跨境代孕中,代孕子女的父母身份大多是由法院以判决的方式认定的。一般而言,只有法院才有权转移、保留或取消代孕子女父母的权利,而代孕合同至多只是表明合同一方当事人有试图成为代孕子女父母的意愿罢了。

(三)代孕合同也是对代孕母亲权利的保护

代孕合同中包括代孕母亲在怀孕期间必须遵守的各种约定,其中有些条款是关系到代孕母亲身体健康的合理建议,如避免抽烟、饮酒以及与怀孕相关的其他约定。意向父母通常认为,他们有权就预定婴儿的妊娠事项及过程作出决定,如胚胎的数量、是否选择剖宫产等。根据代孕合同,代孕母亲在怀孕过程中会被要求做各种各样的检查,甚至需要听从意向父母的决定终止异常胎儿的怀孕,而不管终止妊娠是否违背了代孕母亲本人的意愿。

不过,不管代孕合同中约定的内容如何,代孕母亲仍然保留有对自己身体的完整控制权,代孕合同也不能忽视她作为一个人的基本权利,特别是作为一名提供生育服务孕妇的基本权利。加拿大渥太华大学的社会学家克里斯汀·

---

① 详见本书第五章"英国代孕立法与司法实践"。

施特雷勒(Christine Straehle)教授认为,“如果将商业代孕合同视为劳动合同,应该对雇主即意向父母的要求和权利有明确的限制”。[①] 对雇员(代孕母亲)应该保留她们的人权,没有雇主即意向父母可以违反雇员即代孕母亲保有自己身体完整性的权利。但是,在实践中,很多商业代孕合同确实违反了有关对代孕母亲人权保护的规定,其中某些条款常常是专门用来制约代孕母亲的。她们如果不遵守合同的约定,那么所得的报酬就会被扣减,从而被迫按照委托父母的意愿行事。根据有些代孕合同的约定,代孕母亲一旦违反了代孕合同,将会失去基本的补偿金,甚至还需要对委托父母作出赔偿。而对此,代孕母亲即使想向法院寻求帮助,维护自己的权利,又往往因无法承担起一大笔的法律费用,最后不得不打消起诉的念头。

一般而言,商业合同旨在为各方当事人在权利、义务和违约后果等方面提供确定性。商业代孕合同跟一般商业合同不同的是,它在一定程度上是与人权密切相关的。所以,在代孕合同订立时应强调对代孕母亲的基本人权进行保护的理念。关于代孕母亲在怀孕之前在代孕合同中所作出的放弃代孕孩子的承诺,是一个值得进一步分析和研究的问题。因为不是每个代孕母亲都事先知道自己在怀孕过程中会有什么样的感受,所以要求她们在怀孕之前就明确地作出同意放弃代孕孩子的表示,显然是不公平的。代孕母亲被公认为是极其容易与子宫内的胎儿形成自然的、正常的母子关系的,会在婴儿出生时对其产生无与伦比的依恋情结。然而,令人纠结的是,如果代孕母亲不能在怀孕之前对代孕孩子作出放弃的承诺,也会影响到代孕合同的顺利签订,毕竟代孕合同的目的是让代孕母亲在生下代孕婴儿之后将其送到委托父母的手中。

那么,如何消除代孕合同中的不平等条款,给代孕母亲提供有效的保护?如何使国际私法上的保护弱方当事人合法权益原则在代孕合同中得以实现?对此,合同法专家叶兹科·马格利特(Yehezkel Margalit)教授提出了自己的建议。他认为:“在这种情况下,应该允许双方当事人就代孕合同条款重新进行谈判,甚至允许代孕母亲在情绪发生变化或情况发生极端变化时放弃代孕合同条款。”[②]如果代孕母亲愿意,还可以允许其申请取得全部或部分的父母权利。叶

① Christine Straehle, “Is there a Right to Surrogacy?”, 33 *Journal of Applied Philosophy* 146 (2015), pp. 154 – 155.

② Yehezkel Margalit, “In Defense of Surrogacy Agreements: A Modern Contract Law Perspective”, 20 *William & Mary Journal of Women and the Law* 423(2014), p. 433.

兹科教授甚至还认为:“在代孕合同中,任何一个有意愿成为孩子的合法父母者,都可以获得合法的父母身份。”[①]由于对代孕儿童的最大利益给予保护才是最重要的考虑因素,所以“只有满足孩子需求的人才能这样做,才能享有法律意义上完整的父母权利”。[②] 显然,跟现有的标准代孕合同相比,叶兹科教授提出的解决方案为委托父母带来了更多的不确定性因素,因为代孕合同的目的能否实现要取决于代孕母亲妊娠后的心理状态。当然,委托父母也可以在发生了极端变化的情况下要求对代孕合同重新进行谈判,着重强调对他们更为有利的条款。在这种情况下,就可能会增加代孕母亲被剥削的风险。由此可见,叶兹科教授的建议尚有明显的不足之处。总之,在代孕合同订立之后,如遇特殊情况需要对代孕合同修改时,如何让代孕母亲能够获得更有力的保护问题,仍需要学者们作更多的分析和研究。

必须说明的是,近年来,在全球范围内兴起了为同性恋者、单身人士、不孕患者等跨境寻找代孕母亲的中介服务。在互联网上,只要搜索一下“跨境代孕”或“国际代孕”等关键词,就会弹出大量的国外诊所网站。这些诊所除了提供代孕服务外,还提供包括机场接送、翻译、签证和外汇兑换等一条龙服务,对人数众多、寻求跨境代孕的特殊群体产生了巨大的吸引力,也使跨境代孕成为引人注目的一种社会现象。跨境代孕问题也因此为法学界尤其是国际私法学界提出了一个亟待解决的崭新课题。[③]

跨境代孕(cross-border surrogacy)又称为国际代孕(international surrogacy),其最大的特征表现在,代孕母亲和委托父母的国籍属于不同国家,或者他们的惯常居所地在不同国家。“跨境”强调的是,代孕当事人需要跨境发生代孕行为。[④] 由于在政治、经济、文化、宗教和伦理观念等方面存在不同之处,各国有关跨境代孕的立法也千差万别。有些国家在立法上对跨境代孕采用的是予以承认的态度,如美国、英国等;有些国家在立法上则对跨境代孕采取完全禁止的态度,如法国、德国等;还有一些国家在立法上对此未作明确的规定,如

① Yehezkel Margalit, “In Defense of Surrogacy Agreements: A Modern Contract Law Perspective”, 20 *William & Mary Journal of Women and the Law* 423(2014), p. 456.

② Ibid., p. 457.

③ 参见袁泉、罗颖仪:《跨境代孕亲子关系认定所涉及的若干国际私法问题》,载《国际法研究》2016 年第 6 期。

④ See Laurence Brunet, et al., Comparative Study on the Regime of Surrogacy in the EU Member States, Brussels, Belgium, European Parliament, 2013, p. 13.

芬兰等。如此一来,在不同国家选择的委托代孕行为,会在代孕行为的主体资格、代孕合同的效力、代孕子女身份的确认、监护权、探视权、儿童权利的保护等方面就会不可避免地发生法律冲突,从而使跨境代孕的国际私法问题变得异常复杂。[①] 本书所要探讨的仅限于与跨境商业代孕相关的若干国际私法问题。

第二节 各国关于代孕子女亲子关系认定的理论

一、保护跨境代孕儿童最佳利益的必要性

在跨境代孕中,当代孕母亲生下代孕孩子之后,即会产生代孕子女出生地国法院所作的亲权认定判决或出生地国所签发的出生证明,需要得到委托父母所在地国(代孕儿童接收地国)的承认问题。在现实中,经常出现外国法院判决或外国出生证明因与委托父母所在地国的公共秩序抵触,得不到委托父母所在地国承认的情形。如此一来,跨境代孕子女就无法取得接收地国的国籍,成了无父母、无国籍儿童,甚至不能进入委托父母所在地国,而只能待在出生地国。因此,对如何确保跨境代孕儿童最佳利益得以实现的问题进行探讨,具有非常重要的现实意义。

(一)法律上的儿童概念

儿童是一个法律概念。无论国内代孕还是跨境代孕,都会遇到代孕儿童这个名词。那么,哪一个年龄段的人才能称为儿童?对此,各国之间因在地理环境、气候、人种、文化、国情以及儿童权利保护现状等方面各有其特殊性,故在立法上关于儿童的称谓以及年龄的规定尚有歧义。[②] 我国《未成年人保护法》第2条规定:"本法所称未成年人是指未满十八周岁的公民。"德国《青少年刑法》第1条第2款规定:"少年是指行为时已满14岁未满18岁的人;未成年人是指在行为时已满18岁未满21岁的人。"日本《儿童福利法》第4条规定:"本法所称儿童指未满18周岁者,其区别如下:(1)婴儿,未满1岁者。(2)幼儿,从满1岁至小学。(3)少年,从小学开始至18岁者。"联合国《儿童权利公约》(Convention on the Rights of the Child)对儿童也作出了界定,即除非国家法律承认较早的成年年龄,否则儿童被认为是每个18岁以下的人。可见,在各国的

---

① 参见袁泉、罗颖仪:《跨境代孕亲子关系认定所涉及的若干国际私法问题》,载《国际法研究》2016年第6期。

② 参见李双元、李娟:《儿童权利的国际法律保护》,武汉大学出版社2016年版,第2页。

法律条文中，凡是采用婴儿、幼儿、少年、少年儿童、青少年、未成年人等不同称谓者，均属儿童的范畴，甚至还包括青年之中的一部分和脱离母体前的胎儿也都属于儿童的范畴。[①] 同时，各国立法大多将儿童的年龄上限界定为不超过18周岁；在一些国际条约、国际法律文件中也明确规定，儿童是指18周岁以下的人。本书研究的代孕子女，通常亦应包括在儿童的范畴之内，只不过这类儿童的出生方式跟其他儿童的出生方式有所不同而已。

（二）国际组织和国际公约对儿童权利的保护

儿童权利是儿童的人权。每个儿童，无论其年龄、种族、性别、财富还是出生地的不同，均享有儿童权利。儿童权利之所以需要加以特别的保护，其原因在于儿童权利的特殊性：大多数的儿童权利只有借助于其他主体如父母、监护人、司法机关、教育机构等才能得以实现。而父母、监护人或其他机构也具有自身独立的利益。因此，在一些特殊情况下，儿童与父母、社会等主体之间就会不可避免地产生利益冲突。

如前所述，代孕儿童也是儿童。为了保护代孕儿童的权利，尤其是跨境代孕儿童的权利，必须从一个国家的法律、道德、政策等方面对儿童权利予以特别的保护。[②] 国际社会也应采取积极、有效的措施以保证和推动儿童权利的实现。

1. 保护儿童权利的全球性国际公约

（1）《儿童权利公约》

1959年联合国大会通过的《儿童权利宣言》，对各国儿童应当享有的各项基本权利作了规定，但由于该宣言不具有法律约束力，所以未能发挥出其应有的作用。此后，许多国家向联合国发出呼吁，要求制定一部全面规定保护儿童的具体权利、具有监督机制的专门性法律文件，明确国际社会各国在保护儿童权利的实现方面所应承担的国际义务。[③]

《儿童权利公约》是联合国于1989年通过的第一部有关保障儿童权利且具有法律约束力的国际性约定，也是世界上保护儿童权利的最重要的纲领性法律文件。该条约于1990年9月2日生效，由儿童权利委员会负责执行。迄今为止，除了美国和索马里之外，几乎所有的国家都批准了这一公约。该公约所保护的儿童权利多达几十种，其中最为基本的权利可以概括为生存权、发展权、受

---

① 参见李双元、李娟：《儿童权利的国际法律保护》，武汉大学出版社2016年版，第3页。

② 同上书，第10页。

③ 同上书，第300页。

保护权和参与权等四种。①

笔者认为,在保护代孕儿童权利方面,尤其要重视《儿童权利公约》第2条的规定,②即所有儿童都应不被歧视地享有他们的权利。这条规定明确地确立了非歧视原则,强调所有儿童必须得到公平、平等和有尊严的待遇,所有缔约国都有义务根据联合国的法律为儿童提供这些权利。该公约所贯彻的基本理念是,儿童也是平等的人。此外,该公约第3条第1款规定,"关于儿童的一切行动,不论是由公私社会福利机构、法院、行政当局或立法机构执行,均应以儿童的最大利益为一种考虑"。据此,该公约确立了儿童最大利益原则。这一原则应该是实施一切涉及儿童利益的行动时首先要考虑的原则。任何官方机构在决定儿童问题时,都应该把儿童的利益放在与成人的利益一样重要的位置上,而非将考虑的重点仅只局限在父母的利益或国家的利益上。③ 另外,依据该公约第7条④、第8条⑤的规定,儿童出生之后应立即登记,并有权取得国籍,尽可能地享有知道其父母是谁并受其父母照顾的权利。该公约第7条作出了与《公民权利和政治权利国际公约》相似的规定。可见,《儿童权利公约》确立的儿童最大利益原则是至高无上的,儿童有获得身份的权利。

(2)《世界人权宣言》与《公民权利和政治权利国际公约》

1948年12月10日,在巴黎召开的联大第三届会议上,成员国一致通过了《世界人权宣言》,其序言中明确指出:"对人类家庭所有成员的固有尊严及其平等的和不移的权利的承认,乃是世界自由、正义与和平的基础。"该宣言是第一个将国籍作为一项人权加以规定的国际公约。它不仅用一些专门的条款对

---

① 参见李双元、李娟:《儿童权利的国际法律保护》,武汉大学出版社2016年版,第10页。

② 《儿童权利公约》第2条规定:"1. 缔约国应尊重本《公约》所载列的权利,并确保其管辖范围内每一儿童均享受此种权利,不因儿童或其父母或法定监护人的种族、肤色、性别、语言、宗教、政治或其他见解、民族、族裔或社会出身、财产、伤残、出生或其他身份而有任何差别。2. 缔约国应采取一切适当措施确保儿童得到保护,不受基于儿童父母、法定监护人或家庭成员的身份、活动、所表达的观点或信仰而加诸的一切形式的歧视或惩罚。"

③ 参见李双元、李娟:《儿童权利的国际法律保护》,武汉大学出版社2016年版,第301页。

④ 《儿童权利公约》第7条规定:"1. 儿童出生后应立即登记,并有自出生起获得姓名的权利,有获得国籍的权利,以及尽可能知道谁是其父母并受其父母照料的权利。2. 缔约国应确保这些权利按照本国法律及其根据有关国际文书在这一领域承担的义务予以实施,尤应注意不如此儿童即无国籍之情形。"

⑤ 《儿童权利公约》第8条规定:"1. 缔约国承担尊重儿童维护其身份包括法律所承认的国籍、姓名及家庭关系而不受非法干扰的权利。2. 如有儿童被非法剥夺其身份方面的部分或全部要素,缔约国应提供适当协助和保护,以便迅速重新确立其身份。"

保护儿童权利的事项作出了规定,还有不少条款与儿童权利保护息息相关。例如,该宣言第 2 条第 1 款规定:“人人有资格享有本宣言所载的一切权利和自由,不分种族、肤色、性别、语言、宗教、政治或其他见解、国籍或社会出身、财产、出生或其他身份等任何区别。”第 12 条规定,“任何人的私生活、家庭、住宅和通信不得任意干涉。人人有权享受法律保护,以免受这种干涉或攻击”。[①] 此后的联合国《公民权利和政治权利国际公约》(International Covenant on Civil and Political Rights)是联合国大会于 1966 年 12 月 16 日通过的。该公约第 2 条第 1 款规定:“本公约每一缔约国承担尊重和保证在其领土内和受其管辖的一切个人享有本公约所承认的权利。不分种族、肤色、性别、语言、宗教、政治或其他见解、国籍或社会出身、财产、出生或其他身份等任何区别。”虽然这条规定没有直接提到儿童,但是该公约第 6 条第 5 款规定:“对十八岁以下的人所犯的罪,不得判处死刑……”该公约第 24 条规定了儿童的权利,其中第 1 款规定:“每一儿童应有权享受家庭、社会和国家为其未成年地位给予的必要保护措施,不因种族、肤色、性别、语言、宗教、国籍或社会出身、财产或出生而受任何歧视。”第 2 款规定,“每一儿童出生后就应立即加以登记,并应有一个名字”。第 3 款则对每个儿童都有获得一个国籍的权利作出了规定。[②] 由此可见,该公约从保障儿童权利的角度,强调各国应采取一切适当的措施确保每个婴儿出生时都拥有国籍,以防止儿童无国籍情况的发生。

(3)《减少无国籍状态公约》

联合国 1954 年的《减少无国籍状态公约》(Convention on the Reduction of Statelessness),是以出生地主义和血缘主义为原则确定儿童获得国籍的。该公约强调国家有义务防止无国籍的发生,而且对如何消除现有的无国籍现象和预防将来出现无国籍的问题均作出了明确的规定。其中,该公约第 1 条至第 4 条专门对儿童出生时应该怎样预防出现无国籍人的问题作出了规定,这一规定当然也可以适用于跨境代孕中的代孕儿童。例如,该公约第 2 条规定:“凡在缔约国领土内发现的弃儿,在没有其他相反证据的情况下,应认定在该领土内出生。其父母并具有该国国籍。”第 3 条规定:“为确定各缔约国在本公约下所负义务的目的,凡在船舶上出生者,应视为在船舶所悬国旗的国家领土内出生;在飞机

① 李双元、李娟:《儿童权利的国际法律保护》,武汉大学出版社 2016 年版,第 293 页。

② 同上书,第 294 页。

上出生者,应视为在飞机的登记国领土内出生。”①

2. 保护儿童权利的区域性公约

(1)《欧洲人权公约》

《欧洲人权公约》(European Convention on Human Rights)的正式名称为《保护人权和基本自由公约》。该公约是欧洲理事会于 1950 年 11 月 4 日在罗马签署的,并于 1953 年 9 月 3 日生效。截至 2019 年 9 月 10 日,该公约的缔约国为 47 个。② 它是第一个区域性的国际人权条约,对欧盟如何以集体的方式保障和施行《世界人权宣言》中的某些权利及基本自由作出了规定。

儿童权利作为人权不可分割的一个组成部分,应该享有《欧洲人权公约》所赋予的一切权利。目前,欧洲人权法院对有关跨境代孕儿童权利保护案件的处理,主要是依据《欧洲人权公约》的如下条款作出判决的。

①《欧洲人权公约》第 8 条第 1 款规定,“人人有权享有使自己的私人和家庭生活、家庭和通信受到尊重的权利”。第 2 款规定:“公共机构不得干预上述权利的行使,但是,依照法律规定的干预以及基于在民主社会中为了国家安全、公共安全或者国家的经济福利的利益考虑,为了防止混乱或者犯罪,为了保护健康或者道德,为了保护他人的权利与自由而有必要进行干预的,不受此限。”③在对本条理解时需要重点关注的是:第一,该公约第 8 条第 1 款的规定,即任何人的私生活权和家庭权利均受到尊重。但是,该公约及其议定书并没有对家庭这一概念作出界定。欧洲人权委员会、欧洲人权法院在对家庭一词进行界定时,往往会以时代的不同特点、是否有利于保护儿童利益和父母利益等因素作为决策的依据,不断地丰富了家庭的含义。④ 第二,该公约第 8 条第 2 款涉及儿童权利保护与国家的不干预义务问题。欧洲人权法院多次在具体的案件中对那些违反《欧洲人权公约》第 8 条的国家干预行为作出了明确的判决。同时,也明确了国家的干预必须满足以下三个条件:有法律的规定;目的正当性;

---

① 中国社会科学院法学研究所编:《国际人权文件与国际人权机构》,社会科学文献出版社 1993 年版,第 312 ~ 320 页。

② See Council of Europe, “Chart of Signatures and Ratifications of Treaty 005”, https://www.coe.int/en/web/conventions/search - on - treaties/ - /conventions/treaty/005/signatures? p_auth = CYoUFajx, September 11, 2019.

③ European Convention for the Protection of Human Rights and Fundamental Freedoms (European Convention on Human Rights, as amended), November 4, 1950, 213 UNTS 221, art. 8.

④ 参见李双元、李娟:《儿童权利的国际法律保护》,武汉大学出版社 2016 年版,第 294 页。

在一个民主社会是必然的。① 例如，在贝雷哈布（Berrehab）诉荷兰一案中，申请人指控荷兰政府拒绝向其颁发新的居留许可证并对其进行驱逐，违反了《欧洲人权公约》第8条第2款的规定。欧洲人权法院经过审理认为，荷兰政府拒绝向申请人颁发居留许可证并驱逐申请人，使申请人不能接触他的年幼孩子，构成了干预。荷兰政府的干预当然是有法律依据的。荷兰的移民政策旨在控制外国人入境，规范国内的劳动力市场，维护国家的经济利益，其目的不可谓不正当。但是，申请人的利益没有得到有效平衡，荷兰政府的干预手段和干预目的不相称，如果侵害了儿童的权利，干预措施就不合法，因为尊重儿童权利是民主社会中不可或缺的内容。②

②《欧洲人权公约》第12条关于婚姻权的规定："达到结婚年龄的男女，根据规定结婚和成立家庭权利的国内法的规定，享有结婚及成立家庭的权利。"③

③《欧洲人权公约》第14条规定："对本公约所规定的任何权利和自由的享有应当得到保障，不应因任何理由如性别、种族、肤色、语言、宗教、政治或其他观点、民族或社会出身、与某一少数民族的联系、财产、出生或其他情况等而受到歧视。"④

欧洲人权法院的审判实践表明，《欧洲人权公约》在保护跨境代孕儿童的权利、实现代孕儿童最佳利益原则上发挥着重要的作用。对此，本书将在第十六章"欧盟代孕立法与司法实践"中作进一步的阐述。

（2）《欧洲国籍公约》

欧洲理事会于1997年11月6日通过的《欧洲国籍公约》第4条规定："每个人都享有获取国籍的权利，必须避免无国籍的发生，任何人不能任意剥夺任何人的国籍……"⑤该公约第6条第2款规定，儿童出生时未取得国籍的，有取得国籍的权利，但不能保证每个人都能够获得国籍。⑥

上述国际条约都对儿童权利的保护作出了专门的规定。但从立法的数量和质量来看，欧洲的儿童权利保护立法走在了世界的前列。欧洲理事会根据

---

① 参见李双元、李娟：《儿童权利的国际法律保护》，武汉大学出版社2016年版，第373页。

② 同上。

③ European Convention for the Protection of Human Rights and Fundamental Freedoms (European Convention on Human Rights, as amended), November 4, 1950, 213 UNTS 221, art. 12.

④ Ibid., art. 14.

⑤ Council of Europe, *European Convention on Nationality*, 6 November 1997, ETS 166, art. 4.

⑥ Ibid., art. 6.

《联合国宪章》《世界人权宣言》《欧洲人权公约》等国际性和区域性法律文件的精神,先后制定了一系列对儿童权利加以保护的专门性公约。①

笔者认为,尽管上述国际公约将每个儿童的国籍取得视为一项权利,但是在国际社会中跨境代孕儿童无国籍现象仍未消除。这些国际公约在防止跨境代孕儿童无国籍方面,难以发挥应有的作用,究其原因有四:

第一,上述公约对如何取得国籍的权利规定并不具体,不能使公约的各缔约国承担明确的积极义务。

第二,为防止无国籍人的出现,《减少无国籍状态公约》专门规定了各缔约国有授予每个人获得国籍的义务,但因该公约的缔约国数量有限,加之对公约缺乏具有法律效力的解释。所以,该公约在解决跨境代孕儿童无国籍问题时能发挥的作用也十分有限。

第三,欧洲人权法院在处理跨境代孕儿童的国籍取得纠纷时所能发挥的作用也仅是辅助性的。目前,欧盟成员国之间对跨境代孕领域内的问题尚未达成共识。各国都有权通过立法来规范代孕行为或对跨境代孕行为不予监管。所以,欧盟上述公约在跨境代孕儿童的国籍取得方面所起的作用十分有限。②

第四,公民国籍包括代孕儿童的国籍取得问题,实质上涉及国家的主权问题,国籍的取得标准和条件因国家的不同而有所不同。各国之间因为缺乏协调而导致跨境代孕儿童无国籍的现象时有发生。对此,国际条约没有提供真正有效的解决办法,国际社会也没有对无国籍情况加以谴责。③

二、关于代孕子女亲子关系认定的理论

关于代孕子女父母身份的认定,国际社会上目前主要有以下四种不同的理论。④

(一)分娩说

持分娩说的国家多为大陆法系国家。此说源于罗马法上的一句谚语,即

---

① 参见李双元、李娟:《儿童权利的国际法律保护》,武汉大学出版社2016年版,第394页。

② See Veronique Boillet and Hajime Akiyama, "Statelessness and International Surrogacy from the International and European Legal Perspectives", 27 *Swiss. Rev. Int'l & Eur. L.* 513(2017), pp. 514 – 521.

③ Ibid., p. 521.

④ 参见袁泉、罗颖仪:《跨境代孕亲子关系认定所涉及的若干国际私法问题》,载《国际法研究》2016年第6期。

"谁分娩,谁为母亲"(*Mater semper certa est*)。[①] 此说以分娩事实为依据,谁分娩,谁就为代孕子女法律上的母亲。其父亲的身份则要视代孕母亲是否已婚而定。(1)在代孕母亲已婚的情况下,按照婚生原则,推定代孕子女为代孕母亲及配偶的婚生子女。(2)在代孕母亲未婚的情况下,代孕子女为非婚生子女,委托父亲与代孕子女的亲子关系可以通过认领、收养或法院判决等方式来加以确认。在实践中,大陆法系多数国家的法院并不承认代孕合同的合法性,而是直接适用本国现行民法的规定对代孕子女与委托父母之间的亲子关系加以认定。例如,《德国民法典》第1591条规定:"子女之母是生该子女之女子"(Mutter eines Kindes ist die Frau, die es geboren hat.)。[②]《日本民法典》规定:"妻与夫婚姻关系中怀胎之子,推定为夫之子。"[③]《法国民法典》第312条规定:"夫妻婚姻期间受孕的子女,夫为其父。"[④]

(二)契约说

契约说又称人工生殖目的说,是在代孕技术出现后,传统的亲权关系认定原则受到了挑战的情况下,涌现出的一种新的认定代孕子女法律上的父母身份的理论。与传统的分娩说不同的是,契约说可直接确定代孕子女法律上的父母身份,认定委托父母为代孕子女的法定父母。例如,美国加利福尼亚州法院于1993年就其受理的约翰逊诉卡尔弗特(Johnson v. Calvert)一案作出了判决。该判决是契约说理论诞生的标志。该法院认为,委托父母卡尔弗特(Calvert)夫妇才是最想建立代孕关系的原始动机者,而且愿意承担为人父母的责任。[⑤] 该对夫妇是因为具有成为代孕子女父母的意愿,所以才通过签订代孕合同,借助代孕的方式以图获得与自己有血缘关系的子女。

(三)基因说

该学说认为,提供卵子的母亲是代孕子女的法定母亲。对于这一事实,法

---

① See David Smolin, "The One Hundred Thousand Dollar Baby: The Ideological Roots of a New Ameican Export", 49 *Cumberland Law Review* 1(2018), pp. 18 – 19.

② Juris-Das Rechtsportal, "Bürgerliches Gesetzbuch(BGB, German Civil Code)", www. juris. de, April 9, 2019; "Nach § 1951 BGB ist die gebärende Frau die rechtliche Mutter des Kindes", in Verena Weyrauch, *Zulässigkeitsfragen und abstammungsrechtliche Folgeprobleme bei künstlicher Fortpflanzung im deutschen und US-amerikanischen Recht*, Berlin, Tenea Verlag Ltd., 2003, p. 228.

③ 邱玟惠:《谱出生物科技之妙音美律:生物科技法学方法之理论与实践》,台北,元照出版有限公司2011年版,第200页。

④ 同上。

⑤ Johnson v. Calvert, May 20, 1993, 851 P. 2d 776(Cal. 1993).

律不能改变。例如,2007 年《澳大利亚公民法》第16 条规定,跨境代孕儿童必须通过至少一名合法父母亲的血统关系申请澳大利亚公民身份,以允许其离开出生地国并进入澳大利亚。①

(四)儿童最佳利益说或子女福祉说

“儿童最佳利益说”译自英美法中的“the best interests of the child”,德国民法称之为“子女福祉说”(Das Wohl Des Kindes)。各国目前出台的亲子法规范,大多依据的是 1989 年联合国《儿童权利公约》所确立的子女最佳利益原则。即该公约第 3 条第 1 款规定:“关于儿童的一切行动,不论是由公私社会福利机构、法院、行政当局或立法机构执行,均应以儿童的最大利益为一种考虑。”该公约还指出,儿童是有人格尊严的个体,而不是放在家庭里当作某种权利的客体来保护。② 美国法院在婴儿 M 一案中③对子女最佳利益原则的运用模式具有典型意义。该法院在对跨境代孕亲子关系作出认定判决时,考虑的主要因素都与子女最佳利益原则有关,包括委托父母的年龄、职业、品行、健康情形、经济能力及生活状况,以及代孕母亲、与第三方配子④捐赠者相关的信息公开程度和代孕子女之法律地位等,综合加以判断。

由上可见,采用契约说的国家明确了委托夫妇与代孕子女的亲权关系,持儿童最佳利益说的国家基本上也是如此。而采用分娩说的国家明确规定跨境代孕子女法律上的母亲为代孕母亲。正因如此,一些国家之间在认定跨境代孕的亲子关系方面就会出现法律冲突问题。

第三节　在伦理、道德和人权层面上对代孕的讨论

一、问题的提出

代孕是一个颇有争议的话题,媒体的推波助澜更是让代孕的负面影响不断增加,因为媒体突出报道的多为代孕的负面新闻,例如,搜狐网于 2018 年 3 月 2 日报道了一则题为《日本富二代泰国代孕 1000 个孩子:我不是人贩子,我只想

---

① Australian Citizenship Act 2007(Cth) s16.

② 参见王新新:《论亲子法中的儿童最大利益原则》,西南政法大学民商法学院 2009 年硕士学位论文,第 8 页。

③ 该案案情介绍,详见第三章“美国代孕立法与司法实践”。

④ 配子是生殖细胞。雌配子称为卵子,雄配子称为精子。

赢得票选》的新闻，该报道与事实相去甚远。该案的真实情况是，泰国曼谷法院审理了一起日本男子重田光时在泰国通过跨境代孕生下了19个代孕儿童的案件。泰国法院最终没有支持重田光时的全部诉求，只作出了该日本男子对其中的13名代孕子女享有抚养权的判决。① 又如，2018年10月31日，我国"民主与法制网"报道了一则题为《海外代孕引发中介费之争》的新闻稿。一位深圳高龄女白领远赴美国寻求跨境代孕，在代孕手术失败后引发了她与中介机构之间的中介费用返还纠纷。②

不过，代孕作为同性恋和名人选择生育、为人父母的方法和手段，却在一定程度上得到了媒体的正面报道。代孕对于同性恋伴侣来说尤其重要，因为这是他们成为与其后代有遗传联系、实现为人父母愿望的唯一途径。相关的研究表明，同性恋者更喜欢他们的父母角色，更情愿参与到抚养儿女的过程之中，育儿的质量更高，从而导致公众原先对代孕持有的反对态度发生了转变，由同性恋者组成的非传统家庭越来越多地成为多元社会的一个组成部分。③ 美国最近的研究也表明，选择代孕的同性恋伴侣通常都具有特定的人口统计特征，社会经济地位非常高，这一点可以用他们有能力支付高昂的代孕费用来解释。④ 尽管如此，为了履行作为父母的角色，如果他们完全或部分地放弃工作，同样会对其家庭的财务支出产生巨大的影响。

另外，已有的一些研究表明，宗教对代孕的负面评价和消极态度起着不可忽视的重要作用。英国两位专家对参与调研的妇女进行观察后发现，无论是基因代孕还是妊娠代孕，只有一小部分妇女愿意做代孕母亲。⑤ 由于大多数国家禁止代孕，因此，对代孕母亲这一承受着最为脆弱心理压力的弱势群体，从她们的态度及其经历方面进行研究尤为重要。

从生物学和社会学的角度而言，代孕子女的委托父母都有共同之处：有为

---

① 参见创哥：《日本富二代泰国代孕1000个孩子：我不是人贩子，我只想赢得票选》，载搜狐网：http://www.sohu.com/a/224729748_675668，2019年9月3日最后访问。

② 参见民主与法制网：《海外代孕引发中介费之争》，载腾讯网：https://xw.qq.com/cmsid/20181031A0YGZV00，2019年9月3日最后访问。

③ See Kim Bergman, et al., "Gay Men who become Fathers via Surrogacy: The Transition to Parenthood", 6 *Journal of GLBT Family Studies* 111 (2010), p. 114.

④ Ibid., p. 117.

⑤ See A. E. Poote and O. B. A. van den Akker, "British Women's Attitudes to Surrogacy", 24 *Human Reproduction* 139 (2009), p. 141.

人父母的愿望、实施代孕生殖行为和与代孕子女建立情感纽带等。代孕子女的亲子关系与生物亲子关系有所不同,生物亲子关系预设了父母与孩子之间的遗传关系或基因联系,因此,父母必须对子女负有抚养的法律责任;而代孕亲子关系则更多地受到社会规范的约束。① 在一般情况下,代孕子女是通过对代孕母亲采用体外受精的方式而出生的,而这种方式会牵涉多方社会关系的介入,如医生的诊疗技术,在某些情况下还包括精子或卵子的捐赠者,最后才由代孕母亲怀胎十月完成。在这个过程中,代孕母亲与孩子的关系表现为身体上的联系。有些人认为,法律只是解释父母的义务和责任,但这仍然不够。代孕母亲为了放弃怀胎十月的孩子,必须在整个代孕的过程中摒弃有意为人母的单方面的想法,代孕母亲仅是一个客体和商品;或者应将其视为一位"出租子宫"的女性,属于极易受到剥削和胁迫的妇女。② 有些法律学者和代孕机构认为,应该以代孕意向父母为基础建立法定的父母身份关系,而不是以生物学或遗传学来确认代孕子女的法定父母。因为代孕母亲在怀孕时已明确表示无意成为代孕子女的母亲,她在生下代孕子女之后也必须主动地将其交付给委托父母,放弃对代孕子女的抚养权。在这种情况下,只有委托父母才可以成为代孕子女法律意义上的父母。

二、在道德层面上对代孕的讨论

(一)对商业代孕的反对意见源于商品化理论

从道德的视角而言,人们对商业代孕的反对意见发源于商品化理论,即代孕母亲所得到的报酬是她以代孕子女的亲权转移给委托父母的方式换取的。学者詹妮弗·波尔(Jennifer Burr)认为,这一观点加剧了代孕在公私领域的分化,具体表现为:代孕的私人化方面是在女性领域,其特征是培育和关爱子女;而代孕的公众化方面则更多地体现在男性领域,其特征是劳动力应该商业化。③

① See A. E. Poote and O. B. A. van den Akker, "British Women's Attitudes to Surrogacy", 24 *Human Reproduction* 139(2009), p. 143.

② See Team Austria 2, "International Surrogacy Arrangements and the Establishment of Legal Parentage", http://www.ejtn.eu/Documents/Catalogue%202011/Written_paper_Austria%202_.pdf, September 8, 2019, p. 19.

③ See Jennifer Burr, "'Repellent to Proper Ideas about the Procreation of Children': Procreation and Motherhood in the Legal and Ethical Treatment of the Surrogate Mother", 2 *Psychology, Education and Gender* 105(2000), p. 112; Aristides N. Hatzis, "Just the Oven: A Law & Economics Approach to Gestational Surrogacy Contracts", in Katharina Boele-Woelki, ed., *Perspectives for the Unification or Harmonisation of Family Law in Europe*, Antwerp, Intersentia, 2003, p. 422.

从这一角度看,反对将代孕商业化就是不承认女性的生殖价值,女性“培养”和“关爱”子女应是无理由、无偿的,代孕母亲不能取得报酬。代孕生殖服务的报酬支付行为暴露出了若干道德问题。因为将女性卵子抽取和将胚胎植入代孕母亲的子宫里并且怀孕,这是一个物理上的侵入性医学手段的结果,关乎代孕母亲本人的身体健康。当代孕母亲需要通过代孕来获得经济补偿改善生活时,则会出现加剧对代孕母亲的剥削程度。因为在这种情况下,她们没有真正的自主决策权。代孕超越国界、进入全球市场时,意向父母作为消费者均为来自发达国家的富有人士,而代孕母亲作为代孕子女的提供者均是第三世界的贫穷女性。事实表明,跨境代孕的生殖行为对代孕母亲的剥削是在明显增强。① 根据爱荷拿研究所2012年的研究分析,尤其是在全球经济一体化的今天,加剧了代孕的商品化进程,增加了贩卖人口和在全球代孕市场销售妇女生殖能力的风险。②

(二)代孕母亲的知情同意或许可以减轻委托父母在道德上的责任

一般而言,适龄妇女决定成为代孕母亲是自主选择的结果,虽然商业代孕中的经济压力或自愿代孕的情感压力不应被低估,③但是,强调个人选择权的西方自由伦理抵御了这种“选择”,可能“强加”在代孕母亲情感上或经济上的风险。随之而来的另一个道德问题,就是应否剥夺代孕母亲通过代孕来减少家庭贫困的机会。④ 在现实社会中,代孕母亲行使知情同意权时也会遇到一些难以克服的障碍。代孕母亲的“知情同意”因为较为漫长的代孕周期而变得复杂化了。比如,代孕母亲在代孕过程中因家庭胁迫而受到的精神压力,代孕母亲对代孕与身边环境的情绪和心理影响具有不确定性,代孕母亲对妊娠并发症的知识和代孕合同缺乏了解。此外,代孕母亲的自主性在整个代孕过程中也可能受到影响,如被意向父母和医生强迫进行抽样检测、羊膜穿刺术或阴道超声波、改变其饮食或生活方式,或在胎儿有缺陷时被要求终止怀孕等。从某种程度上讲,对于代孕母

① See GKD Crozier, “Protecting Cross-border Providers of Ova and Surrogacy Services?”, 10 *Global Social Policy* 299(2010), p. 300.

② See Iona Institute, The Ethical Case Against Surrogate Motherhood: What We Can Learn from the Law of Other European Countries, Dublin, Iona Institute, 2012, pp. 11 – 13.

③ See Rosalie Ber, “Ethical Issues in Gestational Surrogacy”, 21 *Theor Med Bioeth* 153(2000), p. 159.

④ See Raywat Deonandan, et al., “Ethical Concerns for Maternal Surrogacy and Reproductive Tourism”, 38 *Journal of Medical Ethics* 742(2012), p. 744.

亲来说,其知情同意权只不过是表现在她自愿放弃代孕子女的抚养权而已。

(三)代孕还引发了有关儿童尊严的道德问题

有观点认为,代孕儿童是市场经济的产物。因此,一些女权主义者谴责代孕是一种"婴儿买卖"行为。当然,这主要是针对传统代孕安排而言的。[①] 20世纪90年代以来,随着医疗技术的发展,妊娠代孕逐渐替代了传统的代孕方式,代孕母亲和代孕婴儿之间不再有遗传联系。妊娠代孕是以一种服务合同的方式进行的。委托夫妇通常都较为富有,不惜花费大量的金钱。他们对代孕儿童抱有良好的外观形象或特定的身体属性要求,对"设计婴儿"有着较高的期望值。如此一来,就容易引发严重的生物伦理问题,也会对代孕母亲的自主性产生一定程度的影响,因为意向父母会因此而详细地了解代孕母亲及其家人的隐私信息,以便尽可能全面地建立代孕母亲的个人档案。正因如此,代孕市场在种姓、肤色、外观长相等方面出现了分化的现象,那些年龄较小,受过较高教育的代孕母亲更容易受到委托父母的欢迎。

三、在伦理层面上对代孕的讨论

从伦理学的角度而言,不管早期的传统代孕抑或当下的妊娠代孕,也无论利他代孕还是商业性代孕,都在国际社会上引起了争议。大多数宗教等组织之所以反对代孕,特别是具有商业化特点的代孕,是因为他们认为代孕是不道德的,会导致婚姻和生育的不统一,并以此为由发出呼吁,要求通过法律将代孕明确规定为一种非法行为。与之不同的是,持自由主义立场(liberal approaches)的学者则强调国家和法律需要对道德标准保持中立的态度。在这方面,约翰·穆勒(John Stuart Mill)提出了一个著名的原则,即只有有害的做法才应被法律禁止,并且最终人的主体是自己(only harmful practices should be prohibited by law and that one is ultimately sovereign over one's body and mind)。[②] 这样一来,就使各国的法律面临着两难的处境:一方面,代孕的出现,要求各国通过立法来应对不同的道德观念;另一方面,代孕使家庭关系变得复杂化,给传统家庭关系

---

① See Hannah McDermott,"Surrogacy Policy in the United States and Germany: Comparing the Historical, Economic and Social Context of Two Opposing Policies, *Senior Capstone Projects*(2012)", https://digitalwindow. vassar. edu/senior_capstone/137, August 8, 2019, p. 36.

② See Aristides N. Hatzis,"Just the Oven: A Law & Economics Approach to Gestational Surrogacy Contracts", in Katharina Boele-Woelki, ed., *Perspectives for the Unification or Harmonisation of Family Law in Europe*, Antwerp, Intersentia, 2003, p. 418.

带来了冲击与影响，甚至让传统家庭关系破裂，对各国现存的法律产生了冲击与提出了挑战。因此，各国需要对与代孕有关的道德伦理问题、代孕儿童的亲子关系认定、家庭结构和儿童福利等问题予以高度的关注。

随着对代孕的道德、伦理讨论的深入，出现了一个新的学科——生物伦理学。① 一些历史资料显示，最初从事生物伦理学工作的人，其权限非常有限。例如，第二次世界大战时，纽伦堡医生的权限局限于可以使用人体试验对象的伦理范畴。根据纽伦堡法庭的核心意见所制定的《纽伦堡法典》包括了10项原则，其目的在于为允许的人体医学试验建立专门的实质性标准和程序性标准。② 在最初构想时，这些规则并没有被列入医学伦理的范畴，而是针对纳粹医生在第二次世界大战期间所实施的虐待囚犯行为作出的最终判决的一部分。这些原则在之后用于可怕的试验也被认为是合理的，因为它们"起源于所有人的自然法"基础。③ 事实上，生物伦理学与人权保护的理念是同时产生的。在纽伦堡审判结束的2年之后，联合国通过了《世界人权宣言》。

在第二次世界大战之后的10多年时间里，塔斯基吉（Tuskegee）、弗纳尔德（Fernald）、兰瑟姆（Wrentham）等学校进行了人类医学试验。由于生物伦理学家只是致力于如何在不同环境下对弱势群体进行保护问题的研究，而忽略了对他们的实体权利应如何给予保护的问题，引起了美国社会广泛的批评。④ 1977年出版的《生物医学伦理学原则》一书提出的若干原则已经成为生物伦理学界遵守的共同原则。⑤ 例如，其中的尊重自愿原则、非恶意性原则、便利原则和正义原则成为评估伦理困惑与权衡医学、病人、其他科学专业人员的标准。也就

---

① See Emily Stehr, "International Surrogacy Contract Regulation: National Governments' and International Bodies' Misguided Quests to Prevent Exploitation", 35 *Hasting Int'l & Comp. L. Rev.* 253 (2012), p. 271.

② Ibid., p. 272.

③ See Michael A. Grodin, "Historical Origins of the Nurember Code", in George J. Annas and Michael A. Grodin, eds., *The Nazi Doctors and the Nuremberg Code: Human Rights in Human Experiments*, New York and Oxford, Oxford University Press, 1992, p. 121.

④ See Emily Stehr, "International Surrogacy Contract Regulation: National Governments' and International Bodies' Misguided Quests to Prevent Exploitation", 35 *Hasting Int'l & Comp. L. Rev.* 253 (2012), p. 273.

⑤ Ibid.

是说，通过对病人的道德伦理的程序规制而非实体规制来完成。① 同样，上述四项原则也可以用于对跨境代孕合同进行评估。②

对于跨境代孕合同，可以运用生物伦理学上所确立的尊重自愿原则、非恶意原则、便利原则③和正义原则进行评估分析：

1. 尊重自愿原则

关于尊重自愿原则的含义，比切姆（Beauchamp）和切尔德里斯（Childress）从一个特殊的角度进行了阐述，并以此来强调尊重自愿原则的必要性："侵犯一个人的自主权利就是把它当作一种手段，使其与其他人的目标一致而非考虑该人的目标。"④比如，美国的许多州没有禁止代孕或者严格规制代孕的法律，法律尊重当事人的生殖选择，委托父母若想成为父母就可以寻找代孕母亲进行代孕；代孕母亲因代孕生子不仅可以得到一笔金钱，还能给委托父母带来快乐。从美国社会来看，尊重自愿原则似乎在委托父母与代孕母亲身上得到了体现。然而，在社会和经济状况与美国截然不同的国家，代孕母亲并非都是自愿为另一名妇女完成生育的，在道德上有为了挣钱的嫌疑。在这些国家，许多代孕母亲之所以同意代孕在很大程度上是出于生活所迫。比如，在1997年期间，一位来自印度昌迪加尔、名叫尼玛拉的代孕母亲，愿意通过代孕获得5万卢比的收入来救治她瘫痪的丈夫。⑤ 比切姆和切尔德里斯强调尊重自愿原则的核心是代理人的行为必须是自愿的，而不受他人的影响。⑥ 然而，在跨境代孕中，并非每一份代孕合同都能完全地体现尊重自愿原则。

---

① See Emily Stehr, "International Surrogacy Contract Regulation: National Governments' and International Bodies' Misguided Quests to Prevent Exploitation", 35 *Hasting Int'l & Comp. L. Rev.* 253 (2012), p. 273.

② Ibid., p. 274.

③ 针对跨境代孕而言，就谈不上便利原则了。所以，本书不对该原则进行分析。

④ Emily Stehr, "International Surrogacy Contract Regulation: National Governments' and International Bodies' Misguided Quests to Prevent Exploitation", 35 *Hasting Int'l & Comp. L. Rev.* 253 (2012), p. 275.

⑤ See Sandhya Srinivasan, "Surrogacy Comes Out of the Closet, Sunday Times of India", http://www.womenstudies.in/elib/rep_% 20tech/fr_surrogacy_comes.pdf, September 8, 2019; See also, Jyotsna Agnihotri Gupta, Towards Transnational Feminisms: Some Reflections and Concerns in Relation to the Globalization of Reproductive Technologies, 13 *Eur. J. Women's Stud.* 23 (2006), p. 30.

⑥ See Emily Stehr, "International Surrogacy Contract Regulation: National Governments' and International Bodies' Misguided Quests to Prevent Exploitation", 35 *Hasting Int'l & Comp. L. Rev.* 253 (2012), p. 276.

2. 非恶意原则

根据比切姆和切尔德里斯的界定，非恶意原则是指不应将邪恶或伤害强加于人，即对接收治疗的病人所采用的原则，不能适用于跨境代孕。① 所谓伤害是指一个人的行为对另外一个人的利益造成的损害。② 据此定义，人应该享有不被伤害的权利。根据非恶意原则，一旦代孕母亲的人权受到侵犯，那么她的健康和生存利益也受到了侵犯。然而，从生物伦理学的角度来看，只要代孕母亲在怀孕期间的健康、生存没有受到影响即可。对一些妇女而言，如果剥夺了她们的代孕机会则意味着对她们及其家庭成员的健康和生存造成了伤害。例如，印度一家诊所的代孕母亲大多来自附近贫困村庄和低种姓家庭。作为代孕母亲的她们希望通过代孕可以一次挣到当地一名工人10年的工钱，以改善她们的家庭生活。③

3. 正义原则

印度的代孕母亲虽然通过代孕可以获得较高的报酬，但跟美国的同行相比却有很大的差距，这引起了人们对正义原则的关注。比切姆和切尔德里斯认为："根据正义原则，为了避免利用代理人、委托父母和医疗中介故意招揽自身处境不佳的妇女做代孕母亲，就应该将经济上处于弱势地位的妇女排除在外。"④很显然，这种观点只是武断地将经济上处于弱势地位的妇女排除在代孕母亲之外，并没有回答在跨境代孕中应如何理解、适用正义原则的问题。将经济上处于弱势地位的妇女排除在代孕母亲之外，实则是一种剥夺、歧视妇女的行为，会造成新的不公平，严重背离正义原则。

四、在人权层面上对代孕的讨论

生育权是一项基本的、与生俱来的人权。它不应取决于性别、家庭或性行

---

① See Emily Stehr, "International Surrogacy Contract Regulation: National Governments' and International Bodies' Misguided Quests to Prevent Exploitation", 35 *Hasting Int'l & Comp. L. Rev.* 253 (2012), p. 276.

② Ibid., p. 277.

③ See Nicola Smith, "Inside India's International Baby Farm", https://www.geneticsandsociety.org/article/inside-indias-international-baby-farm, September 8, 2019.

④ Emily Stehr, "International Surrogacy Contract Regulation: National Governments' and International Bodies' Misguided Quests to Prevent Exploitation", 35 *Hasting Int'l & Comp. L. Rev.* 253 (2012), p. 279.

为。推动人类的世代繁衍和智力进化是任何人具有的一项自然、不可剥夺的权利。2005年的《世界生物伦理学和人权宣言》明确地建立了现代生物伦理学的一个主要原则,即个人的利益和福利应是优先于科学或社会的唯一利益。在可以通过代孕生育孩子的情况下,如果法律不允许无子女的人成为父母,将他们排除在人类繁衍的行列之外,剥夺他们使用人工辅助生殖技术的权利,则意味着社会拒绝平等对待他们,这是选择性歧视的典型。①

(一)在人权层面对意向父母的讨论

对意向父母而言,人权意味着,拥有一个家庭是他们的自由,法律没有理由干涉这类自由。《公民权利和政治权利国际公约》规定,一国公民有权在没有政府干预的情况下实现其建立家庭的愿望。②《欧洲人权公约》第8条规定,"1. 人人有权享有使自己的私人和家庭生活、家庭和通信得到尊重的权利。2. 公共机构不得干预上述权利的行使,但是,依照法律规定的干预以及基于在民主社会中为了国家 安全、公共安全或者国家的经济福利的利益考虑,为了防止混乱或者犯罪,为了保护健康或者道德,为了保护他人的权利与自由而有必要进行干预的,不受此限。"③在 S. H. 等诉奥地利(S. H. and others v. Austria)一案中,④这项权利被欧洲人权法院解释为"一对夫妇怀有一个孩子的权利,并有权为此目的利用医学辅助进行生育的权利"。⑤

由于代孕不仅涉及意向父母,还涉及代孕母亲和代孕儿童,因此意向父母通过代孕母亲生育孩子的权利不是一种"消极的权利",而是一种"积极的权利"。这种自由是一种与生育活动有关的选择自由。当一个人的自由不受他人的特定方式的限制时,那么这个人的自由就属于消极自由;积极自由是指一个人可以要求别人以特定的、必要的方式促进实现的自由。可见,意向父母拥有

---

① See K. Svitnev, "Legal Control of Surrogacy-international Perspectives", in Joseph G. Schenker, ed., *Ethical Dilemmas in Assisted Reproductive Technologies*, Berlin and Boston, Walter de Gruyter, 2011, Chap. 13, p. 150.

② International Covenant on Civil and Political Rights, December 16, 1966, 999 UNTS 171, art. 23 (2).

③ European Convention for the Protection of Human Rights and Fundamental Freedoms (European Convention on Human Rights, as amended), November 4, 1950, 213 UNTS 221, art. 8.

④ S. H. and others v. Austria [GC]. Application no. 57813/00, 3 November 2011; See also, David Kate, Case of S. H. and Others v. Austria: Practical Concern over Individual Rights, 36 *B. C. Int'l & Comp. L. Rev.* 47 (2014).

⑤ S. H. and others v. Austria [GC], Application no. 57813/00, 3 November 2011, para. 82.

的这种自由是一种积极的自由,即意向父母需要代孕母亲出借身体为其提供代孕服务。也只有在具备了这种前提下,意向父母才能够实现他们所拥有的生育自由。

(二)在人权层面上对代孕母亲的讨论

对于代孕母亲而言,她们是否有选择代孕工作的权利问题,均已经超出了生物伦理学和人权的范畴。有关代孕母亲的人权基础,源自联合国《消除对妇女一切形式歧视公约》(The Convention on the Elimination of All Forms of Discrimination against Women,CEDAW)第16条规定的女性自主权,即自主平等地选择婚姻及家庭生活相关方面的各种权利,包括自主享有对孩子的生育权、监护权等等。[①] 实际上,在生育、堕胎、代孕中经常会使用到"身体自主权"这一概念。所谓"身体自主权",是指人对自己的操纵权利。人一旦被剥夺了此种权利,即其作为人的资格被剥夺,丧失了其作为人的属性。[②] 因此,为了保护女性的利益,各国应出台措施,确保代孕母亲对代孕合同条款的同意是其真实的意思表示,并免于被剥削。但是,在现实中,代孕母亲往往因经济贫穷而处于不利的地位。在商业代孕中,有的代孕母亲进行代孕很可能是基于对金钱的需要,而非出于自愿。大多数国家只承认那些自愿的代孕行为才是合法的,认为自愿的代孕避免了潜在的不公平。

自20世纪80年代中期以来,美国的女权主义者对代孕的看法是存在分歧的。自由女权主义者强调,妇女有决定生殖的权利,完全可以随意签订代孕合同。而激进女权主义者则利用商品化观点反对代孕。[③] 让女权主义者对是否应该支持代孕感到不安的是:一方面,一些有关代孕母亲的观点与"母性的独特经历"(如其为天主教徒)、反堕胎的保守观点叠加在了一起;另一方面,关于代孕的争论又体现出了女权主义者赞同代孕市场的安排。[④] 女权主义者认为,妊娠代孕是卖淫或奴役的一种形式,并将其与器官移植交易进行比较。他们认为,

---

① Convention on the Elimination of All Forms of Discrimination against Women, December 18, 1979, 1249 UNTS 13, art. 16.

② See Rosalie Ber, "Ethical Issues in Gestational Surrogacy", 21 *Theor Med Bioeth* 153 (2000), p. 154.

③ See Richard J. Arneson, "Commodification and Commercial Surrogacy", 21 *Philosophy and Public Affairs* 132 (1992).

④ See Elizabeth S. Scott, "Surrogacy and the Politics of Commodification", 72 *Law & Contemp. Probs.* 109 (2009).

"对肾脏的商业开发并接受对子宫的剥削构成了父权社会道德的二分法"。① "一名妇女在出借她的身体时便走上了被剥削之路。代孕母亲与奴隶制下的奴隶之间有着相似之处,女奴也经常被作为没有任何法定权利的生育工具。"②有的学者担心:"贫穷的妇女可能会转变为替代劳动力队伍进行妊娠活动,并认为代孕是异化劳动的极端形式,更多的是创造利润和再生产的性别歧视,而不是生产生命。"③

(三)在人权层面上对代孕儿童的讨论

国籍是一项关系到代孕子女从出生开始就应该获取的权利,是代孕儿童的一项最为重要的人权。关于儿童人权的讨论,其依据是 1989 年联合国《儿童权利公约》第 7 条第 1 款之规定,即"儿童出生后应立即登记,并有自出生起获得姓名的权利,有获得国籍的权利,以及尽可能知道谁是其父母并受其父母照料的权利"。据此规定,儿童有权获得一国国籍。该公约的立法目的在于防止出现代孕儿童成为无国籍和无父母的情况。联合国《儿童权利公约》第 3 条第 1 款不仅确立了儿童最佳利益原则,而且还强调儿童是有人格尊严的个体。各国在承认跨境代孕儿童与委托父母的亲子关系问题时,也倾向于根据儿童最佳利益原则来认定跨境代孕儿童的合法父母身份。美国法院在司法实践中的做法可以证明这一点。比如,美国密西西比法院在 L. J. 女婴收养和 R. R. v. M. H. 两起案件中都认为,委托父母与代孕母亲在代孕合同中不得就代孕子女亲权或监护权的归属问题作出约定,而应由法院基于子女最佳利益的考虑来进行判定。④

综上可见,在伦理、道德和人权等层面上,人们对代孕的问题均进行了充分的讨论。对于人身体交易的问题,普通法通常倾向于保护人类的尊严,⑤主张人类的身体不能被认为财产,人并非只是国家及社会作用之手段及客体(Human

---

① Elizabeth S. Scott, "Surrogacy and the Politics of Commodification", 72 *Law & Contemp. Probs.* 109(2009), p. 130.

② Ibid., p. 129.

③ Richard J. Arneson, "Commodification and Commercial Surrogacy", 21 *Philosophy and Public Affairs* 132(1992), p. 149.

④ In re Baby Girl L. J., Jul. 31, 1986, 132 Misc. 2d 972, 505 N. Y. S. 2d 813, 817 (Sur. Ct. 1986), p. 977; R. R. v. M. H., Jan. 22, 1998, 426 Mass. 501 (Mass. 1998), pp. 512 – 513.

⑤ See Kate Galloway, "Theoretical Approaches to Human Dignity, Human Rights and Surrogacy", in Paula Gerber and Katie O'Byrne, eds., *Surrogacy, Law and Human Rights*, New York, Routledge, 2016, p. 13.

are ends in themselves not as a means to ends)。个人隐私以及人权的基础均产生于人的尊严。英国哲学家约翰·洛克(John Locke)关于权利、自我和个人的观点、[①]约翰·穆勒关于个人权利行使的限制及反对压迫妇女的观点,均淋漓尽致地体现在普通法关于自治权和身体自我决定权之中,构成了人权法的基本法律框架。[②] 不过,有关商业代孕剥削妇女的讨论,忽略了代孕母亲尊严的社会属性以及个人的自治权、自我决定权。代孕母亲通过代孕行为体现了怀孕及母亲身份的社会本质,即女性享有身体自治权以及对身体的自我决定权,包括享有是否成为一位代孕母亲的权利。意向父母的自治权和自我决定权同样如此,生儿育女的欲望也是人类尊严的一种。

---

① See John Locke, "Second Treatise of Government", http://www.earlymoderntexts.com/assets/pdfs/locke1689a.pdf, July, 2, 2019.

② See John Stuart Mill, *On Liberty* (*fourth ed.*), London, Longmans, Green, Reader & Dyer, 1869, Chap. 4.

第二章　跨境代孕的基本理论

第一节　跨境代孕的概念和动机

一、跨境生殖医疗对跨境代孕起到了催化剂的作用

跨境生殖医疗是指不孕不育患者到海外或境外寻求生殖医疗服务的行为。[①] 跨境生殖旅游包括跨境冻卵、试管婴儿和跨境代孕等。随着商业的全球化以及对国际生殖医疗的多元化选择需求的不断增多，给一些允许代孕的国家的医疗生殖旅游带来了更多的代孕商机。最新的研究表明，人们在进行跨境生殖旅游前考虑的因素很多，包括旅游地所在国的医疗费用是否昂贵、等待诊疗的时间是否漫长、能否得到预期的服务质量等。对于富裕人群而言，他们具备将医疗与旅行结合起来的实力。[②] 不过，医疗生殖旅游究竟对地方和全球经济产生了多大的影响，在统计学上仍然没有一个明确的结论。这是因为跨境生殖医疗所涉及的问题非常复杂，不仅涉及相关国家的经济、政治、文化，还涉及相关国家的法律和人权问题。值得提及的是，欧洲人权法院一直在解决医疗生殖旅游中出现的跨境代孕亲子关系确认纠纷方

---

① See John Collins and Jocelynn Cook, " Cross-border Reproductive Care: Now and into the Future", 94 *Fertility and Sterility* E25(2010), p. E25 - 26.

② Ibid.

面发挥着重要的作用，因为充分尊重个人隐私和家庭生活是《欧洲人权公约》第8条明确规定的一项权利。因委托父母所在地国的法律禁止代孕而引发的跨境生殖旅游热引起人们的思考。人们对这些国家制定的限制生殖的法律，在是否充分地尊重了私人和家庭生活的权利方面表示担忧。

跨境生殖旅游跟其他医疗旅游相比，有许多相似之处。像许多其他的医疗旅行者一样，意向父母之所以要寻求跨境代孕，其原因在于能够在境外找到更实惠、更便宜的代孕母亲，找到更有利于他们的代孕服务和代孕儿童的交付服务。在这种情况之下，跨境代孕和跨境生殖旅游都会引起一些共同的道德和法律问题。

不过，跨境代孕与其他的跨境医疗旅游之间也有区别，最大的不同之处在于，跨境代孕一直在国际社会存在较大的争议，更能引起公众的焦虑不安。加之，不同国家基于各自的文化、道德和法律传统，在代孕服务和代孕政策上也可能有着不同的做法，因而在与代孕相关的道德观、伦理观和人权理念方面会出现相互碰撞的现象，引发出跨境代孕的法律冲突问题。

二、跨境代孕的概念

跨境代孕，又称国际代孕或跨国代孕，它是指不同国籍或惯常居住地不在同一国家的代孕母亲与委托父母之间通过签订代孕协议而生育代孕子女的行为。[①] “跨境”强调的是当事人跨国或跨地区而发生的代孕行为，以及委托父母在跨国或跨地区完成委托代孕行为后，最终还要携带代孕子女回到委托父母所在地国。

三、跨境代孕的原因和动机

对于跨境代孕的原因，许多学者和社会工作者作了深入、广泛的调查研究，并取得了一些成果。事实表明，在国际社会，跨境代孕已经成为一种非常普遍的社会现象，其现阶段的发展速度相当惊人。美国保罗（Paul）教授负责发起了一项关于跨境代孕信息的问卷调查。该问卷调查以电子邮件的方式与承认代孕国家（如美国和印度）的80多个代孕机构进行了联系，将2006年1月至2010年8月发生的跨境代孕案例作为调查对象。最终的调查结果显示，在2006年

---

① 参见袁泉、罗颖仪：《跨境代孕亲子关系认定所涉及的若干国际私法问题》，载《国际法研究》2016年第6期。

至2010年不到5年的时间内,到美国某一家代孕机构进行代孕的外国人人数,在2006年为10人,但到了2010年却上升至68人。而对另外一家美国代孕机构设在印度的分公司的调查结果表明,外国人到这家代孕机构印度分公司的人数,在2006年为0,但到了2010年却上升为40人。从图1中不难看出,自2008年开始,美国的这家代孕机构及其印度分公司接收的跨境代孕申请在数量上呈现出快速增长的趋势。①

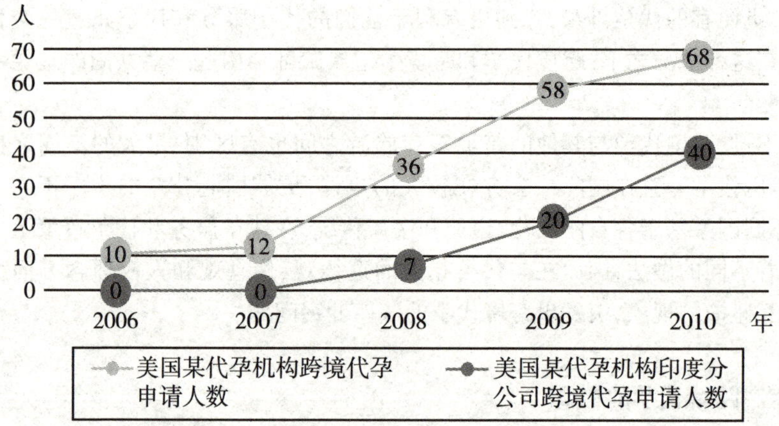

图1　2006～2010年美国某代孕机构及其印度分公司接收的跨境代孕的申请情况

目前,世界上承认代孕的国家并不算多,而跨境代孕的需求量却处在不断增长之中。澳大利亚、加拿大、法国、德国、冰岛、日本等国的意向夫妻大多去代孕环境相对开放的美国、印度、乌克兰和俄罗斯,寻求代孕母亲协助其生育子女。近年来,越来越多的美国意向夫妻到印度寻找代孕费用更为便宜的代孕母亲生育代孕子女。② 总的来说,跨境代孕的出现并得以迅速发展的主要因素有如下几个方面:

(一)经济因素

对于经济因素,可以跨境代孕的热门候选国之一的印度为例加以说明。在

① See Katarina Trimmings and Paul Beaumont, *International Surrogacy Arrangements: Legal Regulation at the International Level*, Oxford, Hart Publishing, 2013, pp. 482－485.

② See Ruby L. Lee, "New Trends in Global Outsourcing of Commercial Surrogacy", 20 *Hastings Women's Law Journal* 275(2009), pp. 276－277.

印度,一般情况下,代孕费用大概是1.2万美元,而在美国却要花费高达8万美元。① 印度的工业联合会(Confederation of Indian Industry)于21世纪初研究估计,跨境代孕每年为印度带来了23亿美元的收入。② 可见,跨境代孕生殖行为可以给相关国家的经济发展注入新的活力和动力。

(二)政策因素

从20世纪90年代起,印度政府一直将本国定位为医疗旅游的目的地,以此来吸引大批外国人到印度进行医疗旅游。③ 印度政府鼓励代孕生殖行业的发展,对接待外国人进行人工受精、试管受精的代孕医院实行税收减免和财政激励的优惠。④ 印度政府以代孕生殖行业为中心,将印度打造成为医疗生殖旅游目的地所推出的政策,每年可为印度带来数十亿美元的外汇收入。虽然印度政府没有为代孕行业制定专门性的法律加以规范,但外国人来印度的热情仍然只增不减。⑤ 对此,有学者提出了批评性的意见,认为外国意向夫妻因渴求孩子之心迫切,即使知道印度缺乏相关的法律规范,依然会不计后果地来印度寻求代孕产子。所以,这个行业才得以在印度发展得枝繁叶茂。⑥

在印度,一家性别与健康的专业研究机构——萨玛妇女与健康资源团队(Sama-Resource Group for Women and Health)⑦的研究表明,跨境商业代孕能够在印度得到迅猛发展的另一个因素,应该归功于印度的跨境代孕医疗机构所发起的铺天盖地般的互联网宣传攻势,这种强大的宣传攻势让处于世界任何一个

---

① See Neha Tiwari,"Commercial Surrogacy in India:An Overview",8 *Asian Review of Social Sciences* 35(2019),p. 36.

② Ibid.,p. 35.

③ See National Portal of India,"Travel & Tourism",https://www.india.gov.in/topics/travel-tourism,September 15,2019.

④ See Ásdís Lý ðsdóttir,"Medical Tourism, Commercial Surrogacy and Women in India: Opportunity or Exploitation?",https://skemman.is/bitstream/1946/22767/1/Medical%20tourism%2C%20commercial%20surrogacy%20and%20women%20in%20India%2C%20opportuntiy%20or%20exploitation.%20MA%202015.pdf,September 15,2019.

⑤ See Sama Team,*ARTs and Women-Assistance in Reproduction or Subjugation?*,New Delhi,Sama-Resource Group for Women and Health,2006,p. 15,67.

⑥ See Caroline Vincent and Alene D. Aftandilian,"Liberation or Exploitation: Commercial Surrogacy and the Indian Surrogate",36 *Suffolk Transnat'l L. Rev.* 671(2013),p. 671.

⑦ 萨玛妇女与健康资源团队(Sama-Resource Group for Women and Health)是一家设立在印度德里的非政府研究组织,主要研究女性性别与健康的问题,目的在于促进人们掌握其身体、社会以及政治环境对自身健康的主控权。

角落而又需要寻找代孕母亲的意向夫妇,都能在互联网上轻易地查找到几百家印度辅助医疗机构的官方网页,还有很多医疗机构运用国际互联网锁定其客户群。[①] 印度跨境代孕医疗机构逐渐清晰地意识到,国际互联网在为代孕行业的宣传带来便利的同时,还给其带来了高额的利润。印度的跨境代孕医疗诊所还通过设定一些关键词,以方便于客户进行搜索,如"海外代孕"或者"国际代孕",借以发展海外客户群。海外意向夫妻只要搜索"海外代孕"或"国际代孕"就会出现大量的印度诊所网站。这些诊所提供的服务非常全面,不仅为委托父母提供跨境代孕服务,还提供机场接送服务、翻译服务、签证服务和外汇兑换服务等,成功地吸引了不少原先犹豫不决的外国意向夫妇赴印度寻求跨境代孕服务。[②]

综上,跨境代孕在客观上的确解决了一部分代孕母亲的经济问题,同时也给中介机构和旅游产业带来了可观的收入,刺激了印度跨境代孕行业的迅速发展。在 2013 年印度禁止跨境代孕之后,泰国短暂地取代印度成为所谓的亚洲"子宫",直到 2015 年 7 月泰国政府禁止一切形式的跨境代孕为止。现在波兰、乌克兰、俄罗斯、格鲁吉亚、墨西哥、尼泊尔和柬埔寨等国家正成为主要的商业代孕目的地。[③]

(三)法律因素

前述的美国保罗教授负责发起的问卷调查结果还表明,有越来越多的单身人士和意向夫妇去国外寻找代孕服务。欧洲国家特别是那些禁止商业代孕的欧洲国家,寻求跨境代孕的人数占了委托父母中的绝大部分(见图 2)。[④]

---

① See Sama Team, *Assisted Reproductive Technologies: Implications for Women's Reproductive Rights and Social Citizenshi-Final Technical Report*, New Delhi, Sama-Resource Group for Women and Health, 2010, pp. 21 – 22.

② See Sama Team, *ARTs and Women-Assistance in Reproduction or Subjugation?*, New Delhi, Sama-Resource Group for Women and Health, 2006, pp. 70 – 72.

③ See Patrick Balazo, "Cross-border Gestational Surrogacy in Japan and the Spectre of Statelessness", https://files.institutesi.org/WP2017_05.pdf, September 12, 2019, p. 5.

④ See Katarina Trimmings and Paul Beaumont, *International Surrogacy Arrangements: Legal Regulation at the International Level*, Oxford, Hart Publishing, 2013, pp. 469 – 470.

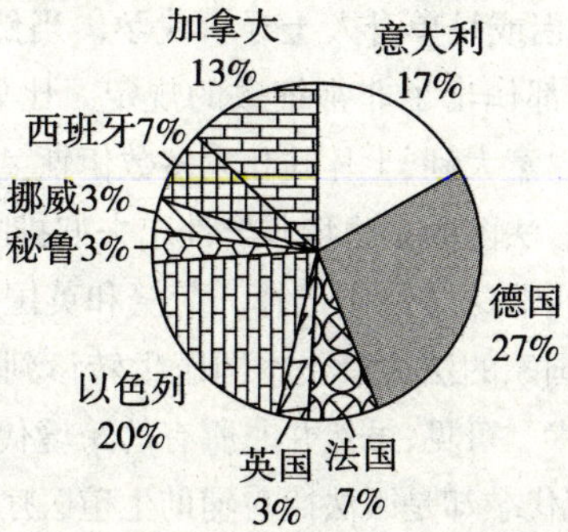

图2 2006~2010年跨境代孕案例中委托父母的国籍情况

在立法上允许代孕和承认代孕合法的英国,由于只有为代孕母亲发生的费用才可以报销,并且英国妇女大多宣称愿意接受代孕安排是一种刑事犯罪,所以,跨境寻找代孕的英国意向父母在人数上则相对较少。相反,在禁止代孕的国家如意大利、德国、法国等,跨境寻找代孕的委托父母在人数上则相对较多。原因很简单,因为国内禁止代孕,意向父母只能到对代孕生殖行为最为"友好"的外国,挑选最符合他们利益的代孕母亲,这些国家包括美国、印度、乌克兰、俄罗斯等(见图3)。①

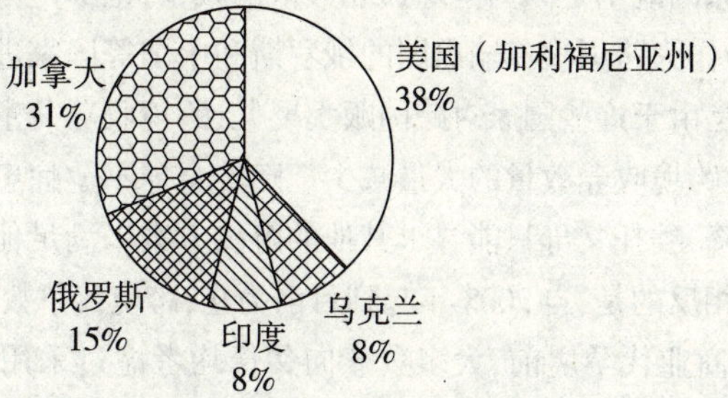

图3 2006~2010年跨境代孕案例中代孕母亲的住所地情况

保罗教授的研究结论表明,一些国家对代孕的法律限制反而对那些想通过出国旅行以获得代孕辅助生殖服务的人士起到了刺激作用。一般而言,各国会将对代孕进行法律规制的侧重点放在两个问题上:第一,立法上允许的代孕种类,是利他代孕或是商业代孕;第二,立法上是只允许异性恋夫妇寻求代孕,还

① See Katarina Trimmings and Paul Beaumont, *International Surrogacy Arrangements: Legal Regulation at the International Level*, Oxford, Hart Publishing, 2013, pp. 494 – 495.

是同时也允许同性恋伴侣或是单身人士寻求代孕。当然,也有不少国家在立法中对与代孕有关的问题都作出了非常细致的规定。比如,德国的有关法律就明确禁止使用捐赠的卵子。意大利、土耳其和大多数伊斯兰国家则在相关法律中明确禁止使用第三方配子。法国的立法将非异性恋夫妇排除在不孕症治疗者之外。澳大利亚的法律明确禁止非医学性别选择。荷兰和英国的相关法律明确禁止匿名配子捐赠。也有一些国家的法律禁止本国医生转诊到国外那些寻求手术的诊所向患者提供禁止的技术。可见,虽然并非所有的跨境代孕都是法律限制商业代孕的结果,但大量的跨境代孕却是因法律对辅助生殖医疗的限制所引发的。

对那些需要代孕生殖援助的人来说,法律上对代孕的禁止性规定,迫使他们不得不前往其他对代孕态度更加宽容的国家寻求代孕服务。同时,这些禁止代孕的法律规定也迫使医生走出国门,为患者提供被派遣国禁止的人工生殖辅助技术服务,或者将患者转诊到那些法律宽松国家的诊所进行代孕医疗服务。所以,法律因素也是促使跨境代孕产生的一个重要原因。

(四)个人寻求跨境代孕的动机

近年来,国际收养的比例呈不断下降的趋势。据统计,跨国收养经过几十年的稳定增长之后,自 2004 ~ 2016 年人数下降了近 50% 。[①] 有专家分析认为,国际收养人数下降的原因既不是因为全球孤儿数量的减少,也不是由于收养父母需求的减少,而是因为作为跨国收养输出国的俄罗斯和中国等国家进一步地加强了对收养的监管。正是由于这些国家对跨国贩卖婴儿、跨境收养儿童的行为实行了有效的监管,才导致跨境收养数量的大量减少。随着全球不孕症患者的增加和跨境儿童收养率的下降,委托父母只能寻求其他的解决方案来满足他们成为父母的愿望。与跨境收养相反的是,自 2008 年起到目前为止,跨境代孕数量持续上升。[②]

在选择跨境商业代孕之前,大多数意向父母均考虑过采用一种或几种其他的养育方式实现为人父母的愿望。这种情况的存在与意向父母的性别和身份有关。一般来说,异性恋意向父母都认为应该采用自然受孕的方式生育子女,同性恋伴侣最有可能考虑的是采用收养的方式,而单身人士考虑的通常是选择自然受孕的方式。另外,在考虑跨境代孕之前,不少的意向父母都做过自己生育的努力。据统计,有 2/3 的澳大利亚意向夫妇做过采用试管婴儿技术进行怀

---

① See Rhoda Scherman, et al., "Global Commercial Surrogacy and International Adoption: Parallels and Differences", 40 *Adoption & Fostering* 20(2016), pp. 21 – 22.

② Ibid., p. 22.

孕的尝试,但都以失败而告终。布瑞吉(Bridge)在她撰写的一本题为《希望的驱动:追踪从澳洲到印度寻求跨境代孕的轨迹》的书中,根据自己实地调查的结果,对澳大利亚意向父母去印度寻求代孕服务的动机和经验进行了阐述。她在书中指出,促使澳大利亚人到印度寻求跨境代孕的主要原因包括如下几个方面:①

1. 澳大利亚人具有要孩子、为人父母的强烈愿望,但因受到国内法律和道德的禁令,他们不得不到境外寻求代孕服务。例如,澳大利亚法律禁止某些人(基于年龄、婚姻状况或性取向方面的考虑)在国内寻找利他代孕。另外,在澳大利亚,IVF 的费用高昂和缺少愿意进行利他代孕的代孕母亲,这些也是促使澳大利亚人出国寻求跨境代孕的原因。

2. 与澳大利亚国内的护理相比较,印度的护理质量高。澳大利亚的意向父母通常倾向于选择海外的护理,因为海外护理在许多方面优于国内护理。

3. 海外诊所可提供更多的临床医生与护理人员,能够提供更多的与委托父母的接触时间以及对代孕母亲的更多选择。海外诊所也能充分利用社交媒体与患者建立联系,以便进一步提高医疗服务的质量。

由上可见,澳大利亚意向父母在国外寻求代孕服务的动机具有经济、务实的特点,他们既看重适中的代孕定价,又重视能满足其需求的服务质量。

对于寻求跨境代孕的原因,里格斯(Riggs)教授在一份对在印度和美国寻求跨境代孕的 21 名澳大利亚公民所做的访谈报告中也进行了深入的分析。目前,这些澳大利亚公民正在等待接受海外商业代孕的安排。② 这份报告重点研究了道德因素对澳大利亚意向父母寻找海外代孕动机的影响。在整个访谈过程中,很少有委托父母受访者提及会考虑道德这种潜在的因素。意向父母会对跨境代孕安排中的道德问题表示沉默。③

应该指出的是,实现为人父母愿望的途径并非只有寻求跨境代孕服务这一条,还可以通过跨国收养外国儿童的方式实现。与意向父母寻求跨境代孕的动机不同的是,跨境收养儿童的动因基本上是基于人道主义或宗教信仰,为儿童

---

① See Michaela Stockey-Bridge, *The Lure of Hope: On the Transnational Surrogacy Trail from Australia to India*, Vancouver, Fairleigh Dickinson University Press, 2017, p. 100.

② See Damien Riggs, "Narratives of Choice Amongst White Australians Who Undertake Surrogacy Arrangements in India", 37 *Journal of Medical Humanities* 313(2016).

③ Ibid., p. 323.

提供养育的家园。而意向父母寻求跨境代孕的动机在于,他们患有不孕不育症并经过多次治疗后仍然没有效果,或因性取向与患有使他们失去为人父母可能性的其他疾病。由此可见,跨境代孕与跨境儿童收养虽然有殊途同归之妙,均能够让人达到为人父母的目的,但是二者在动机方面却是不尽相同的。

第二节　对跨境代孕母亲的限制与剥削问题

一、跨境代孕涉及与代孕母亲相关的生殖正义问题

"生殖正义"(reproductive justice)是从"性别正义"(gender justice)与"社会正义"(social justice)引申出来的概念,它是指所有妇女,不论其种族、民族、宗教信仰、阶级、社会或经济背景如何,均能对其身体和家庭作出自主的决定。[①]在讨论意向父母和代孕母亲之间进行的谈判是否符合生殖正义之前,需要先讨论一下社会环境和经济地位给他们带来的不公正性。美国著名的政治哲学家及伦理学家约翰·罗尔斯(John Rawls)指出:"社会的基本结构是主要社会机构分配基本权利和义务,决定社会合作优势分工的方式"。(The "basic structure" of a society is "the way in which the major social institutions distribute fundamental rights and duties and determine the division of advantages from social cooperation.")[②]对跨境代孕而言,全球化带来的资本和劳动力流动,造成了在社会结构中处于最为不利地位的女性为处于最为有利地位的意向父母承担起了代孕者的角色。学者弗朗丝·泰(France Winddance Twine)将跨境代孕定性为分层合同劳动(stratified contract labor),即妊娠代孕是由一个被嵌入了种族、民族和阶级不平等因素构成的跨国资本市场的产物。[③] 罗尔斯指出,每个党派的"正义""自由"概念都是基于对社会基本事实的认知,会因时间、自然环境等因素的不同而有所不同。因此,"正义"和"自由"具有区域性和时间性的特点,

① See Mary Crewe, et al., *Gender-based Justice: Reflections on Social Justice and Social Change*, Pretoria, Centre for Sexualities, AIDS and Gender(CSA& G), University of Pretoria, 2017, pp. 29 - 30.

② John Rawls, *A Theory of Justice* (*Revised ed.*), Cambridge, The Belknap Press of Harvard University Press, 1999, p. 6.

③ See France Winddance Twine, *Outsourcing the Womb: Race, Class and Gestational Surrogacy in a Global Market*, New York and London, Routledge, 2011, pp. 15 - 16 & Chap. Ⅱ.

任何公正的决定都必须根据现状加以确定。[①] 据此观点来看,代孕母亲和意向父母之间是有差异的,不可能存在自由平等的关系,很难体现出生殖正义。这一点在印度社会学者阿姆利·塔潘德(Amrita Pande)就印度的跨境代孕问题所做的一项研究成果中得到了印证。在对一些非常典型的印度代孕母亲进行调查和了解之后,她发现印度的代孕母亲多半是生活在农村地区、没有受过教育的贫困妇女,并因此而指出印度代孕母亲在代孕协议中所作的同意的意思表示值得怀疑。[②] 相较而言,美国的代孕母亲则是完全出于自愿为委托父母提供代孕服务的。涉及美国代孕母亲的所有利益均在代孕合同之中作出了约定,包括代孕母亲的工资、医疗保健、旅行和饮食费用、律师费用、代孕子女出生后的亲权选择以及与新的家庭建立关系等。可见,美国代孕母亲与委托父母所签订的代孕合同是代孕母亲的真实意思表示,充分体现了代孕母亲的知情权和同意权。可以这样说,生殖正义目前在印度的商业代孕安排中没有得到实现,而在美国的代孕安排中则得到了实现。在美国,不仅解决了对代孕母亲的歧视问题,而且相关的法律为代孕母亲提供了应有的权利保障。由此可见,在允许代孕的印度,对代孕母亲而言,很难实现生殖正义。

二、跨境代孕中代孕母亲的自由

尼古拉斯·罗斯(Nikolas Rose)指出,自由特别是选择自由,越来越多地被个体期望和解释自己及其行为的理由。[③] 对保护生殖权利和自由的强调,该观点与古典主义学者亚历山大·汉密尔顿、约翰·洛克、亚当·史密斯、大卫·休谟,以及杰里米·边沁和其他英国古典政治家所主张的那种以消极自由理论(negative liberty)为核心价值的观点类似。[④] 消极自由理论对评估跨境代孕中代孕母亲的生殖自由非常重要。根据消极自由理论,监管机构有不得对个人事务与跨境代孕进行干涉、限制的义务。意向父母是独立的,他们有权实现个人

---

① See John Rawls, *A Theory of Justice* (*Revised ed.*), Cambridge, The Belknap Press of Harvard University Press, 1999, p. 479.

② See Amrita Pande, "Commercial Surrogacy in India: Manufacturing a Perfect Mother-Worker", 35 *Signs Journal of Women in Culture and Society* 969 (2010), p. 971.

③ See Nikolas Rose, *Powers of Freedom: Reframing Political Thought*, Cambridge, Cambridge University Press, 1999, p. 137.

④ See Jason Brennan and John Tomasi, "Classical Liberalism", in David Estlund ed., *The Oxford Handbook of Political Philosophy*, New York, Oxford University Press, 2012, p. 120.

自治的利益。生殖自由权应该被理解为不受干涉的消极权利,是一种不得让其他人干涉实施这种安排自由的权利。①

然而,如果意向父母在跨境代孕中要求中介机构提供服务,并得到有关国家的允许,那么他们的生殖自由权在本质上则是一种积极自由。② 虽然意向父母都有权获得生殖自由,但要让他们的生殖自由权得到实现,还需要代孕母亲和监管机构的密切合作,确保代孕能够获得成功。这种积极自由对构建意向父母的自我认同具有深远的意义。意向父母希望能够通过为人之父母来体验做父母的主观性、存在性。有学者认为,应将生殖自由放在代孕的首要地位。③ 患有不孕不育症的父母即意向父母,可利用积极自由通过委托代孕的方式来实现自己生育孩子的自由。另外,代孕妇女可以摆脱社会对母亲的影响,充分地展示自己的女性身份,行使自主决定权和独立的个体身体支配权。至于代孕母亲,则应根据其对代孕所享有的积极自由进行评估。女权主义者主张,女性参与代孕合同的积极权利,是基于一个完整的代孕生殖行为并能利用自己身体和生殖能力的结果。④ 生殖自由主义者则认为,作为一个完整主体的代孕者有权选择和作出决定。⑤ 在婴儿出生之前,应允许将代孕者与一对父母所应有的权利和责任区分开来,因为只有妇女才有权决定是否生育以及如何生育,代孕母亲有权通过代孕合同实现生殖自由。在一个妇女选择权有限的社会里,将生殖自由构建为一种能够塑造自己生殖自由的独立身份尤为重要。个体代孕者的

---

① See John Harris, "Rights and Reproductive Choice", in John Harris and Soren Holm, eds., *The Future of Human Reproduction: Ethics, Choice and Regulation*, Oxford, Clarendon Press, 1998, Chap. 1; John A. Robertson, "Procreative Liberty in the Era of Genomics", 29 *American Journal of Law and Medicine* 439(2003), p. 448; Sabina S., "The Right for Reproductive Liberty and Ethical Subjectivity", 22 *IOSR Journal of Humanities And Social Science* 1(2017), p. 3.

② See John A. Robertson, *Children of Choice: Freedom and the New Reproductive Technologies*, Princeton, New Jersey, Princeton University Press, 1996, p. 124; John A. Robertson, "Procreative Liberty in the Era of Genomics", 29 *American Journal of Law and Medicine* 439(2003), p. 448.

③ See Robert Sparrow, "Is It Every Man's Right to have Babies if He Wants Them? Male Pregnancy and the Limits of Reproductive Liberty", 18 *Kennedy Institute of Ethics Journal* 275(2008), p. 286.

④ See John Tobin, "To Prohibit or Permit: What Is the (Human) Rights Response to the Practice of International Commercial Surrogacy?", 63 *International & Comparative Law Quarterly* 317(2014), pp. 346 – 347.

⑤ See Amrita Banerjee, "Reorienting the Ethics of Transnational Surrogacy as a Feminist Pragmatist", 5 *The Pluralist* 107(2010), p. 108.

自主权通常是由她所处的社会环境和经济地位决定的。当一名妇女作出要成为一名代孕母亲的决定时,她所享有的自由、知情同意权和她所处的经济地位,均有助于对代孕母亲的自由权进行最终的评估,对确定她的自由意志能在多大程度上支配自己的身体会有所帮助。

三、跨境代孕中存在剥削代孕母亲的情形

(一)代孕母亲的女性自主权和生殖权受到了影响

当高收入国家的客户去低收入或中等收入的国家寻求跨境代孕时,代孕母亲被剥削的风险无疑被加大了,也会对代孕母亲的女性自主权和生殖权产生影响。①

在对代孕合同纠纷作出的判决中,将人的生命价值货币化会在道德上令人感到不安。也正因如此,许多国家的法院都认为代孕合同是无法执行的,甚至认为商业代孕是犯罪的根源之所在,代孕合同是不合情理(unconscionable)的,相当于"卖婴儿"或"生育奴役",不应该被执行。根据约翰·穆勒和卢梭的观点,人是不能或不会自愿签署奴隶合同的。约翰·穆勒认为合同自由原则有其例外,卖身为奴之合同并非自由,乃是放弃自由,乃是永远放弃使用任何自由。自由原则不能要求一个人有不要自由的自由。一个人被允许割让他的自由,这不叫自由。②

这些关于奴隶制的观点大多被反对代孕的批评者采用。他们认为,允许代孕母亲过早地对未来的生育选择作出具有约束力的决定,实际上是与她拥有的生殖自由的观点相矛盾的。代孕母亲也许有订立代孕合同的自由,但是,当她同意为委托夫妇生育一个孩子时,实际上是限制了她未来的自由。例如,在需要堕胎或保留孩子时,她就不再有自由了。

在允许商业代孕的国家,诊所是意向父母寻求跨境代孕的第一个联系站。在诊所找一位代孕母亲提供代孕服务,拟定代孕合同,接受委托父母的付款,执

---

① See Raywat Deonandan, et al., "Ethical Concerns for Maternal Surrogacy and Reproductive Tourism", 38 *Journal of Medical Ethics* 742(2012), p. 742.

② See John Stuart Mill, *On Liberty* (*fourth ed.*), London, Longmans, Green, Reader & Dyer, 1869, Chap. V; David Archard, "Freedom Not to be Free: The Case of the Slavery Contract in J. S. Mill's on Liberty", 40 *The Philosophical Quarterly* 453(1990), p. 453.

行医疗程序,并监督和管理代孕母亲和代孕母亲的代理人。[①] 代孕母亲的代理人经常前往各个村庄,寻求代孕母亲的候选人。代理人代表代孕母亲签订由诊所制定的代孕合同,代孕合同的核心内容是强调代孕母亲对所生下的代孕孩子不享有父母的权利。此外,代孕母亲必须同意在必要时允许对其进行诸如减少胎儿和剖宫产等手术。

印度是商业代孕最为知名的国家。从2002年开始,印度已有350多家医疗机构从事代孕服务,出生的代孕儿童约有25,000名。对于印度有关代孕机构所提供的代孕服务条件,有学者曾在论文中作了这样的描述:所有代孕母亲都集中在一起生活,房间内架着铁床,没有别的家具。允许代孕女性的丈夫和家属访问,但不能过夜留宿。这些代孕母亲除了在旅舍周围散步,与其他代孕母亲分享他们的悲痛经历和聊天之外,无事可做。[②] 印度有关代孕机构尽管给代孕母亲所提供的条件十分简陋,但给代孕母亲的报酬却高达一个代孕家庭5年收入的总和。由于印度代孕者的家庭往往会受到贫困、失业或需要资助其子女教育、家人患病急需金钱救治等因素的影响,这笔报酬对一些代孕母亲来说具有极大的诱惑力,所以,她们才决定从事代孕生殖服务。[③] 可见,急切想改善经济条件的现实需求,对代孕母亲作出生殖自由的选择具有重大的影响。这就要求作为代孕政策制定者的国家和临床医生对确保代孕母亲不被剥削负起应有的责任。

(二)代孕母亲面临较大的健康风险

从决定做代孕者进行代孕时起一直到生下代孕孩子的整个过程中,代孕母亲的身体健康会面临着很多的风险。在孕产妇死亡率高的印度,代孕母亲除了工资低外,面临的健康风险更大。比如,代孕母亲使用的药物没有标准,医疗过程没有记录,有关药物副作用的信息不够透明,妇女经历试管婴儿治疗的次数无限制,等等。被封闭在诊所的印度代孕母亲基本上是一些贫穷、文盲的妇女,无法享有咨询或法律服务。为了快速分娩,在一般情况下,相关的医生会决定

---

① See Alison Bailey, "Reconceiving Surrogacy: Toward a Reproductive Justice Account of Indian Surrogacy", 26 *Hypatia* 715 (2011), p. 721.

② See Amrita Pande, "Transnational Commercial Surrogacy in India: Gifts for Global Sisters?", 23 *Reproductive Biomedicine Online* 618 (2011), p. 620.

③ See Ruby L. Lee, "New Trends in Global Outsourcing of Commercial Surrogacy", 20 *Hastings Women's Law Journal* 275 (2009), pp. 279 & 283; Amrita Pande, "Transnational Commercial Surrogacy in India: Gifts for Global Sisters?", 23 *Reproductive Biomedicine Online* 618 (2011), p. 622.

给代孕母亲做不必要的剖宫产手术。此外,代孕母亲还会面临一些其他与怀孕相关的意外事件,如被要求提早终止妊娠或早期流产。这些情况因没有载入代孕合同之中,对代孕母亲要求给予身体健康补偿产生了不利的影响。代孕母亲在准备时和受精后还需要注射激素、雌激素和黄体酮,服用药丸以及过上一段时间的特殊生活。常见的怀孕风险是在采用人工辅助生殖技术之后,对多胞胎需要通过堕胎方式进行选择性的胎数减少手术。在印度已出现了有些代孕母亲因患上怀孕并发症而死亡的案例。在存在代孕的情况下,收集卵子等治疗手术也会给代孕母亲带来一定程度上的身体和心理痛苦。① 尽管如此,但由于通过代孕能够赚取的代孕费用不仅可以改善代孕母亲的家庭生活条件,甚至还可以用之购买土地与房屋、支付孩子受教育的学费等,即使存在被剥削的可能和面临着健康风险,印度的代孕母亲仍然会前赴后继地加入代孕者的大军行列之中,成为为改善家庭经济生活、勇挑家庭重担的代孕母亲。

(三)代孕母亲与代孕孩子的情感关系往往被忽视

在怀胎十月的过程中,代孕母亲已经与代孕子女建立了感情,但是按照代孕合同的约定,代孕儿童一旦被生下来即会被送走,移交给委托夫妇,这对代孕母亲的心理健康可能会造成一定的负面影响。有研究结果表明,母子之间重要的生物学关系是在怀孕期间形成的。婴儿的气味对母亲有吸引力,而婴儿与母亲之间进行视力和皮肤接触会进一步地促进母婴之间在心理上、生理上的结合,这也是很多代孕母亲拒绝放弃代孕孩子的重要原因。②

此外,亲朋好友对代孕抱有的看法也可能对代孕母亲产生一定的负面心理影响。代孕在某些地方被视为一种耻辱,代孕母亲很可能会因为有代孕的经历而遭受到熟人和朋友的唾弃。③

总之,生殖旅游是一种社会阶级分层的体现,尽管不孕症及其心理影响折

---

① See Marianna Chaves, "Homoaffective Parentage-Specifically, a Matter of Medically Assisted Reproduction: A Parallel between Brazil and Portugal", 30 *Med. &L.* 417(2011), p. 435.

② See Lorenceau ES, et al., "A Cross-cultural Study on Surrogate Mother's Empathy and Maternal-foetal Attachment", 28 *Women and Birth* 154(2015), pp. 154 – 159.

③ See Shari O'Brien, "Commercial Conceptions: A Breeding Ground for Surrogacy", 65 *N. C. L. Rev.* 127(1986), p. 133; Susanne Hofmannand Adi Moren, *Intimate Economies: Bodies, Emotions, and Sexualities on the Global Market*, New York, Palgrave Macmillan, 2017, p. 218.

磨着所有社会各阶级的人们。[①] 随着代孕这种人工生殖辅助技术的使用,跨境代孕已成为委托父母在全球市场的一种消费行为,并为意向父母这一类特殊人群指出了一条为人父母的希望之路,同时也为贫困妇女提供了一条容易致富但是道路并不明朗的出路,尤其是在那些贫穷的国家,就业机会很少的妇女都想通过包括代孕在内的任何方式来改善其经济环境。[②]

第三节　各国的跨境代孕立法与跨境代孕引发的法律问题

现阶段,不同的国家都会以各自不同的方式对代孕行为进行监管和规制。跨境代孕行为也催生出了一些无法回避的法律问题,如跨境代孕合同效力的认定问题、跨境代孕亲子关系认定的法律冲突问题、意向父母与代孕母亲之间的监护权冲突问题以及如何保护代孕儿童的权利问题等。

一、各国对于跨境代孕的立法规定[③]

由于在经济、政治、文化、宗教和伦理观念等方面存在差异,世界各国的商业代孕立法也千差万别。纵览各国的代孕立法与实践,即可看出,国际社会在代孕的问题上存在以下四种立法态度。

(一)完全禁止代孕的国家

所谓完全禁止,是指国家禁止各种形式的代孕,甚至要对代孕行为进行刑罚惩罚,德国、法国和日本等国均属于这一类型。[④] 例如,德国于1989年颁布的《收养与代孕中介限制法》就禁止及处罚有关代孕的中介、宣传广告行为,即便是公开募集相关资料的行为也是违法的。[⑤] 德国于1990年颁布的《保护胚胎的

---

① See Fiona MacCallum, et al., "Surrogacy: The Experience of Commissioning Couples", 18 *Human Reproduction* 1334 (2003), p. 2197; Lauren Jade Martin, "Reproductive Tourism in the Age of Globalization", 6 *Globalizations* 249 (2009), p. 252

② See Richard F. Storrow, "Quests for Conception: Fertility Tourists, Globalization and Feminist Legal Theory", 57 *Hastings Law Journal* 295 (2006), p. 311.

③ 本节有部分内容引自袁泉、罗颖仪:《跨境代孕中的法律冲突及其解决路径——〈跨国收养方面保护儿童及合作公约〉的经验》,载《国际法研究》2019年第2期。

④ 参见王贵松:《中国代孕规制的模式选择》,载《法制与社会发展》2009年第4期。

⑤ 参见陈华:《外国婚姻家庭法比较研究》,群众出版社2006年版,第321页。

限制性法律》通过了对胚胎的保护性规定，认定那些将未受精的卵子移植到供卵妇女之外的另一名妇女体内，而尝试以人工方式使卵子受精的行为是非法的。该规定间接地表达了禁止代孕的态度。① 又如，《法国民法典》第16条规定："任何协议涉及第三方的生育为无效。"据此规定，任何代孕协议在法国都是无效的。日本虽未在立法上明文禁止代孕，但日本辅助生殖技术审查科学委员会（Assisted Reproductive Technologies Review Committee of the Science Council of Japan）在一份报告中明确指出，违反者将无法成为产科医学会的会员，无法使用产科专科医师的头衔。这也间接表达出了日本对代孕的禁止态度。② 从走向上看，这些国家的国内立法已呈现出趋同化的特点：

1. 禁止代孕的理由大致相同

德国、法国、日本均为族裔成员同构型高或单一宗教力量强大的国家。这些国家的种族或宗教对代孕生殖行为采取的是负面评价的立场与态度，并且强调禁止代孕生殖的理由。比如，德国之所以要禁止代孕，其理念是建立在个人自主决定权这一基础之上的。德国《基本法》第1条第1款规定："人性尊严不可侵害，对其给予尊重与保护是所有国家机关之义务。"而个人自主决定权与人性尊严是密不可分的，是人性尊严的一种具体表现。日本禁止商业代孕的理由是，代孕违反了不得将他人当繁殖工具的基本原则，怀孕还有可能危及代孕者的生命。③ 此外，有金钱介入的代孕契约有贩卖儿童之嫌，故应禁止签订代孕契约。④ 基于前述原因，许多大陆法系国家尽管出现了少子化或高龄化的问题，但在法律上仍然禁止代孕。⑤

从司法实践来看，在完全禁止代孕的国家，跨境寻求代孕的现象并未因代

---

① 参见德国《胚胎保护法》相关判决。See Gerichtein Berlin, "Landgericht Berlin: Freispruch eines Arztes nach Anklage wegen Vergehens gegen Embryonenschutzgesetz (PM 26/2009)", http://www.berlin.de/sen/justiz/gerichte/kg/presse/archiv/20090514.1745.127943.html, August 19, 2018.

② 参见日本学术会议生殖补助医疗の在り方検讨委员会，"代理懐胎を中心とする生殖补助医疗の课题—社会的合意に向けて—", http://www.scj.go.jp/ja/info/kohyo/pdf/kohyo-20-t56-1.pdf, August 19, 2018。

③ 同上。

④ See John Tobin, "To Prohibit or Permit: What Is the (Human) Rights Response to the Practice of International Commercial Surrogacy?", 63 *International & Comparative Law Quarterly* 317 (2014), pp. 326, 341.

⑤ See Tianyi Xu, et al., "Discussion on Legal Identification of Parenthood in Surrogacy", 159 *Advances in Docial Science, Education and Humanitirs Research* 109 (2017), pp. 110-111.

孕协议的无效而消除或减少,反而呈现出进一步扩张的趋势,有越来越多的意向父母跨境去允许代孕的印度、[1]乌克兰、美国、俄罗斯等国寻求代孕母亲生育子女。

2. 全面禁止代孕的国家对跨境代孕亲子关系一般都不予承认

跨境代孕并不因在代孕地国具有合法性而当然地能够得到意向父母所在地国(代孕子女接收地国)的承认。后者在处理跨境代孕子女的亲子关系时所采用的普遍做法是,依据国内法来认定跨境代孕子女的法定父母,即作为分娩者的代孕母亲是孩子的母亲,至于意向父母与代孕儿童之间是否存在亲子关系,只能依据涉外收养程序或者法院作出的相关裁判加以判断。如果意向父母提出的收养申请未获批准,或者代孕子女出生地国法院对跨境代孕子女亲子关系所作的认定判决,被代孕子女接收地国法院以跨境代孕行为违反本国公共秩序为由不予承认,将会导致代孕儿童的身份不明而处于无国籍状态。例如,在印度古吉拉特邦高级法院审理的一起双胞胎案件中,一对名叫巴拉兹的德国夫妇与一位印度代孕母亲签订了代孕合同。委托父亲的精子与另一位印度妇女的卵子配子成功后,被植入印度代孕母亲的体内。印度代孕母亲经过十月怀胎后生下一对双胞胎即尼克劳斯与勒纳德。[2] 双胞胎出生后,印度因承认代孕契约的有效性及合法性,所以认定委托父母是该代孕双胞胎的法定父母。也正因如此,这对双胞胎没有获得印度国籍。而德国的执行机关拒绝给这对双胞胎签发护照让其入境,因为德国禁止代孕、不承认代孕契约的效力,也不同意赋予这对代孕双胞胎获得德国国籍。这对双胞胎儿童当时尽管已被带回德国,却处于无国籍的状况。而后,这对德国夫妇向代孕母亲所在地国即印度古吉拉特邦的安纳德法院起诉,寻求司法解决。[3] 日本亦曾发生过在美国出生的代孕子女回到日本后,其意向父母难以依美国法院的判决将他们登记为该代孕子女的法定父母,遂成讼的情况。[4]

---

① 印度于2014年颁布的《辅助生殖法案》明确禁止外国人在印度寻求商业代孕服务。

② Jan Balaz v. Anand Municipality and 6 ors, AIR 2010 Guj 21, Gujarat High Court, 11 November 2009; The Time of India, "German surrogate twins to go home", https://timesofindia.indiatimes.com/india/German - surrogate - twins - to - go - home/articleshow/5978925.cms, August 30,2019.

③ Jan Balaz v. Anand Municipality and 6 ors, AIR 2010 Guj 21, Gujarat High Court, 11 November 2009.

④ Baby Manji Yamada v. Union of India,13 SCC 518(29 September 2008).

(二)承认非商业代孕的国家

澳大利亚、加拿大、希腊、南非、英国和新西兰,仅允许非商业代孕。新西兰于2004年颁布的《人类辅助生殖技术法案》对商业代孕是绝对禁止的,但允许向代孕母亲提供医疗费用的补偿;代孕子女满18岁后有权知道其"生物学意义"上的父母;代孕协议签订后,任何一方均可随时地改变主意;代孕孩子出生之后,意向父母须履行代孕协议中约定的领养手续。[①] "在代孕子女出生之前,代孕母亲及其配偶是合法父母;在代孕子女出生之后,意向父母必须办理领养手续才能成为其法定父母,跨境代孕婴儿需向家庭法院申办领养手续。"[②]从这一规定中不难看出,新西兰法对跨境代孕采取的是间接承认的方式,即意向父母不能仅依据跨境代孕合同确立亲权,必须通过收养的方式与代孕子女建立亲子关系。

希腊于2002年颁布的第3089号法律允许在胚胎移植前,只能依据法院的命令或裁决进行妊娠代孕,其前提条件是委托父母和代孕母亲之间有书面代孕协议,但不包括任何的财务协议。如果代孕母亲已婚,则代孕必须得到其丈夫的书面同意。代孕母亲必须提供医学证明以证明她与代孕子女之间不存在基因联系。此外,委托父母和代孕母亲都必须居住在希腊境内。[③]

根据上述规定,希腊对其《民法典》中有关亲子关系的条款进行了修改。根据希腊《民法典》第1458条的规定,当孩子是由代孕母亲所生时,委托母亲便获得了法院的许可。对代孕母亲提出的有关代孕子女母亲身份的异议,可在代孕孩子出生后6个月内向法院起诉解决。如有证据表明代孕孩子是由代孕母亲的卵子与委托父亲的精子配子成功生下的孩子,则委托母亲、代孕母亲都可以通过向法院提起的亲权确认之诉来获得代孕子女法律上的母亲身份。[④]

(三)允许商业代孕的国家或地区

允许商业代孕的国家和地区有亚美尼亚、白俄罗斯、格鲁吉亚、哈萨克斯

---

① See Katarina Trimmings and Paul Beaumont, *International Surrogacy Arrangements: Legal Regulation at the International Level*, Oxford, Hart Publishing, pp. 297 – 300.

② Trish Davies, "Cross-border Reproductive Care: Quality and Safety Challenges for the Regulator", (2010) 94 *Fertility and Sterility* 20, pp. 20 – 22.

③ See K. Svitnev, "Legal Control of Surrogacy-international Perspectives", in Joseph G. Schenker, ed., *Ethical Dilemmas in Assisted Reproductive Technologies*, Berlin and Boston, Walter de Gruyter, 2011, Chap. 13, p. 152.

④ Ibid., pp. 152 – 153.

坦、吉尔吉斯斯坦、俄罗斯、印度、以色列、乌克兰和美国的一些州等。①

美国许多州的法律允许代孕。例如，2013年1月1日生效的《加利福尼亚州家庭法典》（Cal. Fam. Code，§7960－7962）明确允许意向父母在代孕子女出生前提出认定亲子关系的请求。意向父母如果希望自始被登记为代孕子女的法定父母，则在代孕母亲怀孕前必须填具申请表，并请求法院作出代孕子女亲权的认定判决。一般情况下，如果在代孕母亲怀孕前5个月内提出申请，基本上能确保意向父母能被登记在代孕子女的原始出生证明上。事前签订代孕契约的目的在于防止代孕母亲反悔、要求自行抚养代孕子女，亦便于法院将其作为代孕当事人缔约的证明而增加意向父母胜诉的可能性。当然，法院最终仍然会考虑代孕儿童的最佳利益原则以确认跨境代孕亲子关系是否成立。

以色列于1996年通过颁布法律将代孕合法化。根据以色列的法律规定，委托父亲必须提供精子，卵子可来自代孕母亲或其他捐赠者。除特别委员会在特殊情况下批准的已婚代孕母亲之外，代孕母亲必须是未婚的以色列女性公民。代孕母亲可能会改变主意并要求抚养孩子，但必须经过法院的批准。代孕安排由特别委员会负责监督，该委员会只有在确信所有各方都自由地达成了协议并且代孕母亲和婴儿的健康没有危险的情况下才会批准代孕合同。只能给代孕母亲支付法律规定的代孕费用和保险费用，并赔偿代孕母亲所付出的时间、收入损失和痛苦。②

以色列的代孕监管制度被人们奉为典范。以色列法律将宗教和民法有机地进行了融合，对商业代孕加以积极规制，并形成了统一的行业标准、医学标准，目的在于防止对代孕母亲的剥削，对生殖旅游的发展进行一定程度的控制。在20世纪90年代之初，鲁蒂·纳赫马尼（Ruti Nahmani）一案中的代孕问题，第一次在以色列社会引起了道德、法律层面上的公开讨论。③ 鲁蒂·纳赫马尼和她的丈夫接受了试管受精治疗并进行了手术，保留了对胚胎的所有权。但是，在与丈夫分居之后，她向医院申请胚胎的监护权，希望将来由代孕母亲生下孩子之后由自己独自抚养。换言之，她期望能在未征得丈夫同意的情况下，通过代孕安排使用胚胎。一审法院作出了鲁蒂·纳赫马尼胜诉的判决。随后，她的

---

① See K. Svitnev, "Legal Control of Surrogacy-international Perspectives", in Joseph G. Schenker, ed., *Ethical Dilemmas in Assisted Reproductive Technologies*, Berlin and Boston, Walter de Gruyter, 2011, Chap. 13, pp. 153－154.

② Ibid., p. 152.

③ See Susan Martha Kahn, et al., *Reproducing Jews: A Cultural Account of Assisted Reproduction in Israel*, Durham and London, Duke University Press, 2000, p. 64.

丈夫提出上诉，称他被剥夺了做父母的权利。最高法院的托瓦·斯特拉斯贝格·科恩（Tova Strassberg-Cohen）法官认为，“从合同上看，男子不能被迫成为父母，因为这会侵犯他的基本人权”。[①] 基于此，以色列的最高法院试图依据丈夫的个人权利来阻止代孕安排。在以色列，政府虽然加强了对代孕的规制，但是对人权的保护缺乏必要的考虑。以色列法院认为，可以适当地允许人们使用人工辅助生殖技术，但不能由立法机构指定的相关机构负责，而应由卫生部通过制定相关的人工辅助生殖技术法的方式，进一步规范和促进代孕的健康有序发展。比如，为了保证代孕母亲的权益，行政审批委员会专事司法审查，正式批准代孕合同，查明参与代孕的各方是否均为自愿、知情和同意。鉴于代孕母亲候选人不能客观评价自己，所以应该由独立的专业人员对代孕母亲的身心进行医学上的评估测试。至于对代孕母亲的补偿，行政审批委员会则不干涉各方的谈判，只负责审查是否存在剥削贫困的代孕母亲的情况。[②]

（四）大多数逊尼派伊斯兰国家的法律并不禁止代孕，但在宗教上代孕是不能接受的

在大多数逊尼派伊斯兰国家，法律并不禁止代孕，但从宗教当局的角度来看，代孕是不能接受的。伊斯兰国家中唯一存在什叶派的国家——伊朗允许代孕。[③] 在伊朗，目前没有任何有关代孕的立法，代孕通常是在以有学问的神职人员颁发了教令或宗教法令的情况下进行的。大多数逊尼派学者认为，应该禁止代孕，因为代孕涉及将男性的精子注入一个与之没有结婚的女性子宫之内，从而违背了《古兰经》的教义。什叶派学者认为，胚胎不同于精子，因而不能将胚胎植入代孕母亲的子宫内的行为等同于代孕母亲与男性的精子已婚。这一观点符合一个被称为教法的渊源或宗教上的权威允许（*isalat-ol-ibaha*）的基本原则，即除非《古兰经》或《圣训》明确禁止，否则一切都应认为是允许的。伊朗大多数学者认为，允许合法结婚的不孕夫妇寻求代孕，前提是代孕母亲没有结婚。

---

① Sama Research Group for Women and Health, “About us”, http://www.samawomenshealth.in/about-us/, September 8, 2019.

② See Emily Stehr, “International Surrogacy Contract Regulation: National Governments' and International Bodies' Misguided Quests to Prevent Exploitation”, 35 *HastingInt'l & Comp. L. Rev.* 253 (2012), pp. 268-270.

③ See K. Svitnev, “Legal Control of Surrogacy-international Perspectives”, in Joseph G. Schenker, ed., *Ethical Dilemmas in Assisted Reproductive Technologies*, Berlin and Boston, Walter de Gruyter, 2011, Chap. 13, p. 158.

在伊朗,允许商业代孕,代孕母亲可以因提供了代孕服务而获得报酬;代孕母亲在代孕孩子身份证明中被登记为代孕孩子的法定母亲。①

二、跨境代孕安排中会遇到的法律问题

(一)代孕子女的种族问题

跨境代孕涉及不同国家的种族、文化问题,而这些问题通常不会出现在国内的代孕中。意向父母在寻求跨境代孕时更喜欢那些具有相似的种族和文化背景的基因捐赠者,而选择代孕母亲时却喜欢选择与他们的种族或文化不同的妇女。白人意向夫妇往往挑选与自己肤色不同的妇女作为代孕母亲。

值得注意的是,跨境代孕中所存在的选择代孕母亲和卵子捐赠者的情形无疑会牵涉种族等级差别的观念问题。这个问题跟代孕商品化和剥削代孕妇女的问题比较起来可能更加令人感到不安,因为这种选择似乎更像是购买底层女性的服务。正如莉萨·伊克莫托(Lisa Ikemoto)所认为的那样,"雇用外国种族不同的代孕母亲的行为是一种社会等级分化和分离的行为:这些故事表达的是一种种族隔离的持续存在,雇用一个女人怀孕,毫无心理负担地生育和放弃孩子,它是一种后工业形式的主仆特权(master-servant privilege)关系的延续"。②

(二)跨境代孕中的代孕中介问题

1.跨境代孕中允许中介机构存在的必要性

对于跨境代孕,有的意向父母会自己进行代孕项目安排,而有的意向父母会选择求助于中介机构。对后者而言,代孕中介的工作人员会向他们介绍委托代孕涉及的整个流程、法律、保险等方面的问题。在意向夫妇满意的情况下,中介机构会根据意向父母所提出的要求,初步选择适合的代孕者进行配对;配对成功后,代孕中介会为双方介绍律师,并在律师的协助下起草代孕合同;代孕合同签署后,由中介机构介绍的相关医疗机构进行试管婴儿手术。在代孕母亲受孕成功后,代孕中介机构会安排专门工作人员对其进行全程的指导,跟进怀孕流程以及协商解决各种事项。

---

① See K. Svitnev, "Legal Control of Surrogacy-international Perspectives", in Joseph G. Schenker, ed., *Ethical Dilemmas in Assisted Reproductive Technologies*, Berlin and Boston, Walter de Gruyter, 2011, Chap. 13, pp. 158 - 159.

② Lisa C. Ikemoto, "Reproductive Tourism: Equality Concerns in the Global Market for Fertility Services", 27 *Law & Inequality* 277 (2009), p. 308.

聘请代孕中介机构是否存在必要以及代孕中介机构的运作是否符合商业道德的问题，也引发过国际社会广泛而激烈的讨论。在对代孕中介机构有无存在必要性的争论中，反对商业代孕的人士认为，中介机构在营利性代孕中是在买卖婴儿，应该完全禁止。① 支持商业代孕的人士认为，对于中介机构的合适解决方案在于监管而不是禁止。② 与不育夫妇相较，代孕中介机构在进行利他代孕安排时有一个很大的不同：代孕中介机构是重复参与者，已经做过很多的跨境代孕协议安排。对于那些不符合条件的代孕母亲人选，代孕中介机构可能已经排除在外，这就能最大限度地避免或减少在未来的跨境代孕过程中出现各种矛盾和冲突。即便发生突发事件，中介机构也能提供较为专业的法律和心理援助。事实证明，一个讲信誉、经验丰富的代孕中介机构和医疗诊所能够很好地处理跨境代孕中所涉及的各种问题，包括引导客户到合适的地方获得代孕子女的护照和签证。代孕中介机构的工作人员会与代孕母亲、卵子捐赠者和诊所保持密切的联系，对跨境代孕项目进行有效的管理。而前述的这一切，只需要意向父母向代孕中介机构支付相应的服务费用即可完成。可见，代孕中介机构在跨境代孕中扮演着十分重要的角色，有其存在的必要性。

2. 代孕合同的内容

在跨境代孕中，代孕中介机构往往会将代孕合同的内容分为商业代孕和利他代孕两个部分：

（1）商业代孕部分

商业代孕部分通常要求意向父母提前将代孕费用付给代孕中介机构。在有关的条件成就时，代孕中介机构会将已收取的款项发放给代孕母亲。此外，代孕中介机构可能会坚持要求代孕母亲有其单独的律师，以增强代孕合同可供执行的可能性。即使代孕合同的执行性存在可疑之处，律师也可以审查代孕合同的约束力。跨境代孕中有许多的问题，如代孕婴儿有缺陷或其他意外造成堕胎，需要将代孕子女的亲权转移给委托父母，代孕者在孩子出生后改变主意拒绝转移亲权以及代孕孩子出生后如何与代孕母亲接触等，都需要有一个独立的

---

① See Elizabeth S. Scott, "Surrogacy and the Politics of Commodification", 72 *Law and Contemporary Problems* 109(2009), pp. 128 – 129.

② See June Carbone and Jody Lyneé Madeira, "The Role of Agency: Compensated Surrogacy and the Institutionalization of Assisted Reproduction Practices", 90 *Washington Law Review Online* 7(2015), p. 7.

法律顾问站在代孕母亲的立场上维护其正当权益。

(2)利他代孕部分

代孕中介机构也会在代孕合同中明确利他内容的约定,即代孕合同不能被要求强制执行。当意向父母愿意给予代孕母亲一定的礼物或者生活津贴,愿意为代孕母亲升级产房或租赁环境更好的住所时,代孕中介机构也可以考虑将其放进代孕合同之中。

3. 规制代孕中介机构的举措

对代孕中介机构,采用以下举措是非常必要的,有助于保障跨境代孕健康、有序地进行:

(1)固定价格。跨境代孕的价格因国籍、种族、阶级的不同而有所差异。这种代孕生殖价格的"分层"体现了后殖民主义时期发展中国家和发达国家之间的背后权利差异,以及以白人男性为主体的权利中心所带来的差别。美国生殖医学协会(The American Society for Reproductive Medicine)曾经尝试用卵子捐赠者的报酬标准化来减少差价。制定跨境代孕的标准化价格,有利于控制跨境代孕价格的分层差别过大。正如法学教授帕米拉(Pamela Laufer-Ukeles)所说,"限制价格反映了确保代孕不是完全市场化的愿望,而是确认代孕可以创造亲密关系和货币关系的双重功能"。[①]

(2)交错支付费用。在代孕子女出生时一次性付款与怀孕期间交错付款之间有很大区别。在代孕子女出生时的一次性付款似乎更接近于婴儿买卖,而交错支付代孕费用更像是对代孕服务的补偿。

(3)第三方经纪人。当代孕无第三方参与时,由意向父母和代孕母亲直接处理财务事宜。但是,如果他们自己处理得不好,就会产生很多不必要的纠纷。如银行汇款,哪怕是一通催款电话或通知,都像是在提醒对方相互之间的关系属于商业性质的关系,这会让对方在心理上感到不适。而大多数代孕中介机构会安排意向父母提前向其付款,然后分若干次拨给代孕母亲。这样既可以保持代孕母亲和意向父母之间只进行有关怀孕和感情方面的互动,无须讨论敏感的财务话题。

(4)确认代孕在非金钱方面的关系。帕米拉教授指出,大量的研究发现,代孕母亲的动机是利他的,而且她们与意向父母的关系影响到她对代孕的感觉和

---

① Pamela Laufer-Ukeles, "Mothering for Money: Regulating Commercial Intimacy", 88 *Indiana Law Journal* 1223(2013), p. 1264.

态度。[①] 意向父母有可能想对整个怀孕过程进行控制,包括对代孕母亲的饮食、运动和药物,或禁止饮酒、咖啡因、健身、性行为和旅行等。[②] 对此,代孕中介机构的专业人士可以出面进行协调,比如,可以通知各方就咖啡因等问题咨询医学意见,增加例行检查身体的频率,或者评估旅游的风险。代孕中介机构的专业人员会通过帮助起草合同的方式来满足各方的合理期望。不过,有一些发展中国家的代孕中介机构对代孕母亲的管理并不合理,如代孕母亲蒂娜(Tina)所描述的印度古吉拉特邦阿南德(Anand),代孕宿舍的时间表那样:"一切工作都像上了发条一样管理代孕母亲们。我们早上8点起床、喝茶、吃药和注射,然后回去睡觉。中午,我们醒来洗澡,吃午饭。我们基本上是在休息,这就是对我们的要求。我们允许有访客,但不能发生在晚上。晚上,我们祈祷,然后英语导师来教我们如何用英语交流。我们接下来将学习如何使用电脑。"[③]

4. 代孕中介机构对代孕母亲的培训

针对那些从村庄被带到代孕诊所的贫困妇女,中介机构会认为,经济上的苦难并不能造就一个完美的代孕母亲。她必须是一个愿意工作的代孕者,同时又是一个善良的母亲。如此一来,代孕母亲就成了一名纪律严明的合同工。代孕中介机构和代孕诊所会定期告知代孕母亲:她们的角色只是一个容器,与婴儿没有任何关系,在分娩后还需要立即将代孕子女送走。

代孕中介机构之所以对代孕母亲进行上述培训,印度代孕中介机构的领导乌莎·汉德里亚(Usha Khanderia)给出的理由如下:所有这些妇女都是文盲或来自贫穷村庄的村民,必须对她们进行培训,比如:"你必须什么都不做,这不是你的宝贝。你只是在子宫里为代孕子女提供了10个月的家,因为他没有自己的房子。如果有孩子和你一起待了10个月,你会怎么做?你会更加照顾,比你爱自己更爱他,因为他是别人的。你将照顾宝宝10个月,然后将其交给他的母亲,为此你会得到报酬。"[④]由此可见,对代孕母亲进行的培训,在乌莎看来,仅仅是为了重申女性子宫的可处置性,让代孕母亲成为母亲与合同工人的结合体。

---

① See Pamela Laufer-Ukeles, "Mothering for Money: Regulating Commercial Intimacy", 88 *Indiana Law Journal* 1223(2013), p. 1233.

② Ibid., pp. 1236 – 1237.

③ Amrita Pande, "Commercial Surrogacy in India: Manufacturing a Perfect Mother-Worker", 35 *Signs Journal of Women in Culture and Society* 969(2010), p. 982.

④ Ibid., p. 978.

与国内代孕不同的是，跨境代孕母亲以及胎儿受到外国医疗、法律和文化等方面的制约。如果代孕母亲所在地国为发展中国家，其医疗保健水平与意向父母所在的发达国家相比可能存在差距，对代孕母亲和胎儿发生并发症等医疗风险无法进行有效的控制。2013 年在印度发生的代孕母亲死亡事件即是其例。这名怀孕 8 个月的代孕母亲因为患有严重的抑郁症被送进医院治疗，她子宫里的胎儿也很快通过手术被取走，最后她因治疗无效而死亡。在印度的代孕合同中，代孕母亲及其配偶都得同意这样的一个条款：如果女性在晚期怀孕期间受伤或被诊断患有危及生命的疾病，她应该“维持生命以保护胎儿的生存能力，并确保意向父母的婴儿健康出生”。① 这个案件，一方面，体现出某些地区的医疗条件差；另一方面，也说明代孕母亲更多地被认为是一种服务于意向父母的生育工具，即便遇到了生命危险，也必须全力以赴地保住代孕婴儿。

（三）跨境代孕合同中的问题

实际上，代孕合同是一份涉及委托父母与代孕母亲双方地位不平等的协议。将代孕视为商品化的观点认为，围绕生殖服务订立的代孕协议，是一种将妇女和儿童视为商品的行为。② 而代孕合同订立地所在国的公共秩序旨在强调代孕合同双方当事人的权利差异、议价能力和公平性。虽然商业代孕侵犯了人的尊严，但仅凭这一点并不足以说明问题，必须是代孕合同双方的地位不平等，既包括合同条款订立的不平等，也包括因阶级和经济地位的不同所造成的不平等。

在允许代孕的国家，商业代孕是通过代孕合同完成的。跨境代孕合同的委托方通常是来自比较富裕国家的意向父母，他们寻找经济不发达国家的女性当代孕者。因此，在跨境商业代孕中，合同双方当事人所处的经济地位并不是平等的，存在剥削代孕母亲的问题。更为可悲的是，在商业生殖这个产业工作的代孕者似乎对自己的权利、健康和福祉知之甚少。③

代孕是各方当事人协商选择的结果，但为了使交易公平，必须在代孕合同

---

① Nila Bala, “The Hidden Costs of the European Court of Human Rights’ Surrogacy Decision”, 40 *The Yale Journal of International Law Online* 11(2014), p. 16.

② See Elizabeth S. Anderson, “Why Commercial Surrogate Motherhood Unethically Commodifies Women and Children: Reply to McLachlan and Swales”, 8 *Health Care Analysis* 19(2000), p. 19.

③ See Emily Stehr, “International Surrogacy Contract Regulation: National Governments’ and International Bodies’ Misguided Quests to Prevent Exploitation”, 35 *HastingInt’l & Comp. L. Rev.* 253 (2012), p. 257.

中有充分的披露条款和知情同意条款。如果代孕母亲没有受过良好的教育和得到相关的合理建议,就限制了她们的议价权和改变条款的能力。正因如此,美国的一些代孕中介机构要求意向父母为代孕母亲支付独立的法律顾问费用。

代孕合同的一些条款可能也会将代孕母亲在短期或长期内置于面临健康风险的境地,如商业代孕格式合同中所包含的防止代孕者流产的条款。根据这种条款,即使胎儿检测异常,也要求代孕母亲继续怀孕直至生产。此外,代孕母亲还可能面临着委托父母拒绝接受代孕子女和代孕中介机构拒绝承担医疗死亡的风险。

总之,跨境代孕将给代孕母亲带来了巨大的未知风险。虽然代孕合同无法明确禁止或强制堕胎,但代孕母亲一旦违反代孕合同,则会被要求向意向父母进行赔偿。若意向父母违反跨境代孕合同而拒绝接受代孕婴儿,则代孕母亲只能自己照顾孩子,还需要向法院起诉要求意向父母赔偿损害。对意向父母而言,他们也会面临一定的风险,如代孕母亲在采用人工辅助生殖技术备孕的过程中可能存在失败的风险,因要求代孕母亲堕胎而违反合同,代孕母亲违反代孕合同中的健康要求并危害胎儿的健康时又拒绝放弃孩子。笔者认为,要克服或者解决这些问题,代孕母亲所在国应采取一切必要的措施,以确保跨境代孕合同的公平性。

(四)代孕子女身份的确认问题

目前,国际社会尚没有一部有关跨境代孕的国际条约。各国之间因立法体系和法律文化的不同,在对待跨境代孕行为的立法态度上也不尽相同:有些国家认为应通过立法来规范代孕行为,如美国和英国;有些国家认为应禁止代孕以及跨境代孕行为,如法国和德国;有些国家对于代孕没有相关的立法规定。在代孕逐渐成为一个全球性社会现象的今天,妊娠代孕合同的核心涉及代孕母亲是否愿意放弃代孕子女的亲权问题。

意向父母选择不同的国家进行委托代孕,会在代孕行为的主体资格、代孕合同的效力、代孕子女身份和国籍的取得以及代孕费用等方面存在差别。因此,一些来自高收入国家的意向父母会在若干个不同的国家进行“生殖旅游”,以便挑选最符合他们利益的国家作为“生殖旅游”的目的地。相关的统计数据显示,大多数“生殖旅游者”是没有子女的西方人,他们会精心挑选理想的国家来寻找代孕母亲进行跨境代孕。这些代孕国家包括美国、印度、俄罗斯和乌克兰等。这种情况下的跨境代孕类似于跨国项目管理,意向父母需要考虑如下因素:不同的代孕机构、IVF诊所、评估不同代孕目的地的法律风险、就代孕协议进行商谈、提供胚胎和让代孕母亲怀孕,最后将项目成果即代孕子女带回国。

在跨境代孕中,代孕儿童一旦在允许代孕的国家出生之后就出现了身份的确认问题。目前,在代孕子女身份的确认问题上,国际社会主要有以下几种做法:

1. 美国、英国等国是由法院确定。例如,在美国,律师会在代孕子女出生之前,通知意向父母需要准备的相关法律文件,便于以后用来向美国法院申请签发认定跨境代孕亲子关系的亲权令或请求美国法院对跨境代孕亲子关系作出认定的判决。这些法律文件是意向父母日后为代孕子女办理出生证明以及美国护照所必备的。

2. 俄罗斯、乌克兰等国则由国家登记机关确定。其中有些国家(如白俄罗斯和俄罗斯)要求,国家机关在确认代孕子女亲子关系之前,必须征得代孕母亲的同意。而亚美尼亚、哈萨克斯坦、吉尔吉斯斯坦和乌克兰等国家则不需要征得代孕母亲的同意,代孕儿童的亲权从受孕之时起就合法地属于委托父母,国家机关在出生证明上直接登记委托父母的姓名即可。

(五)《海牙取消认证公约》缔约国对跨境代孕子女身份证明的承认

海牙国际私法会议(以下简称海牙组织)于1961年10月5日签署《关于取消要求外国公文书认证的公约》(Convention Abolishing the Requirement of Legalisation for Foreign Public Documents,以下简称《海牙取消认证公约》)。根据该公约第11条的规定,自1965年1月24日起,公约在南斯拉夫、大不列颠联合王国、法国3个国家交存批准书后60天生效。截至2019年3月7日,该公约的缔约国达113个。该公约由序言、正文和附件三部分组成。序言部分阐明公约的目的是"愿意取消外国公文书需经外交或领事的认证"。正文部分共15条,分别就公文书的定义,认证的定义,附加证明书制度,公约与其他有关条约、公约或协定的关系及公约的批准、生效、加入等问题作了具体规定。其中,附加证明书制度是正文部分的核心内容,也是公约的亮点。公约附件部分附有附加证明书示范格式,以便各缔约国参照使用。

从适用范围来看,该公约只适用于公文书,即涉及公务的文书。以私人身份作成的处理私人事务的文书不属公约适用的文书范围。该公约第1条第2款对公文书的范围进行了列举式的规定:"在适用本公约时,以下文书认为是公文书:与一国法院或法庭有关的机关或官员发出的文书,包括检察官、法院书记官以及执行员发出的文书;行政文书;公证书;以私人身份签署的放在文书上的正式证书，诸如登记批准书、日期签证及签字证明书。"[①]其中，对"法院或法庭文书"应作广义上的理解，它不仅包括司法法院或法庭出具的司法文书，还包括专门法院或法庭（如行政法庭、宪法法庭甚至宗教法院等）出具的司法文书。另外，为进一步明确该公约适用的文书范围，该公约第1条第3款还明确排除了两类公文书：由外交或领事人员作成的文书，以及用于直接处理商事交易或关税事务的行政文书。[②]

在跨境代孕中，涉及代孕子女出生地国法院或国家机关已经对代孕子女与委托父母之间的亲子关系进行认定的问题，存在出生地法院就代孕子女亲子关系所作出的判决或签发的出生证明，甚至还有法院作出的附加证明书。这种情况在美国的一些州法院非常普遍。《海牙取消认证公约》中所谓的附加证明书（the addition of the certificate，Apostille），是指符合公约所附示范格式的，由文书发出国主管机关签发的，放在文书或"文书附页"（allonge）上的附加意见证书，用于证明文书上的签名、印章或戳记的真实性。附加证明书是公约在取消认证后，为了确保文书的真实性而创设的一套文书证明制度。依据该制度，在一缔约国领土内作成而需要在另一缔约国领土内出示的公文书，如其附有作成国主管机关签发的附加证明书，则出示国应免除对公文书的认证手续。因此，如果代孕子女出生地国与委托父母所在地国均为《海牙取消认证公约》的缔约国，那么能证明跨境代孕子女亲子关系成立的外国出生证明或外国法院判决，就应该根据该公约的有关规定在委托父母所在地国（代孕子女接受地国）取消认证并且承认其效力。[③] 然而，《海牙取消认证公约》这类规定的执行情况却不尽如人意，一些禁止代孕的成员国驻外领事馆往往会对发生在国外的每一起跨境代孕都持怀疑态度，拒绝承认外国政府签发的出生证明或外国法院就跨境代孕亲子关系所作的认定的判决，拒绝给代孕新生儿发放本国护照。

（六）跨境代孕中携带代孕子女回国的问题

在跨境代孕中，由于意向父母往往是来自那些禁止代孕的国家，因此，当代孕子女在允许代孕的国家出生之后，便产生了委托父母要将其携带回国的问

---

① 余先予主编：《冲突法资料选编》，法律出版社1998年版，第656页。

② 同上。

③ See K. Svitnev, "Legal Control of Surrogacy-international Perspectives", in Joseph G. Schenker, ed., *Ethical Dilemmas in Assisted Reproductive Technologies*, Berlin and Boston, Walter de Gruyter, 2011, Chap. 13, p. 159.

题。在现实中,意向父母与代孕子女之间的亲权关系时常会因违反代孕儿童接受地国的公共秩序(禁止代孕)而得不到承认,随之而来的是拒绝跨境代孕子女入境。这样一来,代孕子女出生后就不能离开出生地所在国,前往委托父母所在地国,甚至出现过携带代孕儿童的委托父母在过境时被拘留的案例。很多国家都出现了代孕子女无法被委托父母携带回委托父母所在国的问题。①

例如,2006 年一对美国夫妇珍妮特·鲁尼恩和迈克尔·伍尔兹勒,通过乌克兰基辅最著名的试管婴儿诊所进行了委托代孕。2007 年 10 月,在他们的代孕女儿出生后,鲁尼恩因携带代孕女儿回国时被乌克兰以涉嫌贩卖婴儿为由而拘留,而刚出生的女儿维多利亚从她身边被带走,由一对乌克兰夫妇收养。2009 年 12 月 22 日,鲁尼恩想返回美国,她向乌克兰总检察长办公室发出了正式呼吁,要求恢复正义,但情况并没有任何的改变。为了避免因外籍委托父母无法携带在乌克兰新生的代孕婴儿离开乌克兰而引发出纠纷,2011 年 3 月 23 日,乌克兰莎娜(Nasha Ukraina)议会小组成员埃卡特埃琳娜·露可安诺娃(Ekaterina Lukyanova)向乌克兰议会提交了一项法案,要求就完全禁止为所有外国人提供医疗辅助生殖技术一事作出明确的规定。该法案为第 8282 号《关于对乌克兰使用辅助生殖技术进行限制的法律修正案》。如果该法案获得议会的通过,那么只有年满 21 岁、经诊断患有不孕症并希望使用辅助生殖技术成为父母的乌克兰公民,才被允许进行体外受精。②

又如,2011 年 2 月,一对比利时同性恋伴侣洛朗·吉兰和彼得·莫伦丝,委托一名乌克兰代孕母亲于 2008 年 11 月生下了一名叫塞缪尔的代孕男婴。这名男婴既没有比利时护照,也没有乌克兰护照。委托父母的一些朋友试图将他偷运出境,但没有成功。不久后,塞缪尔被乌克兰当局送进孤儿院。后来,比利时委托父母花了两年多的时间通过刑事调查和司法诉讼,才获得了让代孕子女

---

① See Hague Conference Permanent on Private International Law (HCCH), "Preliminary Document No. 11 of March 2011 for the attention of the Council of April 2011 on General Affairs and Policy of the Conference", https://assets. hcch. net/docs/f5991e3e - 0f8b - 430c - b030 - ca93c8ef1c0a. pdf, September 9, 2019.

② See K. Svitnev, "Legal Control of Surrogacy-international Perspectives", in Joseph G. Schenker, ed., *Ethical Dilemmas in Assisted Reproductive Technologies*, Berlin and Boston, Walter de Gruyter, 2011, Chap. 13, pp. 159 - 160.

与其家庭团聚的判决,塞缪尔终于回到了委托父母身边。① 尽管比利时法律对于本国委托父母将跨境代孕子女带回比利时并没有特别的限制,但是比利时驻外使领馆常常会拒绝给跨境代孕子女发放比利时护照。比利时外交部是在法院对这对委托夫妇作出了有利的判决后,才于2011年2月给塞缪尔签发了比利时护照。对此,比利时外交大臣史蒂文·范纳克尔(Steven Vanackere)先生表示,法律上的漏洞使该国难以承认比利时人在其他国家进行跨境代孕。②

从国际社会的实践来看,一旦遇到此类问题,通常会由代孕子女的委托父母和本国外交部进行协商,争取先给跨境代孕子女发放一次性签证,然后通过跨境收养方式允许代孕儿童从出生地国前往意向父母所在地国(领养接收地国),但这种方式所耗的时间通常特别漫长,日本的婴儿万治(Baby Manji)案就是如此。③ 也有一些国家如乌克兰、法国、德国、比利时等国,拒绝为代孕儿童签发旅行证件,致使跨境代孕子女与委托父母长期分离,违背了联合国1989年联合国《儿童权利公约》与1986年《关于儿童保护和儿童福利,特别是国内和国际寄养和收养办法的社会和法律原则宣言》中关于儿童的最大利益和保护人权的规定。总之,一些国家的领事官员阻止代孕儿童与委托父母一起回到委托父母所在地国的行为,给代孕儿童与委托父母造成了痛苦。因此,迫切需要国际社会协调相关国家的立法,允许委托父母或单身人士通过代孕成为父母,从而避免给父母和子女造成人为分离的痛苦。④

第四节 跨境代孕中的法律冲突问题

一、跨境代孕合同发生纠纷的原因

在允许代孕的国家,商业代孕是通过订立代孕合同的形式来进行的。许多对代孕尚未制定专门法律的国家,是通过本国的合同立法来保护代孕协议当事人的利益的。因绝大多数代孕合同都不涉及合同违约的索赔问题,所以仅依赖

---

① See Don Melvin,"Boy Stuck 2 Years in Ukraine Arrives in Belgium", http://www.msnbc.msn.com/id/41800437//ns/world_news - wonderful_world/, August 31, 2019.

② Ibid.

③ 本案案情详见第四章第二节"印度禁止跨境代孕的立法与实践"。

④ See K. Svitnev, "Legal Control of Surrogacy-international Perspectives", in Joseph G. Schenker, ed., *Ethical Dilemmas in Assisted Reproductive Technologies*, Berlin and Boston, Walter de Gruyter, 2011, Chap. 13, pp. 160 - 161.

合同法规制跨境代孕合同关系尚存在不少弊端，已暴露出越来越多的问题。对于跨境代孕，不仅需要国内法进行监管，还需要在国际层面进行严格的监管。归纳言之，跨境代孕合同发生纠纷的原因主要有以下三种情形：

（一）意向夫妇要求终止妊娠

意向夫妇尽管不能自然怀孕，但丈夫的精子和妻子的卵子却具有生殖能力。意向夫妇决定委托代孕母亲进行妊娠代孕后，便可将他们自己的经过体外受精的遗传胚胎植入代孕母亲的子宫内。在怀孕的过程中，如果意向夫妇决定终止妊娠，通常会遭到代孕母亲的拒绝。所以，在植入胚胎前，代孕母亲和意向夫妇都会就是否终止妊娠的事项达成一致意见：如果有必要，代孕母亲应该按照意向夫妇的要求终止怀孕；代孕母亲如果拒绝则构成违约（假设合同有效且可执行）。

（二）代孕母亲单方面终止妊娠

代孕母亲在未经意向夫妇同意的情况下单方决定终止妊娠，并且事先也未通知意向夫妇。

（三）代孕母亲有违反合同约定的行为

代孕母亲没有履行合同中的约定，而这些约定又属于代孕母亲在怀孕期间不得或者必须实施某种行为的性质，包括：不得进行某些活动，如饮酒、药物使用或滥用等；必须进行某些活动的规定，如接受正规医生的预约、产前服用某些维生素等。如果代孕母亲不遵守这些规定，代孕胎儿足月出生后可能会有轻度或严重的残疾。

以上三种情况均给跨境代孕合同提出了法律方面的难题。正因如此，跨境代孕合同被美国非常著名的法律经济学家圭多·卡拉布雷西（Guido Calabresi）和法学教授菲利普·博比特（Philip Bobbitt）描述为"悲剧性选择"。[①] 也就是说，代孕合同的违约必然会给当事人一方或双方带来悲剧。当然，这些悲剧性的违约行为是否成立，最终还需要由法院作出判断。上述的第一种情况，涉及代孕母亲的经济责任问题。对这类问题，目前各国不能依照家庭法予以解决，但可以根据合同法的相关规定加以解决。上述第二种、第三种情况，则对现有法律制度提出了一种挑战。那么，在这两种情况下，采取怎样的补救措施才是适当的？在法院认定代孕合同不仅有效而且具有可执行性的情况下，法学教授

---

① Deborah S. Mazer, "Born Breach: The Challenge of Remedies in Surrogacy Contracts", 28 *Yale Jorunal of Law & Feminism* 211 (2017), p. 214.

狄波拉·福曼(Deborah Forman)认为,在处理代孕辅助生殖纠纷时要求实际履行是合理的。这是因为代孕的胚胎是双方独有的财产,并且实际履行通常是在货币损害赔偿金无法获得时的补救措施。[①] 不过,值得注意的是,胚胎纠纷与代孕纠纷之间存在本质的区别。虽然胚胎纠纷和代孕纠纷都涉及辅助生殖技术,但各自的争议标的在性质上是不同的。胚胎纠纷在争议发生时不会涉及人的生命,而代孕纠纷却可能涉及已出生的代孕儿童。可见,完全依靠实际履行原则处理这类纠纷并不合适。例如,在处理涉及已出生的代孕婴儿身体有缺陷的纠纷时,就无法要求代孕母亲终止妊娠或者履行交付健康婴儿的义务。

二、跨境代孕合同中的赔偿问题

代孕合同中违约金是一种损害赔偿的方法,它明确了人的生命或怀孕服务的金钱价值,违反代孕合同者需要支付违约赔偿金。[②] 违约赔偿金之所以适用于代孕合同,因为在怀孕的过程中充满了难以确定和证明的实际损害情况。目前,美国判例法明确规定,对以下两种损害赔偿可以强制执行:

1. 赔偿的数额必须是基于伤害而发生的。

2. 赔偿金的数额在合理范围内的,并非严重不成比例或者是双方预期的违约行为所造成的实际损害。

但是,这种损害赔偿由于存在主观估价、不确定性以及其他因素而导致很难衡量,甚至不可能衡量。[③]

从实践中看,大多数跨境代孕协议都在没有出现严重损害的情况下就被当事人履行完毕。当然,失败的例子是有的,其中有些带有爆炸性的案例已被国际媒体报道。[④] 2016 年在泰国发生的婴儿甘密(Baby Gammy)一案表明,国家

① See Deborah L. Forman, "Embryo Disposition, Divorce & Family Law Contracting: A Model for Enforceability", 24 *Colum. J. Ggnder & L.* 378(2013), p. 436.

② Ibid., p. 442.

③ See Aristides N. Hatzis, "Having the Cake and Eating It Too: Efficient Penalty Clauses in Common and Civil Contract Law", 22 *Int'l Rev. L. & Econ.* 381(2002), pp. 385 - 386.

④ 参见创哥:《日本富二代泰国代孕1000个孩子:我不是人贩子,我只想赢得票选》,载搜狐网:http://www.sohu.com/a/224729748_675668,2019年9月3日最后访问;孟金梅:《国际代孕法律实务分析:以泰国为例》,载《中国性科学》2015年第4期。

应该对跨境代孕进行规制和监管。[①] 在该案中，一对澳大利亚委托夫妇大卫·法尼尔（David Farnell）和温蒂·李（Wendy Li）以1.5万美元的费用与一名21岁名叫帕塔拉蒙·钱布阿（Pattaramon Chanbua）的泰国代孕母亲签订了一份代孕合同。随后，泰国代孕母亲怀了一对双胞胎，其中名叫甘密（Gammy）的代孕儿子在代孕母亲怀孕4月时，经过产前检查被发现患有唐氏综合征。为此，意向父母希望泰国的代孕母亲终止妊娠，但遭到代孕母亲的拒绝。代孕母亲认为堕胎有悖于自己的佛教信仰。2013年12月，在这对双胞胎出生后，意向父母只带走了健康的女婴，拒绝带患有唐氏综合征的男婴甘密离开泰国回到澳大利亚。[②] 在这种情况下，已有2个孩子的代孕母亲承担起了抚养患病男婴的义务，但难以承受和支付该名男婴的高额治疗费用。此事经过泰国媒体的报道之后，再次引发了国际社会对代孕包括跨境代孕问题的关注。[③]

事实上，婴儿甘密案并不涉及最为棘手的跨境代孕子女身份或亲子关系的认定等问题。该案只是反映了泰国合同法与个人生殖权利或公民自由相冲突的问题。如果代孕母亲拒绝终止妊娠将会使跨境代孕合同无法执行，那么她只能根据代孕合同条款履行相应的赔偿义务，以欺诈、胁迫等为理由作出的抗辩很少有成功的。不过，由于经济能力的原因，要求代孕母亲完全按照合同约定的金额给予赔偿也是不可能的。

三、跨境代孕合同纠纷中的管辖权问题

目前，国际社会还没有一部统一的关于国际民事管辖权的国际条约，只有一些区域性的国际条约，如欧盟2012年《布鲁塞尔条例Ⅰ》（重订本）和1971年《海牙民商事案件外国判决的承认和执行公约》（以下简称《海牙公约》）。2001年《布鲁塞尔条例Ⅰ》是在《阿姆斯特丹条约》生效以后，由欧共体的1968年《关于民商事案件管辖权以及判决的承认和执行公约》（以下简称《布鲁塞尔公约》）转化而来的，是欧盟民商事管辖权以及判决承认与执行的基本法。随着欧盟内部市场统一化的新一轮发展，司法合作以及成员国之间互信程度已趋于成

① See Family Court of Western Austria, Farnell v. Anor and Chanbua [2016] FCWA 17 (April 14, 2016); Sayani Mitra, et al., Cross-cultural Comparisons on Surrogacy and Egg Donation: Interdisciplinary Perspectives from India, Germany and Israel, Cham, Palgrave Macmillan, 2018, pp. 40 – 41.

② Farnell v. Anor and Chanbua [2016] FCWA 17 (April 14, 2016).

③ 孟金梅：《国际代孕法律实务分析：以泰国为例》，载《中国性科学》2015年第4期。

熟，但在跨国民商事交往中，判决承认和执行所花费的时间以及经济成本阻碍了判决在欧盟境内的自由流动。基于此，欧盟于2009年启动了对2001年《布鲁塞尔条例Ⅰ》的修订，并于2012年12月12日通过。修订后的2001年《布鲁塞尔条例Ⅰ》被称为2012年《布鲁塞尔条例Ⅰ》（重订本）。

目前，关于跨境代孕合同纠纷的管辖权，在立法上仍处于空白的状态，现阶段可参照2012年《布鲁塞尔条例Ⅰ》（重订本）和《海牙公约》的相关规定来解决。①

笔者认为，可在借鉴2012年《布鲁塞尔条例Ⅰ》（重订本）相关规定的基础上，结合跨境代孕合同纠纷案件的实际情况，对跨境代孕合同纠纷案件的管辖权作如下构想：

1. 借鉴和参照2012年《布鲁塞尔条例Ⅰ》（重订本）第4条第1款的规定，在代孕母亲和意向父母双方签订有代孕合同的情况下，对于跨境代孕合同纠纷案件，在成员国居住的人不论其国籍如何，均应在该成员国的法院起诉。②

2. 参照2012年《布鲁塞尔条例Ⅰ》（重订本）第7条特别管辖权的规定，对于跨境代孕协议纠纷案件，在某一个缔约国有住所的人得在其他缔约国被诉：③

---

① 参见1971年《海牙公约》第10条规定：下列情况应认为请求国法院被看作有管辖权的：（1）起诉时，被告在请求国有惯常居所，如果不属于自然人的被告，在该国有其所在地、设立地或者主营业所时；此条可适用于被告为代孕母亲、意向父母和代孕服务提供方。（2）诉讼时，被告在原审国有其商业、工业或其他业务机构，或分支机构，并且系由于这种机构或分支机构经营业务所发生的诉讼而在那里被传讯的；此条可适用于代孕中介机构。（3）诉讼依据的、已造成肉体损伤或物质损害的行为发生在原审国，而且损伤或损害行为的肇事者当时在原审国；此条可适用于代孕儿童或代孕母亲受到损害的情况。

② 参见2012年《布鲁塞尔条例Ⅰ》（重订本）第4条第1款规定："除本条例另有规定外，凡在一个成员国有住所的人，不论其所属国籍，均应在该国法院被诉。"

③ 参见2012年《布鲁塞尔条例Ⅰ》（重订本）第7条规定："在某一成员国有住所的人得在其他成员国被诉：（1）（a）有关合同的案件，在债务履行地法院。（b）为本款之目的，除另有约定外，债务履行地应为：货物买卖中，根据合同货物被交付或应被交付的成员国境内地点；服务提供中，根据合同服务被提供或应被提供的成员国境内地点。（c）若（b）款不适用，则适用（a）款。（2）有关侵权行为或准侵权行为案件，在侵权行为发生或可能发生地的法院。（3）根据产生刑事诉讼的行为而提起的损害赔偿或恢复原状的民事请求，在刑事诉讼审理法院，但以该法院按照其本国法律有可以受理的民事诉讼管辖权者为限。（4）宣称对第93/7/EEC指令第一条第一款所定义的文物有权要求返还原物的人，基于所有权提起的要求返还原物的民事诉讼，在法院受理案件时该文物所在地法院。（5）由于分支机构、代理或其他机构的运营而引起的争端，在该分支机构、代理或其他机构所在地法院。（6）根据法律之规定或根据书面文件或以口头达成但有书面证据而创设的信托，针对其委托人、受托人或受益人提起的诉讼，在信托住所地之成员国法院……"

(1)2012 年《布鲁塞尔条例Ⅰ》(重订本)第 7 条第 1 款规定的有关合同案件,在债务履行地法院起诉。参照此规定,可将商业代孕合同中的“履行地”界定为代孕孩子出生地,而不应是代孕服务或与其有关的费用支付地。

(2)2012 年《布鲁塞尔条例Ⅰ》(重订本)第 7 条第 3 款规定,有关侵权行为或准侵权行为的案件,在侵权行为发生地的法院。对于与代孕合同有关的侵权案件,可以参照此规定确定由代孕侵权行为发生地法院管辖。

(3)参照 2012 年《布鲁塞尔条例Ⅰ》(重订本)第 7 条第 5 款的规定,由于公司、商行的分支、代理或其他机构经营业务而引起的争端,在该分支、代理或其他机构所在地法院起诉。因代孕中介机构引起的纠纷,可由该中介所在地法院行使管辖权。

四、跨境代孕合同中的法律适用问题

在跨境代孕中,代孕母亲所在地、代孕子女出生地、代孕合同的签订地都在外国,外国法院亦会对跨境代孕亲子关系作出认定判决。意向父母在本国政府拒绝给代孕子女发放护照或拒绝给代孕子女进行出生登记时,往往会以跨境代孕合同的效力、外国的出生证明、外国法院作出的亲权认定判决等理由提起诉讼。而这些情况都与跨境代孕子女的国籍取得和公民基本权利息息相关,必须给予高度的关注。

(一)跨境代孕合同的法律适用

依照国际私法的相关理论,跨境代孕合同说到底还是一种涉外合同,其法律适用主要是根据意思自治原则来确定,即根据合同当事人间合意选择适用的某一国或者某一法域的法律作为准据法来解决跨境代孕合同纠纷。通常情况下,跨境代孕合同当事人只会选择代孕子女出生地国法律作为合同准据法,这是因为,一方面,委托父母所在地国通常是禁止代孕的,所以,合同当事人在选择合同准据法时肯定会规避法律而放弃选择委托父母所在地国法律。另一方面,当事人选择代孕子女出生地国法律作为跨境代孕合同的准据法,不仅有利于对跨境代孕合同效力的承认,而且有利于对代孕子女与委托父母之间亲子关系的认定。

(二)跨境代孕合同的效力问题

由于意向父母所在地国一般都是禁止代孕或严格限制代孕的,所以意向父母通常会依据在代孕合法国家所签订的跨境代孕合同主张代孕合同有效,并要求以此确认其与跨境代孕子女之间的亲权关系。但在实际上,意向父母的前述主张,往往会被其所在地国以违反本国公共秩序为由排除对外国法的适用,不承认跨境代孕合同的效力。为此,海牙组织决定成立一个专家组专门推进有关跨境代孕儿童地位的工作,包括跨境代孕合同在内所引起的其他问题。①

① See Hague Conference Permanent on Private International Law (HCCH) , " The Parentage / Surrogacy Project" , https://www. hcch. net/en/projects/legislative - projects/parentage - surrogacy, September 1 ,2019.

第三章　美国代孕立法与司法实践

第一节　美国代孕立法的产生和演变

一、美国代孕立法的起源和发展

在美国,代孕主要是受市场制约的。辅助生殖作为私营企业从事的行业,只要符合美国的政治文化就不会受到政府的控制或过度监管。正如理查德·F. 斯特罗(Richard F. Storrow)教授所言的那样,“美国代孕的立法趋势,如果存在的话,就是将代孕合法化”。[①] 在美国,有关代孕的立法在过去的 30 余年里发生了显著的变化。

在美国,允许代孕的州立法规定,代孕合同是一种协议。根据该协议,妇女将收取费用并同意为无法生育孩子的男人、女人或夫妇生孩子。归纳而言,美国的代孕立法经过了两个发展阶段。

(一)第一阶段:20 世纪 80 年代后期到 20 世纪 90 年代中期

在 20 世纪 80 年代初,美国的大部分地区还没有代孕的法律规定,因为当时体外受精(IVF)是一种不太可靠的新医疗技术。1988 年,美国发生了一起代孕母亲和意向父母对代孕子女婴儿 M(Baby M)的监护权纠

---

① Richard F. Storrow, “Surrogacy: American Style”, in Paula Gerber and Katie O’Byrne, eds., *Surrogacy, Law and Human Rights*, New York, Routledge, 2016, p. 198.

纷。本案的案情是：美国新泽西州有一对夫妇，丈夫名叫威廉·斯特恩(William Stern)、妻子名叫伊丽莎白·斯特恩(Elizabeth Stern)，因妻子患有多发性硬化症疾病，一旦怀孕她将可能出现失明、下身麻痹及残废等危险。在这种情况下，斯特恩夫妇一开始是想收养孩子，但考虑到办理收养程序费时长，最后决定采用代孕的方式生育与自己有血缘关系的小孩。在纽约不孕症中心的安排下，威廉·斯特恩夫妇与代孕母亲，玛丽·贝斯·怀特哈德(Mary Beth Whitehead)于1985年签订了一份代孕合同。在合同中约定，威廉·斯特恩的精子、代孕母亲的卵子通过人工受精、植入的方式使代孕母亲受孕，在小孩出生之后，终止代孕母亲的亲权，并且将代孕儿童交给父亲威廉·斯特恩，妻子伊丽莎白·斯特恩则通过办理收养手续来与代孕儿童建立亲子关系。为避免金钱收养而引发的法律问题，威廉·斯特恩故意不想成为代孕合同的一方当事人，他同意直接向代孕母亲支付10,000美元的费用。威廉·斯特恩与纽约不孕症中心签订代孕合同并同意给该中介支付7500美元的费用。代孕母亲在经过数次人工受精后终于怀孕，并在1986年3月27日产下了一名女婴，代孕母亲及其丈夫给她取名为梅丽莎(Melissa)，大家称之为婴儿M。同年3月30日，代孕母亲按照代孕合同的约定将小孩交给斯特恩夫妇。可是，就在当天晚上，代孕母亲陷入了痛苦的深渊，不吃不喝，一直想念着小孩。斯特恩夫妇因担心代孕母亲自杀，只得暂时把小孩还给了她。哪知代孕母亲及其丈夫带着代孕儿童逃往佛罗里达州等地藏匿了起来。斯特恩夫妇发现后便向当地法院申请禁令，由警方进入代孕母亲的娘家强行将孩子带走，交还给新泽西州的委托夫妇。在本案中，原告委托夫妇主张代孕合同具有强制力，他们可以通过办理收养手续收养代孕儿童，并且与代孕子女建立亲子关系，对代孕儿童享有永久的监护权，至于代孕母亲的亲权则应该被终止。被告代孕母亲主张代孕合同因违反新泽西州的公共政策而无效，她对代孕儿童享有监护权，而委托父亲对儿童只享有探视权。显然，本案的重点是要确认代孕合同的效力问题。对于本案，一审法院判决代孕合同有效，应终止代孕母亲的亲权，将小孩的监护权交由斯特恩先生行使，其妻应依代孕合同办理收养手续。代孕母亲不服一审判决，上诉至二审法院。州最高法院作出了与一审判决大相径庭的判决，认为该代孕合同因违反州法律中有关禁止涉及金钱收养的规定以及监护权必须以儿童最佳利益为考虑的公共政策而无效。该案的二审判决作出之后，在美国各界引起了广泛的讨论。从表面上看，这起案件是一起代孕合同纠纷，但案中的主要问题体现在代孕子女亲子关系认定、适当父母身份的确认以及儿童最佳利益的评估上。受此案的影响,美国大约有10个州通过立法禁止代孕。①

(二)第二阶段:2000年至今

随着第二波人工辅助生殖技术特别是体外受精技术的发展,以及美国社会对同性恋关系、同性恋婚姻在更大程度上的接受,产生了越来越多与生育有关的各种问题:可否借助辅助生殖技术帮助人们生育孩子;在代孕现象变得越来越普遍的情况下,代孕母亲可否享有与传统代孕母亲一样的亲子关系;发生代孕亲子关系纠纷时,法院该如何解释并赋予"生育母亲"(birth mother)与代孕子女的亲权关系等。1993年,美国加利福尼亚州最高法院受理了一起约翰逊诉卡尔弗特(Johnson v. Calvert)确认代孕子女亲权的案件。② 在该案中,马克·卡尔弗特(Mark Calvert)先生和太太想要生育自己的孩子,但他太太因身患疾病而无法生育,于是委托安娜·约翰逊(Anna Johnson)为代孕母亲。双方自愿签订了一份代孕合同,并且明确约定将由马克·卡尔弗特夫妇的精子、卵子形成的胚胎植入代孕母亲的子宫内进行代孕,同时委托夫妇依据代孕合同的约定向代孕母亲支付1万美元的补偿费以及20万美元的人身保险费,代孕母亲同意放弃对代孕婴儿的抚养权。可是,当代孕婴儿出生之后,代孕母亲拒绝将代孕婴儿交付给委托人,并声称自己对代孕婴儿有监护权。加利福尼亚州法院认为,按照本州相关的法律规定:第一,就本案而言,代孕合同是有效的,未违反本州的收养法和公共政策而具有执行力。本案中,代孕婴儿与委托父母之间不仅存在基因关联,而且委托父母具有让代孕婴儿出生的意愿并打算将其视为自己的子女进行抚养。基于此,法院根据意向原则最后判定马克·卡尔弗特夫妇是有意愿为父母者,并有资格成为代孕婴儿的合法父母。第二,代孕母亲和马克·卡尔弗特太太都能证明自己是代孕婴儿的自然母亲,而加利福尼亚州的法律只承认子女在法律上只能有一位母亲,由于新技术出现使本案中产生了两位自然母亲。而依据加利福尼亚州《统一亲权法》,母亲与子女之间应当存在血缘关系。所以,代孕妇女不是代孕婴儿的母亲,因为她与代孕婴儿没有任何血缘关系,而马克·卡尔弗特夫妇都有作为代孕婴儿法律上父母的医学证据,即代孕婴儿与委托夫妇有99.999%的基因关联性。最后,加利福尼亚州最高法院认为,代孕母亲已签订契约明确放弃对代孕婴儿的所有权利,并同意将代孕婴儿交给委托人,所以代孕母亲应该按照代孕契约履行义务,这样做也符合代孕婴

---

① In re Baby M, Apr. 6, 1988, 537 A. 2d 1227(N. J. 1988).

② Johnson v. Calvert, May 20, 1993, 851 P. 2d 776(Cal. 1993).

儿的最佳利益。本案判决作出以后,美国法院在处理许多代孕亲权纠纷时都采纳意向原则,作为认定代孕子女的法定父母身份的依据,巴赞卡案(Buzzanca v. Buzzanca)和麦当诺案(McDonald v. McDonald)均是如此。

美国法院在 1998 年受理了一起巴赞卡(Buzzanca v. Buzzanca)亲权纠纷案。本案中的代孕子女是采用体外人工受精的手段,将他人捐献的精子和卵子所形成的胚胎植入代孕母亲的子宫后怀孕生下的婴儿。法院根据有意愿为父母原则作出了委托父母是代孕婴儿法律上的父母的判决,明确将孩子归属权判给了委托父母。① 同样,在麦当诺(McDonald v. McDonald)一案中,法院认为,虽然代孕母亲是代孕婴儿生母,但由于意向母亲有对代孕婴儿进行抚养的意愿,代孕孩子的归属权应该判给意向母亲。②

由上可见,美国法院在审理上述两起亲权案件时,都采用了加利福尼亚州法院在审理约翰逊诉卡尔弗特案件中所创设的有意愿为父母的判例规则。在巴赞卡案与麦当诺案中的代孕儿童都与代孕夫妇无基因关联性,但美国法院均根据有意愿为父母的判例规则,确认委托父母为代孕婴儿法律上的父母。

至此,以往的那种禁止代孕的潮流已在美国社会发生了翻天覆地的变化。美国各州对于代孕的态度也开始发生了根本的转变,更倾向于疏而不是堵,更倾向于通过立法对代孕加以监管,而不是禁止代孕。

二、美国各州有关代孕的立法规定

美国是联邦制国家,联邦与州政府的权限有着严格的区分。根据美国《宪法第十修正案》的规定,宪法未授予合众国,也未禁止各州行使的权力,由各州各自保留或由人民保留。各州立法机关的权限则及于所有该节所未规定事项;家事关系(domestic relations)即属之,即创造、建立和规范亲子身份的关系的权力一直为州政府,而不受联邦政府的管辖。③ 因此,对于家事关系,美国联邦法律没有相关的法律规范,而是由各州自行制定法律来规范代孕生殖行为以及代孕亲子关系。

在美国,95% 的代孕合同是妊娠代孕合同,只有少部分人仍然采取传统的

---

① In re Marriage of Buzzanca, Mar. 10, 1998, 61 Cal. App. 4th 1410 (Cal. Ct. App. 1998).

② McDonald v. McDonald, Feb. 22, 1994, 196 A. D. 2d 7 (N. Y. App. Div., 1994).

③ See Sharon E. Rush, "Domestic Relations Law: Federal Jurisdiction and State Sovereignty in Perspective", 60 *Notre Dame L. Rev.* 1 (1984), pp. 13 - 14.

代孕方式。[1] 在代孕方面,美国50个州中有31个州和华盛顿特区都有规制代孕的法律或者判例法。[2] 大多数州的法律都规定代孕行为是合法的,承认妊娠代孕合同的有效性。但是各州的代孕立法之间存在很大的差别。这些差别归纳起来可分为以下三类:[3]

第一类,一些州立法机构制定了允许代孕或禁止代孕的专门立法或者判例法,如佛蒙特州《2018年亲子关系法》(Vermont Parentage Act of 2018)、得克萨斯州的《家庭法典》(Texas Family Code)等都允许商业代孕;路易斯安那州的《代孕法案》(Louisiana Surrogacy Bill)则明确规定,如果未经许可而签订商业代孕合同,则有可能承担民事及刑事责任。再如,亚利桑那州法律明确规定,禁止任何人介入与代孕亲子关系合同有关的行为,包括进入、诱导、安排、获得或以其他方式予以协助代孕的。如果亚利桑那州的居民因签订代孕合同而违反本州法律,那么代孕母亲将有权成为代孕子女的法定母亲,其丈夫为代孕子女的法定父亲。在此情况下,尽管代孕母亲及其配偶可能与代孕子女之间并无血缘关系,而法律依然支持代孕母亲及其配偶对代孕子女享有亲权。它表明了亚利桑那州的立法机构是为了阻止代孕婴儿中介机构参与贩卖人口事件的发生。[4] 马萨诸塞州虽然没有成文法规制代孕,但其最高法院的判例法是允许妊娠代孕的。

第二类,一些规制商业代孕行为的州既有成文立法,也有判例法。加利福尼亚、佛罗里达、弗吉尼亚等10余个州即是如此。其中,加利福尼亚州是美国在立法上对代孕行为最为宽容的州之一,既有《加利福尼亚州家庭法典》,又有

---

① See Mark Strasser, "Traditional Surrogacy Contracts, Partial Enforcement, and the Challenge for Family Law", 18 *Journal of Health Care Law and Policy* 85(2015), p. 88.

② 这31个州和特区包括:华盛顿特区(D. C.)、加利福尼亚州、康涅狄格州、特拉华州、缅因州、新罕布什尔州、新泽西州、内华达州、佛蒙特州、华盛顿州、阿肯色州、佛罗里达州、伊利诺伊州、马萨诸塞州、马里兰州、密苏里州、北达科他州、俄亥俄州、俄克拉何马州、得克萨斯州、犹他州、威斯康星州、西弗吉尼亚州、艾奥瓦州、内布拉斯加州、田纳西州、弗吉尼亚州、亚利桑那州、印第安纳州、路易斯安那州、密歇根州、纽约州。其中亚利桑那州、印第安纳州、路易斯安那州、密歇根州、纽约州的法律明确规定商业代孕违法,或者明确规定代孕合同无效且不可强制执行。

③ See Creative Family Connections, "Gestational Surrogacy Law Across the United States", https://www.creativefamilyconnections.com/us-surrogacy-law-map/, September 15, 2019.

④ See Arizona State Legislature, "Arizona Revised Statutes", https://www.azleg.gov/viewdocument/? docName=https://www.azleg.gov/ars/25/00218.htm September 8, 2019, § 25-218(A).

创立的相关判例法,用来规范代孕行为。

第三类,既没有成文法,也没有判例法规制代孕行为的州,如俄勒冈州、阿拉斯加州等。

除密歇根州在法律上将代孕规定为犯罪行为以及亚利桑那州、新泽西州禁止代孕行为外,印第安纳州、路易斯安那州、肯达基州、新泽西州等都不禁止代孕,但是对于代孕合同,这些州的法院也不会强制执行。其他大多数州的法律都规定代孕行为是合法的,承认妊娠代孕合同的有效性。

三、美国各州对认定跨境代孕亲子关系所持的立场

在美国,不管各州对代孕所持的立场如何,都不会对跨境代孕意向父母与代孕子女之间亲子关系的认定产生任何影响。不过,对跨境代孕亲子关系的承认,各州之间的法律规定并不完全一致。

(一)妊娠代孕子女的基因组成对跨境代孕亲子关系的认定有着决定性的作用

代孕子女亲子关系的认定要取决于妊娠代孕中的基因组成:

1. 如果代孕子女的基因是由意向父亲的精子、意向母亲的卵子基因组成,那么意向父母中的任何一方若想取得父或母的权利,只需证明他们与代孕子女存在血缘关系即可。据此,法院就可以认定意向父母为代孕子女的法定父母,在代孕子女的出生证上可以载有意向父母的名字。

2. 如果代孕母亲是通过捐赠者的精子或卵子而生育代孕婴儿的,代孕婴儿只与意向父母中的一方有着遗传基因联系,则该代孕儿童与精子或卵子捐赠者的父子关系或母子关系均应该终止,其出生证上只能写上与其有单一血缘关系的意向父亲或意向母亲的姓名。

3. 如果代孕母亲是采用捐赠者的精子或卵子而生育代孕子女的,与代孕子女无基因联系的意向父母,无论异性夫妻还是同性伴侣,可根据美国的收养法律通过合法收养来确立其与代孕子女的亲子关系。

总之,在美国,不管各州法律是否允许代孕或限制代孕,意向父母与代孕子女之间的亲子关系一旦被各州法院认定,那么意向父母与代孕子女之间的亲子关系即告成立。美国州法院根据意向父母的请求,就意向父母与代孕子女间的亲子关系所作出的认定判决,通常也被视为是符合儿童的最佳利益原则的。如果一方对州法院的判决有异议,则必须在判决之日起 30 日内向联邦法院提起

上诉。否则,法院作出的代孕亲子关系判决就是确定的、终局的、具有既判力的判决。

(二)基于捐献者精子或卵子而产生的捐献者的亲权问题

如果代孕母亲生下的代孕子女采用了捐献者捐出的精子或卵子,那么捐献者有权因其与代孕孩子之间有着遗传关系而被推定为代孕子女的父或母。在美国所有州的亲子法中,捐献者的亲权只能通过法院作出的司法令予以终止。实际上,在美国所发生的代孕亲子关系诉讼中,绝大多数案件涉及的精子或卵子捐赠者均为匿名,因而无法确认捐赠者与代孕子女之间的亲子关系,所以要求这类捐赠者终止与代孕子女的亲权关系在操作上会遇到一定的麻烦。从捐赠协议的角度而言,因为匿名捐赠者无法识别,故不能通知匿名捐赠者参与到亲权关系的认定诉讼中来。大多数匿名捐赠者也并未意识到可以通过亲子关系的认定诉讼而获得对代孕子女的亲权。但是,法院如果已知精子或卵子捐赠者的姓名,那么可以根据代孕的结果通知其参加亲子关系的认定诉讼,并要求其签署诉状,终止与代孕子女的亲权关系。

第二节　美国加利福尼亚州和伊利诺伊州的代孕立法

一、加利福尼亚州有关代孕的法律规定

早在1993年,加利福尼亚州就明确了商业代孕的合法性。2013年1月1日生效的《加利福尼亚州家庭法典》第7960~7962条对有意代孕的父母可以在代孕子女出生前申请亲权命令作出了明确的规定。

在代孕子女与意向父母之间亲子关系的认定方面,加利福尼亚州的立法可谓独树一帜。加利福尼亚州的法律规定,在代孕子女出生前,法院必须对意向父母与代孕子女之间的亲子关系能否成立作出明确的判决。《加利福尼亚州家庭法典》第7633条规定,本章所授权的亲权确认之诉均得在代孕子女出生前提起,亲权确认判决在该代孕子女出生时发生效力。代孕关系中的亲权归属,取决于代孕合同的内容以及向法院提出的亲权确认之诉。亲权确认之诉,必须在代孕合同签订后,代孕母亲怀孕前5个月内向法院提起;完成代孕子女的亲权关系确认之后,出生证明上就可以将意向父母登记为代孕子女的法定父母,而非代孕母亲。一般情况下,在亲权确认之诉的判决作出之前,代孕母亲及其丈夫必须先签署一份表示他们自愿放弃对代孕子女的抚养权的亲权令(parentage order),法院才会作出意向夫妻取得亲权的判决。加利福尼亚州的户政机关会依据此项判决书制作出生证明,在出生证明上直接将意向父母登记为代孕子女的生身父母。如果亲权确认之判决不能在出生证明制作的法定期限即代孕子女出生后 10 天内作出,可先将代孕母亲与其丈夫登记在原始的出生证明上,待亲权确认判决作出后,意向父母可向法院申请换发新的出生证明。

加利福尼亚州有关代孕亲子关系的规定源自判例法。除了在前面提到的著名约翰逊诉卡尔弗特案(Johnson v. Calvert)和巴赞卡案(Buzzanca v. Buzzanca)中所形成的有意向者为父母的原则外,在 1991 年法院受理的一起马修案(Matthew B.)中也形成了儿童最佳利益保护的判例规则。[①] 在本案中,意向父亲提供精子、捐献者提供卵子通过体外受精所形成的胚胎被植入代孕母亲的子宫内进行代孕。意向母亲在未依照代孕合同办理代孕婴儿收养手续的情况下向法院提出申请,要求撤销合同中有关代孕子女收养的约定,同时还要求撤销代孕婴儿与委托父亲之间的父权关系。因为依据《加利福尼亚州家庭法典》第 7613 条第 2 款第 1 项的规定,捐献精子而使其配偶以外的妇女怀孕的人,不是该子女的亲生父亲。按照这条规定,提供精子的意向父亲不是代孕子女的亲生父亲,而意向母亲又向法院申请撤销事前作出的收养涉案代孕子女的承诺。加利福尼亚州法院经过审理认为,为了使判决符合代孕子女的最佳利益原则,由代孕母亲取得本案代孕儿童的亲权显然不适当。依据代孕协议中的约定,代孕母亲之所以生下孩子,完全是为了让意向父母取得亲权,而本案中所指的意向父母是捐献精子的意向父亲以及配偶。最后,法院驳回了意向母亲的申请,确认了她及配偶与代孕子女间的亲权关系。

二、伊利诺伊州有关代孕的法律规定

伊利诺伊州与加利福尼亚州一样,均为美国最具代表性的代孕友好型州之一。伊利诺伊州在 2004 年就颁布了《妊娠代孕法》,于 2005 年生效。《妊娠代孕法》仅适用于妊娠代孕协议,不适用于传统代孕安排,旨在为确认妊娠代孕安排中出生儿童的父母身份提供法律依据。

《妊娠代孕法》的主要内容有:

(一)关于代孕母亲的资格条件

伊利诺伊州《妊娠代孕法》第 20 条规定:代孕母亲必须年满 21 岁并已生过

① In re Adoption of Matthew B. ,Jul. 30,1991,232 Cal. App. 3d 1239(Cal. Ct. App. 1991).

至少一个孩子，但对生过的孩子没有年龄要求，亦无孩子是否存活的要求；或者只要代孕母亲认为她的家庭完整即可。代孕母亲必须完成医疗机构和心理机构的健康评估，并获一项健康保险，保险截止时间为孩子出生后 8 周。意向父母可在代孕协议签订之前为代孕母亲购买健康保险。代孕母亲必须就代孕协议及其潜在的法律后果提供独立的法律意见。

（二）对代孕合同的要求

伊利诺伊州《妊娠代孕法》第 25 条规定，代孕合同必须采用书面形式，在代孕母亲植入胚胎之前执行，由两名称职的成年证人签名作证。如果代孕妇女有丈夫，那么她的配偶也应作为代孕协议的缔约方，与意向父母签订代孕合同。代孕母亲及其丈夫与意向父母均须有单独的法律意见，并签署书面确认，表示他们知悉并同意这些意见。代孕母亲接受必要的生育治疗并尝试怀孕生下孩子，把生下的孩子交给意向父母，而且必须在伊利诺伊州生下代孕儿童。如果代孕协议中有对代孕母亲给予补偿的约定，那么应该在代孕母亲怀孕之前，委托父母应将补偿费用交由托管代理人保管。

（三）支付代孕母亲的报酬和费用

伊利诺伊州《妊娠代孕法》第 25 条规定，在代孕协议中可以约定，给代孕母亲提供合理的补偿。这一规定表明，在伊利诺伊州，商业代孕协议是有效并可执行的。代孕协议可以要求意向父母向代孕母亲支付或补偿代孕产生的合理费用，如与怀孕相关的医疗费、律师费、保险费或其他专业费用。由此可以看出，伊利诺伊州法律注重通过健康保险来保护代孕母亲的合法权益。

（四）法定父母身份

伊利诺伊州《妊娠代孕法》第 15 条、第 35 条明确规定，在代孕孩子出生之前须确认其合法的父母身份，要求在妊娠代孕协议中明确将代孕母亲推定为代孕子女的合法母亲。但是，如果妊娠代孕协议符合该法的规定，意向父母应被认为是代孕儿童出生时的合法父母，并由其对代孕儿童独自地进行抚养和监护。相关的律师必须证明该法第 6 条规定的条件均已得到满足。亲子关系的认证则需要通过向伊利诺伊州公共卫生部门提交相关文件来完成。在伊利诺伊州持有执照的医生还必须证明该儿童不是代孕母亲及其丈夫的遗传子女。代孕子女的意向父母通过签署出生登记册承认其在法律上的父母身份，并且无必要向法院提出进一步的申请。

该法第 15 条第 3 款还规定，在生育治疗过程中，如果因植入了错误的胚胎导致儿童与意向父母中的任一方都没有基因关系，除非法院另有决定，意向父母仍将是该代孕儿童的合法父母。可见，该法强调，即便是遇到了一些特殊情况，也要确保代孕儿童与意向父母之间的法定父母身份关系的稳定性。

在孩子出生后一年内，任何人不能对代孕儿童的合法父母身份或代孕协议的有效性提出质疑（见该法第70条的规定）。

（五）代孕儿童抚养义务

伊利诺伊州《妊娠代孕法》第30条对合法父母抚养代孕儿童的义务作出了明确的规定，即委托父母违反代孕协议并不能免除他们对代孕子女的抚养义务。

第三节 美国跨境代孕立法与司法实践

一、美国公民是否有权寻求跨境代孕

美国宪法并没有明确地赋予美国公民有跨境代孕产子的权利。不过，美国民众早就相信：当他们遇到生育困难时，美国法律会保护他们生育孩子的权利以及向他人求助的权利。① 那么，寻找代孕服务究竟是否为美国公民所享有的宪法权利？对此，可在美国联邦最高法院于1977年对凯里诉人口服务公司案（Carey v. Population Services International）所作出的判决结论中找到答案。在本案中，原告因持有州法律禁止出售的非处方避孕药而起诉人口服务公司。法院对该案经过审理后认为："宪法至少保护公民有决定是否生育孩子或成为孩子父亲的权利。"②该判决表明，在私人选择生殖的问题上，剥夺已婚夫妻和未婚人士避孕知情权以及怀孕者终止妊娠的权利是违反宪法的。奥利弗·温德尔·福尔摩斯（Oliver Wendell Holmes）法官认为，公民有保护自己免受不明智的生殖选择的权利。此外，在联邦最高法院2007年受理的一起冈萨雷斯诉卡哈特（Gonzales v. Carhart）案件中，就涉及国家对晚期流产进行刑事制裁而引发的宪法权利之争问题。③ 当时的总统生物委员会成员在对美国政府是否有权限制使用辅助生育技术的问题上分为支持与反对两派。美国最高法院通过本案支持了政府有权限制晚期堕胎的行为，而没有以判例法的方式赋予美国公民享

---

① See Holly Jones，"Contracts for Children：Constitutional Challengesto Surrogacy Contracts and Selective Reduction"，70 *Hastings Law Journal* 595（2019），p. 608.

② Carey v. Population Services International，Jun. 9，1977，431 U. S. 678（Burger Court，1977）.

③ Gonzales v. Carhart，Apr. 18，2007，550 U. S. 124（2007）.

有生殖技术进行生育的宪法权利。

二、跨境代孕子女国籍的取得

在美国,出现的与代孕有关的问题主要涉及跨境代孕子女的国籍取得问题。美国宪法规定:"凡出生于美国或归化于美国,并且受其管辖的人,均为美国及他们所居住州的公民。"①可见,美国是采用出生地主义原则来确定当事人的国籍的,通过代孕生殖行为在美国出生的代孕子女,均可取得美国国籍。如果代孕婴儿出生在美国的境外,即便其意向父母一方或双方都是美国公民,该跨境代孕子女仍不能当然地获得美国国籍。在美国的历史上,曾经出现过出生在美国境外的代孕子女的国籍认定问题。司法实践表明,在对待跨境代孕子女的国籍取得问题上,美国最高法院坚持了联邦法律的一项规定,即如果子女的母亲是美国公民,则该子女自动获得美国国籍。但是,如果只有子女的父亲是美国公民,而其母亲不是美国公民,那么该子女并不能当然地获得美国国籍。可见,联邦法律的这一规定已经不能满足跨境代孕的现实需要。

(一)美国委托夫妇跨境代孕的子女国籍取得问题

对于美国已婚夫妇所寻求的跨境代孕,根据代孕配子的来源不同,可从以下几个方面来分析跨境代孕子女的国籍取得问题:

第一,如果代孕的胚胎是由美国籍委托夫妇中丈夫的精子、妻子的卵子通过体外受精方式合成的,那么该代孕子女在出生后就能自动取得美国国籍。

第二,如果代孕的胚胎是由外国捐献者的精子和美国籍委托夫妇中妻子提供的卵子合成的,那么代孕孩子出生后仍然能够自动地取得美国国籍。

第三,如果代孕的胚胎是由美国籍委托夫妇中丈夫的精子和外国籍捐赠者的卵子合成的,那么出生后的代孕子女是否能够获取美国国籍的问题就变得复杂了起来。因为该代孕子女与美国意向夫妇中的妻子一方并没有血缘关系。在这种情况下,代孕子女出生后,必须接受遗传标记测试,以确认是否与美国籍委托夫妇中的丈夫一方有血缘关系。代孕子女只有在与美国籍委托夫妇中的丈夫有血缘关系时,才能够获取美国国籍。如果代孕的胚胎是由美国籍委托夫妇之外的外国籍捐献者的精子和卵子合成的,那么代孕孩子出生时将不能取得美国国籍。

---

① US Const, amend XIV, § 1.

（二）美国单身人士、未婚同性伴侣跨境代孕的子女国籍取得问题

依据美国《联邦外来移民和国籍法案》的规定，未婚人士在境外代孕的子女有可能获得美国国籍。① 这一规定对未婚人士包括没有结婚的伴侣、单身人士、没有结婚的同性伴侣寻求跨境代孕有着重要的意义。根据该规定，利用人工辅助生殖技术所生育的代孕子女，只要其意向母亲一方是美国公民而且曾经在美国境内至少连续居住一年时间的，该代孕子女则可获得美国国籍。不过，如果意向母亲不具有生育能力，或者不能提供健康的卵子，就不能够适用美国《联邦外来移民和国籍法案》。例如，拉维（Lavi）是一位拥有美国国籍并居住在以色列的 40 岁单身女士。她利用捐赠的精子和卵子，将通过体外受孕的胚胎植入自己的子宫内，并在以色列生下了一对双胞胎。当她去美国驻以色列大使馆为两个孩子申请美国护照时，遭到美国大使馆的拒绝。大使馆给出的理由是她与孩子之间没有血缘关系。② 在这个案例中，代孕子女是美国籍代孕母亲在境外产下的，但美国籍代孕母亲与其之间没有血缘关系，故不能获得美国国籍。相比之下，根据该法案的规定，美国籍意向父亲仅凭出生证中有关父亲姓名的记载，还远远不能证明自己与代孕子女间存在合法的亲权关系，还要提供其他的可信度更高的证据加以证明，如必须有医学上的证明文件记录捐精过程，而且遗传标记测试结果表明代孕子女是自己的后裔。另外，在子女出生前，美国籍父亲必须至少在美国居住 5 年，同意签署供养这个孩子的书面协议，并宣誓该代孕孩子为其父系后裔或者其与代孕孩子间的亲子关系得到法院的判决确认。

---

① See U. S. Department of State-Bureau of Consular Affairs, "Information for U. S. Citizens Considering International Surrogacy", https://travel. state. gov/content/travel _ old/en/legal - considerations/us - citizenship - laws - policies/assisted - reproductive - technology. html, October 2, 2019.

② See Sarah Elizabeth Richards, "Mother Country: The Perils of Getting an Assist Abroad on Having a Baby-for Americans and Foreigners Both", https://slate. com/human - interest/2012/03/fertility - tourism - the - perils - of - having - a - baby - abroad - with - assisted - reproduction - technology. html, October 2, 2019.

第四章　印度代孕立法与司法实践

第一节　印度允许商业代孕的立法与司法实践

一、印度商业代孕的起源与发展

印度是世界上最受欢迎的商业代孕中心之一。享誉全球的印度生殖医疗服务市场是私有化和对外开放的,来印度寻求医疗服务的一般都是来自西方国家的人士。印度的生殖医疗旅游业(reproductive tourism)已经十分成熟,参与代孕生殖旅游的人员和机构包括:希望拥有自己孩子的代孕意向夫妻、从事代孕生殖的诊所、精子或卵子的捐赠者、生殖医疗中介业者、当地的旅游业者等。跨境代孕生殖一度在印度生殖医疗旅游各项服务中属于重点服务行业。印度繁荣的商业代孕服务直到2014年颁布了禁止外国人在印度实施代孕的法律后才有所改变。正因如此,可以将印度的商业代孕发展分为两个时期,即允许商业代孕时期和禁止商业代孕时期。

从WTO《服务贸易总协定》(General Agreement on Trade in Services,GATS)①的角度来看,健康是可交易的(tradable)。人类学家安德烈·亚惠特克(Andrea

---

① General Agreement on Trade in Services, Marrakesh Agreement Establishing the World Trade Organization, Annex 1B, April 15, 1994, 1869 UNTS 183.

Wittaker)指出:“WTO协议与国家改革进程相结合,鼓励了全世界医疗保健系统的私有化和商业化。”[①]GATS涵盖了消费者和医疗服务提供者跨境进行医疗服务的流动行为,要求成员国“放松其保护措施,通过减少限制服务提供商类型和数量以及降低对服务质量标准的要求等措施来放宽保护措施”。[②] 根据GATS,国际服务贸易包括四种模式:跨境交付、境外消费、商业存在及自然人流动。[③] 就健康服务贸易而言,包括印度在内的许多国家都致力于提供以下四种健康贸易服务:远程医疗和药品临床试验、医疗旅游、开设医院和研究设施,以及医疗人员出口到发达国家。[④] 医疗保健原本是每个公民的基本权利,但是现在却已成了一种可销售、购买和交易的商品。在私营业主的帮助下,印度医疗保健行业的收入以每年近15%的速度增长,而公共支出却比以前更低。这种情况体现在一所所破旧的由政府经营的公立医院中,特别是在农村地区。[⑤] 具体来说,印度的公共卫生保健支出属于世界上最低的国家之一,占比不到全印度GDP的1%。[⑥]

印度政府正在退出作为医疗服务主要提供者的角色,转而选择通过补贴私人投资的方式提供医疗保健服务。[⑦] 为了增加外汇储备,印度政府通过向私立医院提供财政激励措施,降低医疗设备的进口关税,积极推动医疗旅游(包括生殖医疗服务),加快医疗签证和保险合作,以促进医疗和生殖旅游。[⑧]

尤其令人注目的是,印度已经颁布了有利于生殖医疗服务的立法。商业代孕于2002年在印度被正式合法化,在2005年、2008年、2010年、2014年和2016

---

① K. B. Saxena,“Trade in Health Services: Implications for People's Health”,41 *Social Change* 183(2011),pp. 183 - 213.

② Andrea Wittaker,“Pleasure and Pain: Medical Travel in Asia”,3 *Global Public Health* 271(2008),pp. 275 - 276.

③ See General Agreement on Trade in Services, Marrakesh Agreement Establishing the World Trade Organization, Annex 1B, April 15, 1994, 1869 UNTS 183, art. 1(2).

④ See K. B. Saxena,“Trade in Health Services: Implications for People's Health”, 41 *Social Change* 183(2011),pp. 191 - 192.

⑤ See Scientific American,“India Slashes Health Budget, Already One of the World's Lowest”, https://www.scientificamerican.com/article/india-slashes-health-budget-already-one-of-the-world-s-lowest/, September 1, 2019.

⑥ Ibid.

⑦ See Sharmila Rudrappa, *Discounted Life: The Price of Global Surrogacy in India*, New York and London, NYU Press, 2015, p. 38.

⑧ Ibid., p. 39.

年,印度的商业代孕法律又经过了几次修改。本节主要是介绍印度2005年和2010年的商业代孕法案。

二、2005年《辅助生殖诊所管理准则》

印度有关代孕的最主要立法,是2005年颁布的《辅助生殖诊所管理准则》(National Guidelines for Accreditation, Supervision and Regulation of ART Clinics in India, 2005,以下简称《准则》)。在该法颁布之前,印度人工辅助生殖诊所提供的服务在世界上就非常著名,几乎可以说是独一无二的。但是,那时的印度没有制定相关的法律来规制和监督辅助生殖诊所从事的商业医疗行为,以致许多因人工辅助生殖所产生的跨境代孕争议常常无法得到解决。为了改变这种状况,印度政府专门制定了《准则》,用于规范数量庞大的辅助生殖诊所的代孕生殖行为。《准则》是由印度医学研究委员会(Indian Council of Medical Research)与印度国家医学研究院(National Academy of Medical Sciences)共同拟定的,并由印度健康与家庭福利部(the Ministry of Health and Family Welfare)颁布。《准则》包括以下几个方面的主要内容:①

(一)对代孕合同的规定

因印度允许代孕,所以代孕合同在印度具有法律效力。按照印度的法律,在代孕合同中必须明确约定:代孕母亲在怀孕期间以及分娩后所产生的所有费用皆应由委托夫妻负担;委托夫妻还应该给予代孕母亲合理的补偿金,其金额由委托夫妻和代孕母亲共同商定,而不受第三人之干预。在签订代孕合同的时候,当事人的意思表示必须是一致的;必须有公证人作为第三人进行见证,始为有效。

(二)对代孕母亲的规定

无论是委托夫妻的亲戚朋友或是不认识的陌生人,皆可以担任代孕母亲。若委托夫妻委托其亲戚代为怀孕,则只能选择属于同一辈分的亲戚作为代孕母亲。同时,对代孕母亲的范围作出了必要的限制,不允许母亲作为女儿的代孕母亲进行代孕的情况发生,以避免陷入乱伦的困境。

代孕母亲在进行代孕生育之前,必须先做HIV检验,并提供一份书面文件

---

① 具体规定参见2005年印度《准则》:Indian Council of Medical Research, "National Guidelines for Accreditation, Supervision and Regulation of ART Clinics in India", https://www.icmr.nic.in/sites/default/files/art/ART_Pdf.pdf, August 20, 2018。

能证明其未服用管制药品,以及她的丈夫和她并没有与人共用针头注射药品,以确保代孕子女不会受到代孕母亲的 HIV 感染。

代孕母亲怀着与自己没有血缘关系的孩子,必须使用自己的姓名在医疗机构进行注册。在注册之时,必须告知医疗机构她是代孕母亲,并向医疗机构提供意向夫妻的相关信息,如姓名和地址等。

(三)对代孕生殖诊所的规定

从事代孕生殖业务的诊所必须从正规的精子或卵子银行取得精子或卵子;向精子或卵子银行取得精子或卵子之前,可以了解捐赠者的基本资料如种族、血型等。至于捐献者的身份和地址资料因属于个人隐私,精子或卵子银行对其负有保密义务,任何诊所或是意向夫妻均无权获取这类资料。同时,《准则》还对每次可植入代孕母亲体内的胚胎数量进行了限制,明确规定不能将不同捐献者的精子或卵子在同一次体内受精手术中一并植入同一位代孕母亲的子宫内。

(四)对代孕子女出生证的规定

在出生证明上应该写进意向父母的名字。为此,从事代孕生殖业务的诊所有责任开具一张证明,在上面载明代孕母亲的姓名及住址。

(五)对代孕的制裁与处罚规定

若参与代孕的任何一方(不限于诊所、代孕母亲和委托夫妻)违反了《准则》的规定,印度国家咨询委员会(Composition of the National Advisory Committee)有权对负责代孕生殖手术的诊所处以停业或作出罚款的行政处罚。

三、2010 年《辅助生殖技术法法案》

在 2005 年颁布的《准则》的基础上,印度政府于 2010 年又颁布了《辅助生殖技术法法案》(Assisted Reproductive Technology Bill,2010),旨在对极具争议性的代孕子女的亲权归属问题作更进一步的规范。该法由印度医学研究委员会负责起草,由印度健康与家庭福利部在 2010 年 9 月 29 日公布。《辅助生殖技术法法案》主要包括以下内容:①

---

① See Indian Ministry of Health & Family Welfare, "The Assited Reproductive Technologies (Regulation) Bill-2010", https://www.icmr.nic.in/sites/default/files/guidelines/ART%20REGULATION%20Draft%20Bill1.pdf, October 2,2019.

(一)对意向夫妇的规定

《辅助生殖技术法法案》再次强调,包括同性恋伴侣、单身人士或异性夫妻在内的意向父母必须与代孕母亲签订代孕合同。所有与怀孕相关的费用应由委托父母承担。代孕母亲可以依靠生育孩子而获得额外的金钱补偿。意向父母应向代孕母亲支付其在怀孕期间及分娩后所支出的所有费用,包括保险费、合法的补偿金。意向父母必须通过合法注册的精子银行或中介机构寻找代孕母亲。从事代孕生殖业务的诊所不能同时从事帮助意向父母寻找代孕母亲的中介业务。

必须指出的是,外国的意向父母在印度寻求跨境代孕时,必须指定一名印度籍监护人负责照顾代孕母亲,相关诊所必须提供能够保证外籍意向父母将代孕子女带回本国并妥善照顾孩子的证明文件。

(二)对代孕母亲的规定

1. 代孕母亲的年龄必须在 21 ~ 35 岁。如果代孕母亲已结婚,她的代孕行为必须获得丈夫的同意。代孕母亲一生最多只能成为三次代孕孕母。

2. 代孕母亲必须明确表示从怀孕一开始即放弃对代孕子女的亲权。

3. 代孕母亲不得对同一对委托夫妇或同一位单身人士进行超过三次的胚胎移植。任何一位代孕母亲的成功活产都不能超过 5 次,包括她自己的孩子在内。

4. 根据该法案,只有妊娠代孕才被允许;代孕母亲不得将其卵母细胞捐献给委托父母。

5. 该法案还规定,印度妇女出国进行代孕的行为是非法的。

(三)对代孕子女权利的规定

不管代孕孩子有无任何先天性的缺陷或疾病,意向父母对代孕子女均负有父母之照顾及教养义务。在代孕子女的出生证明上,将意向父母登记为代孕子女的法定父母。即使意向父母离婚,代孕子女仍应被视为意向父母的合法子女。代孕子女年满 18 岁之后,有权获知有关身份识别和代孕母亲的信息。

印度 2010 年《辅助生殖技术法法案》,旨在对日益增长的代孕产业实施监管,对参与代孕生殖的各方包括代孕母亲、委托父母和即将出生的代孕子女的权利进行保护,在不同的政府机构之间分配监管责任,从而达到规范商业代孕行为的目的。为此,该法明确规定了指导方针,用以指引所有参与者,希望借以将辅助生殖的全过程都纳入规范有序的市场交易之中。印度政府认为,市场是提供辅助生殖服务的最佳途径，因为市场保护个人的权利和个人的选择。想要孩子的人们可以通过向女性支付生育服务的工资或报酬来实现当父母的梦想。每个人都可以通过这种交换获益，因为所有人都可以自由购买或出售他们的劳动力、使用他们的金钱，利用金钱选择他们所希望的消费项目。需要指出的是，该法对代孕母亲权利存在保护不力的弊端。同时，该法案的出台使那些禁止代孕国家的外国籍委托父母想在印度进行代孕变成了不可能。根据该法案，外国籍委托父母必须提供大使馆或外交部的一封明确无误的信件，说明其所在的国家是允许代孕的，在印度通过代孕出生的孩子可以获准入境。此外，要说明的是，目前，印度对代孕行为进行规制使用的并不是在国家层面上的立法，而是行业准则，这就容易引发出较为严重的人权问题。国际社会对印度的医疗生殖旅游提出了不少激烈的批评意见，甚至谴责印度的商业代孕生殖是一种利用女性子宫、人类之精子以及卵子来营利的行为。

第二节　印度禁止跨境代孕的立法与实践

一、2014 年《辅助生殖法案》明确禁止外国人在印度寻求代孕服务

印度政府充分意识到跨境代孕是一种生殖分层行为（stratified reproduction）。关于生殖分层，在本书第二章中，笔者已提到，这个概念是由谢莉·科伦（Shellee Colen）创建的一种社会学概念。该概念揭示了不同种族、民族、国籍、阶级和性别的人们在生殖和培养孩子能力方面的不平衡。在客观上，西方国家的委托父母和印度的代孕母亲之间在经济、阶级等方面是存在差别的。在这种情况下，即使意向父母是真正善良的人，尊重并感激代孕母亲，但仍然无法解决他们与代孕母亲之间的地位不平等问题。另外，世界各国因在全球经济和政治等级制度中处于不同的地位，因而其国民也是在极不平等的基础上获取资源和财富的，包括生殖资源在内。这种地位的不平等对第一世界的委托父母和第三世界的代孕母亲体验代孕过程时会产生相当大的影响。比如，与代孕母亲相比，代孕机构和不孕症医生对委托父母的身体和情感需求似乎更加专注和关心，而对印度代孕母亲是否接受医疗干预以及对印度代孕母亲在怀孕、分娩选择上的感受则或多或少忽视了。

鉴于存在对代孕妇女的剥削问题，印度卫生研究部门于 2014 年起草的《辅

助生殖法案》草案中,禁止外国人在印度寻求代孕服务。[①] 印度此举是出乎意料的,因为其先前作出的决策是,以辅助生殖行业为支撑点,将本国打造成全球的医疗生育中心。

禁止外国人在印度寻求商业代孕的一个重要原因,是因为法律规范之间存在冲突,以致许多涉及跨境代孕亲子关系的确认案件在审理时旷日持久,迟迟不能结案,著名的婴儿万治(Baby Manji)案件[②]就是其中一例。该案的案情如下:2007 年 9 月,一对日本夫妻来到印度寻求代孕服务,代孕子女的胚胎是由委托父亲山田育文(Yamada)提供的精子与匿名捐赠者提供的卵子合成的。几个月之后,这对日本夫妻离婚,而就在他们离婚之后 1 个月,印度的代孕母亲生下了男婴万治。根据代孕合同的约定,即使委托夫妇离婚,意向父亲即丈夫仍需照顾代孕子女,并且代孕母亲分娩后应即刻放弃其对代孕子女的亲权。婴儿万治出生后,鉴于前妻放弃了抚养权,山田育文希望自己独自抚养出生后的万治。在印度代孕母亲对代孕孩子已经放弃亲权的情况下,山田育文在印度四处奔波,希望能够找到将婴儿万治带回日本的办法。他向日本驻印度大使馆提出了为万治签发日本护照的申请。但是,日本驻印度大使馆拒绝了他的请求,拒绝的理由是《日本民法》规定,公民资格取决于其分娩母亲的国籍。因为万治是印度的代孕母亲所生,所以万治没有资格获得日本国籍,不能给万治签发日本护照。还有人向山田育文提出了可为万治办理收养手续的建议,但山田育文因考虑到自己与万治有血缘关系,故不想通过办理收养手续的方式来解决问题。之后,山田育文在迫不得已的情况下转而选择为万治申请印度护照。根据印度 1955 年《公民法》的规定,为婴儿申请印度护照必须持有登记了双亲姓名的出生证,并且其双亲中的一方为印度公民。而万治的出生证上只有父亲一栏中注有生父山田育文的名字,而母亲的姓名一栏为空白。因此,印度政府也拒绝给万治发放印度护照。为此,山田育文向印度高等法院起诉,要求认定其与代孕

---

① See Indian Department of Health Research, "The Assisted Reproductive Technology(Regulation) Bill, 2014", http://www. prsindia. org/uploads/media/draft/Draft% 20Assisted% 20Reproductive% 20Technology% 20 (Regulation) % 20Bill, % 202014. pdf, November 28, 2018; see also, Sushmi Dey, "Foreigners may be barred from commissioning surrogacy in India", https://timesofindia. indiatimes. com/india/Foreigners - may - be - barred - from - commissioning - surrogacy - in - India/articleshow/49418285. cms? utm_source = twitter. com&utm_medium = referral&utm_campaign = TOIIndiaNews, November 28, 2018.

② Baby Manji Yamada v. Union of India, the Supreme Court of India, (C) No. 369 2008.

子女万治之间的亲子关系。印度最高法院根据2005年《准则》第10条有关代孕子女的父母为与其有血缘关系的委托父母的规定,判决山田育文是万治的法定父亲。同时,印度政府基于人道主义理由也给万治发放了身份证明,上面的父亲栏写有生父山田育文的名字,而母亲栏仍为空白。该身份证明仅供当事人飞往日本时使用。当万治到达日本后,日本政府根据《日本民法》中以分娩者为母、分娩者配偶为父的规定,拒绝承认万治与山田育文之间的亲子关系。此后,在长达两年多的时间内,万治都处于无国籍儿童的状态。最后,山田育文出于无奈,不得不通过办理收养手续收养了万治,日本政府也因此才让万治获得了日本国籍。

又如,在由代孕引发的婴儿巴拉兹(Baby Balaz)一案中,涉及印度与德国之间的法律冲突问题。本案案情是,一对德国意向父母在印度经过印度代孕母亲的怀孕生下了一对代孕双胞胎。在准备将代孕子女带回德国时,德国籍意向父母却面临着如何才能让代孕子女取得德国国籍的困惑。一方面,印度的法律是允许完全商业代孕的,代孕母亲在签订代孕合同之时也已明确表示,愿意放弃所生代孕子女之亲权。因此,印度代孕母亲所生的这对双胞胎是无法取得印度国籍的。另一方面,德国法律明确禁止所有形式的代孕。在这种情况下,即使代孕子女与委托父母间有血缘联系,德国政府也会拒绝赋予这对双胞胎以德国国籍。最后,这对德国籍意向父母只能根据德国的法律通过办理跨国收养程序的方式收养了这对代孕双胞胎,让他们取得了德国国籍。这对双胞胎是在出生的两年之后,才被他们的父亲杨·巴拉兹(Jan Balaz)带回德国。①

二、2016年《辅助生殖法案》

2015年10月,印度最高法院对政府允许滥用代孕技术的行为进行了谴责,认为商业代孕导致了代孕儿童法律上父母身份的不确定性和无国籍儿童的产生,要求政府对有关代孕的现行法律进行修改,包括委托父母和代孕子女间的亲子关系问题。② 印度最高法院还对代孕过程中多方当事人的权利予以了关

---

① Jan Balaz v. Anand Municipality and 6 ors, AIR 2010 Guj 21, Gujarat High Court, 11 November 2009.

② See the Indian Express, "Supreme Court asks Centre to bring commercial surrogacy within the ambit of law", https://indianexpress.com/article/india/india-news-india/supreme-court-asks-centre-to-bring-commercial-surrogacy-within-ambit-of-law/, November 19, 2018.

注,其中包括商业代孕中捐赠卵子的妇女、代孕母亲和意向父母等。

2016年8月,由联邦内阁批准的《代孕监管法案》[The Surrogacy (Regulation) Bill]被提交给印度议会审议。该法案明确禁止商业代孕,即禁止有生育或收养有子女的已婚夫妇、单身人士、异性恋伴侣和同性恋者选择代孕,①从而在法律上正式关闭了商业代孕的大门,使许多不同类型的外国籍意向父母失去了在印度寻求代孕的机会。不过,印度新法案禁止的仅限于商业代孕,仍然允许利他代孕。

2016年法案通过后,引起了印度社会各界的高度关注,在生理、法律、道德、社会和经济等方面引发了人们对代孕的反响,如该法案的既定目标是否符合政府的核心目标——关注和保护代孕母亲、代孕儿童的利益,禁止商业代孕的做法是否为解决相关问题的唯一途径等。总之,如何设计出更能合理地兼顾到各方利益的法律方案,是解决印度目前存在的一系列跨境代孕问题的关键。

① See "The Surrogacy (Regulation) Bill", 2016, http://164.100.47.4/billstexts/lsbilltexts/asintroduced/257_ls_2016_eng.pdf, November 19, 2018; see also, India Daily, "Surrogacy Bill 2016 finally passed by Lok Sabha bans commercial surrogacy", https://www.indiatoday.in/education-today/gk-current-affairs/story/surrogacy-bill-2016-finally-passed-by-lok-sabha-bans-commercial-surrogacy-1413523-2018-12-20, November 19, 2018.

第五章　英国代孕立法与司法实践

第一节　英国代孕法律制度

一、英国颁布代孕法律的背景

英国之所以制定与代孕有关的法律规定，是要从立法的层面上对现实中出现的代孕现象作出一种迅速的回应。1978 年，人类历史上的首位试管婴儿路易丝·布朗(Louise Brown)在英国诞生。为了适应生殖医学与胚胎技术的快速发展，英国于 1982 年成立了沃诺克委员会(the Warnock Committee)，对与代孕有关的社会、伦理与法律等问题展开研究，并着手制定相关政策。该委员会于1984 年提出了一份《人类受精与胚胎学沃诺克报告书》(the Warnock Report on Human Fertilisation & Embryology，以下简称《沃诺克报告》)。该报告对于商业化代孕持反对态度，认为商业代孕合同是违法、无效的，并禁止个人、代孕中介机构进行商业性的代孕行为，甚至将代孕中介机构实施的相关行为定性为一种犯罪行为。这份报告就是著名的《沃诺克报告》。该报告的核心目标是要借助法律手段遏制代孕和代孕中介活动，在一定程度上为《代孕协议法》和《人类受精与胚胎学法》的制定奠定了基础和框架。①

在《沃诺克报告》发布不久的 1985 年，英国颁布了

① 参见刘长秋：《代孕规制的法律问题研究》，上海社会科学院出版社 2016 年版，第 30 页。

世界上首部对代孕活动进行规制的法律。当然,这部法律的出现与婴儿科顿(Baby Cotton)代孕案件有着很大的关系。① 本案的案情为:1985 年,有一名叫金·科顿(Kim Cotton)的英国妇女通过美国商业代孕中介机构的介绍,与一对美国委托夫妻签订了一份跨境代孕合同。其后,她以代孕母亲的身份产下了一名女婴,并获得了6500 英镑的报酬。随后,当事人在跨境代孕亲子关系的认定上产生了纠纷并诉诸法庭。法院的判决结果是,由美国的委托夫妻通过收养的方式与代孕子女间建立亲子关系。法院判决作出后,代孕母亲金·科顿将自己的代孕经历作为故事以 20,000 英镑的价格卖给了英国一家报社,并被这家报社公开报道。此事在英国社会引起了轩然大波,使公众对"用婴儿换现金"的现象产生了道德上的恐慌。公众对"用婴儿换现金"的代孕生殖行为进行了强烈的抗议。为此,英国政府不得不迅速地采取立法行动。② 沃诺克委员会不得不接受代孕已客观存在并且不可能对其进行有效禁绝的事实,但又认为,如果对代孕持鼓励或者任其随意发展的态度,则有可能对社会、伦理和法律秩序带来强烈的震荡,于是建议政府禁止商业性或者营利性的代孕。③ 随后,英国匆忙出台了 1985 年《代孕协议法》(Surrogacy Arrangements Act 1985),严禁商业性代孕和代孕中介,而自愿性的代孕及其酬金给付却得以合法化。④

二、英国代孕立法

英国是世界上最早着手研究代孕立法的国家,可谓开了代孕立法的先河。到目前为止,英国的代孕立法,一共有 4 项:一是 1985 年《代孕协议法》。该法明确规定,代孕合同不具有强制执行力,并将与商业代孕有关的某些行为定为刑事犯罪。二是 1990 年《人类受精与胚胎学法》。三是 2008 年《人类受精和胚胎学法》(Human Fertilisation and Embryology Act)。四是 2018 年《人类受精和胚胎学法》。这些法律中的"亲权令"(parental order)允许代孕母亲及其丈夫将代孕子女法律上的父母身份转移给委托父母。为了与之相呼应,英国内政部还专门发布了关于移民和跨境代孕的指导方针。

---

① Re C(A Minor)(Wardship:Surrogacy)[1985] FLR 846.

② Ibid.

③ 参见高升、王洪根:《论跨境代孕中法定父母身份认定的法律冲突》,载《河南财经政法大学学报》2017 年第 4 期。

④ 参见杨芳:《人工生殖模式下亲子法的反思与重建——从英国修订〈人类受精与胚胎学法案〉谈起》,载《河北法学》2009 年第 10 期。

(一)1985 年《代孕协议法》

婴儿科顿案件在 1985 年 1 月 14 日由英国法院作出了判决的半年之后,英国政府制定出了一部针对代孕的立法,于同年 7 月 16 日得到国会的通过。这部法律总共有 5 条规定。其中,第 1 条对代孕母亲、代孕合同的内容包括亲权移转的各项条件作出了规定,强调合同双方皆不可强制执行代孕安排。根据该法第 2 条的规定,任何基于商业目的为代孕发起、提供、同意或参加谈判的行为都被视为犯罪。不过,该法并非对一切代孕都予以禁止,而只是禁止商业性的代孕行为,强调代孕者不得获取报酬,对于利他代孕则是允许的。同时,这部法律明确禁止各种类型的代孕广告。

由此可见,对于代孕问题,英国进行相关立法的导向是限制代孕行为,而不是鼓励代孕。该法由于在制定、通过时较为仓促,所以存在不少缺陷:(1)并未规范代孕合同的效力,对代孕子女的法律地位没有作出明确的规定,因而不利于对代孕母亲及代孕儿童的保护。(2)仅对商业性的代孕行为进行处罚,而且处罚的对象仅限于代孕合同当事人之外的代孕中介机构。这就给代孕合同的当事人双方通过非商业性中介机构达成商业代孕协议留下了可乘之机,因而有违该法的立法初衷,即防止处于弱势地位的代孕母亲受到剥削。

(二)1990 年《人类受精和胚胎学法》

在 1985 年《代孕协议法》出台的几年之后,英国议会才开始更为全面地考虑生殖技术和胚胎的研究进展对人类社会所产生的影响。在经过反复讨论和论证,充分吸收《沃诺克报告》、1986 年咨询报告以及 1987 年白皮书中的合理建议的基础上,英国政府于 1990 年 11 月通过了《人类受精和胚胎学法》,弥补了《代孕协议法》的缺憾。该法不仅对规制代孕有着一定的积极作用,而且对于法院审理相关案件也具有现实的指导意义。

首先,在该法中,直接与代孕有关的明确规定实际上只有一条,即强调了代孕协议的不可执行性。该法第 27 条、第 28 条、第 29 条并非直接针对代孕作出的规定,仅是所涉内容与代孕有关系。这几条规定明确了通过人工辅助生殖技术出生的代孕儿童,其生育权归属于委托夫妇,而不是与代孕儿童有遗传基因联系的捐赠者。该法第 30 条还明确了委托夫妻可以通过申请亲权令来实现为人父母的权利,但是必须满足一定的条件。在事实上,这些条款都是以间接的方式对代孕生殖行为加以规制的。

其次,根据该法的规定,应依法保障不孕症患者获得治疗和拥有孩子的权利,委托夫妻不能单凭代孕协议当然地成为代孕子女的法定父母。无论代孕母亲与其代孕子女间有无基因关系,依据“分娩者为母”的原则,在代孕子女出生后进行出生登记时,应先将代孕母亲及其配偶登记为代孕孩子的父母,然后由委托夫妇向法院申请亲权令,将代孕母亲及其配偶手里的亲权转移给委托夫妇。这样的规定有利于最大限度地保护代孕子女的合法权益。

(三)2008 年《人类受精和胚胎学法》

1990 年《人类受精和胚胎学法》颁布之后,英国民众和医学界对代孕的态度发生了巨大的转变。

英国 2008 年《人类受精和胚胎学法》(Human Fertilisation and Embryology Act 2008),沿袭了 1990 年《人类受精和胚胎学法》的基本原则,在胚胎研究、人工生殖对象、亲子关系的认定等方面都作出明确的规定。由此,英国确立了从开始的禁止代孕行为到现在的允许非商业化代孕行为的道路,①如扩大胚胎研究的范围,包括备受争议的人畜嵌合胚胎;禁止非医学需要的胎儿性别选择;承认同性伴侣具有和异性夫妻同样的权利;提供生殖医疗服务时应充分考虑子女的利益,子女需要“父亲”,更需要“家长”;利用捐赠的精子成为母亲的妇女,有权同意让任何人(近亲属除外,包括女性)成为孩子的“父亲”或“第二家长”。②

该法之所以承认同性伴侣具有和异性夫妻同样的权利,是因为 1990 年《人类受精和胚胎学法》将人工生殖的手术对象局限于“有婚姻关系的配偶以及同居男女”,而将同性伴侣排除在外。英国《民事伴侣法》(Civil Partnership Act 2004)于 2005 年 12 月 5 日正式生效。这部法律承认同性婚姻,允许同性恋者通过法律程序、注册结为具有民事关系的伴侣。在英国注册的同性伴侣在财产、继承、移民、赋税等方面享有与异性夫妻同样的民事权利。同性婚姻的合法化,意味着同性伴侣有权借助捐卵、捐精和代孕方法实现生育权。

1990 年《人类受精和胚胎学法》在 2008 年被英国议会修订后,有一个较为重要的变化:单身未婚人士、同性伴侣也可以申请代孕子女的亲权令,这一变化包含在该法第 54 条的规定之中。该法第 54 条的主要内容如下:③

---

① 参见杨彪:《代孕协议的可执行性问题:市场、道德与法律》,载《政法论坛》2015 年第 4 期。

② 参见高升、王洪根:《论跨境代孕中法定父母身份认定的法律冲突》,载《河南财经政法大学学报》2017 年第 4 期。

③ See Claire Fenton-Glynn, “The Regulation of Surrogacy under English law: An Overview of the Case Law”, 27 *Child and Family Law Quarterly* 83(2015), p. 85.

1. 从该条第 1 款的规定来看，意向父母必须至少与代孕子女之间有部分基因联系。这种基因关系当然包括与委托父母双方都有联系，但法律上的要求是，委托父母中至少有一方为代孕子女的孕育提供精子或卵子。该法没有要求意向母亲必须在医学上证明其无法成功怀孕和分娩。然而，在医学生育治疗的许可情况下，医生在同意向代孕母亲提供生育治疗之前通常会提出这样的要求。

2. 该条第 2 款规定，委托父母可以是已婚夫妻或同性恋伴侣、民事伙伴或在一个持久的家庭关系之中共同生活的两个人。

3. 该条第 3 款规定，委托父母需要在代孕子女出生 6 个月内为其提出亲权令申请。该款规定还表明，委托父母不能强制代孕母亲交出代孕子女，代孕子女法定父母身份的取得是基于分娩的事实而非来自代孕合同的约定。因此，代孕母亲违约后，委托父母可以拒绝给代孕母支付营养费等补偿，但也无法获得任何的金钱赔偿，无法在无亲权令的情况下承担起法定父母的责任。值得注意的是，英国将认定法律上母子关系的权力赋予了专门的代孕管理机构。该机构在代孕母亲分娩之后，会就亲权的归属事项作出决定或者裁判。[①] 而涉及认定代孕子女亲权转移的亲权令，仍由法院而非行政管理机构作出。

4. 该条第 4 款规定，代孕子女应与委托父母一起生活，并且委托父母居住在英国。尤为重要的是，代孕子女在申请时必须与申请人即委托父母生活在一起。

5. 该条第 5 款规定，在委托代孕时，委托父母双方都必须超过 18 岁。该法并没有对委托父母的年龄上限作出规定。由于代孕不是事先确定的，所以代孕母亲没有法定年龄限制，但可以另外适用关于许可生育的年龄限制。

6. 该条第 6 款规定，代孕母亲应与已经被法律承认的享有亲权的委托父亲，在自愿、完全理解、无条件的基础上作出放弃亲权的决定，代孕子女的委托父母无法找到或无法同意的情形除外。也就是说，代孕母亲必须同意将合法的父母身份转让给委托父母。英国法院曾经明确表示，即使代孕安排发生在事先已拟定意向父母为合法父母身份的国家，意向父母也只有在孩子出生后 6 个月

① 参见高升、王洪根：《论跨境代孕中法定父母身份认定的法律冲突》，载《河南财经政法大学学报》2017 年第 4 期。

内才能申请到亲权令。①

7. 该条第7款规定,代孕母亲必须在代孕子女出生之后6周内作出同意将代孕子女交由委托父母抚养的决定。

8. 该条第8款规定,除非获得法院授权,否则不得就代孕安排、接生或同意将代孕子女交给委托父母的决定提出额外费用。

(四)2018年《人类受精和胚胎学法》

2018年《人类受精和胚胎学法》对2008年《人类受精和胚胎学法》第54条之规定作出了补充和完善,在旧法第54条之后新增加了第54a条,它是一条涉及亲权命令的规定,其详细情况如下:②

1. 该条第1款规定,申请人提出亲权申请之后,法院可发出命令,规定在以下情况下将儿童依法作为申请人的子女对待:(a)该孩子是通过将胚胎或精子和卵子,或人工受精的方式植入代孕母亲子宫内怀孕所生的代孕儿童。(b)申请人与代孕儿童之间存在血缘关系。(c)符合本条第2~8款的条件。

2. 除属于该条第11款规定的情况外,申请人必须在代孕孩子出生之日起6个月内提出亲权命令申请。

3. 法院作出命令时,(a)申请人必须与代孕孩子在一起,并且(b)申请人必须在英国联合王国或英吉利海峡群岛或马恩岛居住。

4. 法院作出亲权命令时,申请人必须年满18岁。

5. 法院必须让代孕母亲与委托父母之间在充分了解的前提下无条件地同意该亲权命令。

6. 该条第5款不要求无法达成协议的人达成协议。如果代孕母亲在孩子出生后不到6周内就同意将孩子交付给他人,那么代孕母亲的同意表示无效。

7. 法院必须确认,除了合理发生的费用以外,申请人没有为以下目的而考虑给予代孕母亲任何的金钱或好处:(a)作出命令;(b)第5款规定的任何协议;(c)将孩子移交给申请人;(d)作出安排以期作出命令,除非得到法院授权。

8. 除非该申请亲权命令已被撤销或允许对该命令提出上诉,否则不得根据

---

① See Claire Fenton-Glynn, "The Regulation of Surrogacy under English Law: An Overview of the Case Law", 27 *Child and Family Law Quarterly* 83(2015), p. 89.

② See UK Department of Health and Social Care, "Human Fertilisation and Embryology (Parental Orders) Regulations 2018", https://www.legislation.gov.uk/uksi/2018/1412/made, September 8, 2019, schedule 3-3.

第54条或本条作出与该儿童有关的命令。

9. 在本条生效之前,与出生的孩子有关的申请亲权命令,可在本条生效之日起6个月内提出。

总之,2008年《人类受精和胚胎学法》不仅使英国继续保持在胚胎研究领域的世界领先地位,而且在代孕子女法定父母的认定标准上,也使英国的亲子法完全摆脱了单一的遗传因素的束缚而获得了巨大突破。必须指出,从《沃诺克报告》、"Baby Cotton 案"到《代孕协议法》《人类受精和胚胎学法》及其修正案即2008年《人类受精和胚胎学法》,以及2018年《人类受精和胚胎学法》,均体现了英国在代孕生殖行为的立法上能够顺势而变、与时俱进,从而保证了其代孕立法的合理性、先进性。

(五)与跨境代孕相关的规定

1. 英国法院拒绝承认外国的出生证明或外国法院就跨境代孕亲子关系所作的认定判决

根据英国的相关法律规定,即使代孕发生在英国国外,也要适用英国法,即英国法院拒绝承认跨境代孕协议的效力,对外国的出生证明和外国法院作出的亲权令不予承认。委托父母要么通过向英国当局申请亲权令的方式与代孕子女建立合法的父母身份;要么通过办理涉外收养的方式来解决与代孕子女间的亲子关系问题。

2. 委托父母携带代孕子女入境时需向英国有关当局申办一定的手续

英国政府发布了一些与移民有关的准则,但这些准则并不涉及跨境代孕中代孕儿童的法律地位问题。在代孕儿童被带回英国后,仍需由法院对跨境代孕亲子关系进行确认。英国还正式地发布了与跨境代孕协议和移民及公民身份规则有关的指南。英国边境管理局也在2009年发布了《跨国代孕和移民规则》。这一文件就申请批准跨境代孕子女的旅行证件和移民身份等事项,提供了指导性的意见,给跨境代孕中的委托父母将代孕子女带回英国带来了一些便利。对于跨境代孕亲子关系的确认问题,该文件明确规定,凡是外国的出生证明或外国法院作出的亲权令在英国本国都不具约束力。

(1)委托父母(已婚男女夫妇)携带跨境代孕子女入境

目前,英国法律是将代孕母亲视为合法母亲的,即使代孕母亲放弃了她作为代孕子女的法定母亲身份,也是如此。委托母亲即使是代孕子女的基因母亲,但若要以委托母亲的身份为代孕儿童申请旅行证件或确立公民身份则无法律根据。鉴于此,委托父母在为跨境代孕出生的孩子申请英国旅行证件时,是不大可能将委托母亲视为代孕子女的法定母亲或监护人的。如果委托父亲与代孕子女间的基因关系能得到独立第三方的证明,则可以将其视为代孕儿童的合法监护人,因而有资格为跨境代孕儿童申请必要的英国旅行证件。至于代孕儿童法定父亲的认定,大量的实例表明,在很多情况下要取决于代孕母亲的婚姻状况。之所以如此,完全是由英国的2008年《人类受精和胚胎学法》与1981年《国籍法》之间所存在的矛盾规定造成的。

委托父母与代孕子女之间亲权关系的成立,必须以代孕子女的代孕母亲之夫放弃亲权为前提条件,也是确定委托父亲为代孕子女法定父亲的依据。只有这样,代孕子女才能取得英国国籍,申请进入英国的入境许可。

(2)同性恋伴侣或单身人士携带跨境代孕子女入境

在英国,从法理上来说,男性同性伴侣可以通过申请代孕子女亲权令的方式将代孕子女带回英国,只要他们中有一位男性与代孕子女有遗传关系即可,就像异性恋关系中的基因父亲一样。然而,如果同样的情况是发生在女同性恋伴侣身上,那么根据《人类受精和胚胎学法》的有关规定,即使她们中有一名女性与该代孕子女存在基因关系,也不能成为代孕子女的法定父母将代孕子女带回英国。很显然,在获取代孕儿童亲权方面,英国法律在对待男同性恋伴侣时要比女同性恋伴侣宽容得多。毫无疑问,这种带有歧视性的做法实际上是违背了联合国《世界人权宣言》所规定的男女平等、人人享有生育权的原则。

在英国,寻求跨境代孕的单身男子在返回英国后是没有资格为代孕子女申请亲权令的。只有在通过办理收养手续并撤销代孕母亲亲权的情况下,他才能获取代孕子女的父母身份,为跨境代孕儿童申请亲权命令,并在英国法院作出了亲权令判决后,才能将代孕儿童带回英国。

第二节　英国跨境代孕司法实践

如前所述,英国1985年的《代孕协议法》明确规定,代孕合同是不可执行的,对实施了代孕中介服务行为的中介机构可以给予刑事制裁。正因如此,在英国国内代孕的情况较为少见。在司法实践中,英国法院遇到最多的问题是,委托父母要求英国法院承认他们在其他国家订立的跨境商业代孕协议的效力,或者要求英国法院对跨境代孕中的亲权关系予以承认。而英国法院往往会以违反本国公共政策为由,拒绝承认跨境代孕协议的效力以及认定跨境代孕亲子关系的外国判决。这样一来,跨境代孕儿童的权利就会受到极大的影响。

在英国,有关代孕的判例法在发展速度上是非常快的,对相关成文法的制定、适用也产生了一定的影响。比如,2008 年《人类受精和胚胎学法》颁布后,英国法院在处理跨境代孕商业合同纠纷时经常遇到如何适用该法第 30 条、第 54 条的问题。为了保证法律含义的确定性与法律适用的一致性,就需要通过创立判例法的方式对如何适用《人类受精和胚胎学法》的前述规定作出进一步的解释和完善。

在英国司法实践中出现的以下问题值得注意:

一、跨境代孕亲子关系的确认与儿童最佳利益的保护问题

英国法院于 2008 年审理了第一例跨境代孕 X 与 Y 纠纷案件。① 本案的案情如下:2007 年,英国一对已婚夫妇与一对乌克兰夫妇签订了一份跨境代孕协议。他们将第三方捐赠的卵子与英国丈夫的精子所形成的胚胎,植入乌克兰代孕母亲的子宫内,最后生下一对双胞胎:X 和 Y。按照乌克兰《家庭法》第 123 条的规定:"如果代孕子女的胚胎是委托夫妇采用辅助生殖医疗技术植入另一名女性体内,则该委托夫妇被认定为代孕子女的法定父母,代孕母亲也应该即刻放弃与该代孕子女的亲权关系。"从乌克兰的这条法律规定可以看出,这对英国夫妇是该代孕双胞胎的法定父母,在代孕双胞胎出生证上的父母一栏中应该填写英国夫妇的名字。但是,英国 1990 年《人类受精和胚胎学法》采用的是分娩者为生母原则,除因收养或者法院判决改变了亲权关系外,不管代孕行为是发生在英国国内还是国外,也不管代孕母亲是否与代孕子女有基因关系,分娩者都被认为是代孕子女的法定母亲。可见,在本案中,在跨境代孕子女法定母亲的确认上,英国法与乌克兰法之间是存在法律冲突的。

2008 年,英国高等法院对此案作出了判决。根据 2008 年《人类受精和胚胎学法》中有关委托父母一方与代孕子女有基因关系则可以认定为法定父母的规定,以及子女最佳利益原则,英国高等法院准许 X 和 Y 这对双胞胎进入英国境内。委托父母在他们出生后 6 个月内,向英国法院提出了拟成为他们法律上的父母的亲权命令申请。值得指出的是,在乌克兰代孕母亲放弃了对 X 和 Y 的亲权之后,英国法院未就 X 和 Y 与委托父母间的亲权确认之诉作出判决之前,X 与 Y 则一直处于无国籍、无父母身份的状态。

---

① Re X and Y,[2008] EWHC 3030(Fam),[2009] 1 FLR 733.

在本案中,英国法院还依据2008年《人类受精和胚胎学法》第30条的规定,对申请人提出的支付代孕母亲“合理费用”的问题进行了审理。法院认为,在代孕子女出生之前,委托父母已每月向乌克兰代孕母亲支付了235欧元,在代孕子女出生时又一次性支付了25,000欧元,其总额已经远远超过了“合理费用”的范围。法官赫德利(Hedley)认为,在决定这笔费用是否属于“合理费用”时,应该考虑如下三个因素:

1. 跨境代孕支付的款项是否与合理开支成比例。

2. 申请人与代孕母亲的交往是否诚信,有无“道德污点”。

3. 申请人是否曾经企图欺骗过政府。

在结合案件情况并考虑上述三种因素的基础上,法院最后作出了批准支付款项申请并承认委托父母是该对代孕双胞胎法定父母的亲权令判决。应该说,在该案中,儿童利益最佳原则是法官判案的首要考虑因素,否则就会将该代孕儿童置于无国籍和无父母的状态。①

英国于2010年颁布的《人类受精和胚胎学(亲权令)条例》将2002年《收养和儿童法》第1条的内容纳入第54条之中。因此,法院在决定是否批准支付款项申请和允许亲权令时,应该将儿童的福利作为首要的考虑因素。法院必须平衡本国公共政策和儿童福利之间的关系。跟本国公共政策相比,儿童福利因素甚至在某种程度上对案件的处理结果起着决定性的作用。作这样的强调是必要的,有利于减少法院对亲权令申请作出拒绝的情况。

又如,2010年,英国高等法院在处理一起在美国伊利诺伊州出生的跨境代孕子女申请亲权令的案件时,也遇到了已支付给代孕母亲的费用超出了“合理费用”的问题。② 对此,法官明确地表示,发生在美国的代孕行为是伊利诺伊州法律所允许的,因而批准了支付费用的请求。如果申请亲权令的委托父母遵循诚实守信的原则,没有欺骗英国当局的企图,支付的代孕费用又在合理的支出比例范围之内,那么在这种情况下,法院必须在英国的公共政策与儿童福利之间进行平衡。也正因如此,在英国高等法院最终决定是否批准跨境代孕的亲权令时,儿童福利成为至关重要的考虑因素。③

---

① See Claire Fenton-Glynn, “The Regulation and Recognition of Surrogacy under English Law: An Overview of the Case-Law”, 27 *Child & Fam. LQ* 83(2015), p. 90.

② Re L[2010] EWHC 3146(Fam).

③ Re D and L [2013] EWHC 2631(Fam).

二、跨境代孕亲子关系的确认与公共政策的适用

英国法院在2009年审理了S亲权令一案。审理该案的法官认为，在案件所涉及的跨境代孕商业协议中，英国委托父母对在美国加利福尼亚州向代孕母亲支付的2.3万美元，仍然无法说明理由。法官提出，在对确认跨境代孕亲子关系时应该酌情考虑以下三种与公共政策相关的情形：

1.涉及跨境代孕子女的父母身份确认问题，应根据儿童最佳利益原则来筛选代孕父母，并将代孕视为自然分娩的延伸，类似于收养。

2.法院应该谨慎处事，不能允许任何以金钱作为交易筹码购买海外儿童的行为发生。代孕不一定等同于"卖婴"，因为付给代孕母亲的任何费用都可以视为是代孕的报酬，而不是购买代孕子女的对价。事实上，即便在儿童权利保护极为严格的今天，除非代孕母亲要求将代孕儿童送回，否则法院不会对代孕费用的问题进行干预。

3.现在，在代孕儿童出生之后，英国法院对跨境代孕协议应承担审查的责任，而在此之前法院是无缘审查跨境代孕协议、跨境代孕母亲、跨境代孕亲子关系的。①

综上所述，在确认委托父母与代孕子女之间的跨境代孕亲子关系时，英国法院需要采取灵活多样的方法为英国委托夫妇跨境代孕这种违法行为进行辩护，即使这种违法行为已经违反了英国的公共政策也应如此。因为外国的代孕母亲不想留下代孕婴儿，所以英国法院必须在代孕子女与委托父母之间建立了一种社会关系。委托父母寻求跨境代孕的行为可能会受到部分人的反对，但是委托父母的违法行为不能强加于代孕子女身上，代孕子女是无辜的。

无论代孕子女出生在哪一个国家，其亲子关系都应该根据英国法加以确认。

三、跨境代孕亲子关系的确认与2008年《人类受精和胚胎学法》第54条的适用

在司法实践中，英国法院根据2008年修订的《人类受精和胚胎学法》第54条第8款之规定，对代孕费用的支付以及对跨境代孕儿童亲权令的批准，采取

---

① Re S(Parental Order)[2009] EWHC 2977(Fam),[2010] 1 FLR 1156.

了一种较为宽容的态度。比如,英国法院在 2011 年审理了 A 起诉 P 的一起跨境代孕亲权令案。根据 2008 年《人类受精和胚胎学法》第 54 条第 1 款之规定,“不仅要求委托父母双方同时申请,而且要求委托父母与代孕子女之间存在基因联系”。不幸的是,本案中的委托父亲在法院审理期间去世了,而其配偶即委托母亲作为申请人恰巧又与代孕子女无血缘关系。在这种情况下,法院认为,应该以儿童最佳利益原则来解释 2008 年《人类受精和胚胎学法》第 54 条的规定。在本案中,如果委托父亲没有死亡,那么这名代孕儿童将顺理成章由委托夫妇两人共同照顾。另外,本案的判决还援引了《欧洲人权公约》第 8 条即“人人有权享有使自己的私人和家庭生活、家庭和通信受到尊重的权利”的规定,以及联合国《儿童权利公约》第 7 条规定,即“1. 儿童出生后应立即登记,并有自出生起获得姓名的权利,有获得国籍的权利,以及尽可能知道谁是其父母并受其父母照料的权利。2. 缔约国应确保这些权利按照本国法律及其根据有关国际文书在这一领域承担的义务予以实施,尤应注意不如此儿童即无国籍之情形。”法官认为,法院有义务对 2008 年《人类受精和胚胎学法》第 54 条第 4 款作出有目的性的解释以确认代孕儿童与委托父母的亲权关系,并保持代孕儿童与其父母之间的联系。①

又如,英国法院在 2014 年审理 X 跨境代孕一案时,根据 2008 年《人类受精和胚胎学法》第 54 条第 3 款的规定,强调委托父母在代孕孩子出生 6 个月内必须向法院提出跨境代孕亲子关系亲权令的申请。在本案中,一名于 2011 年出生在印度的跨境代孕儿童,其英国籍委托父母从其出生后就留在印度当地照顾他,直至 2013 年才返回英国。因委托父亲只依据英国 1989 年《儿童法》申请了居留令,未向英国法院申请亲权令,所以这名代孕儿童的合法父母仍然是印度的代孕母亲及其配偶。在诉讼过程中,委托父母声称他们并不知道 2008 年《人类受精和胚胎学法》的规定,不知道亲权令申请必须在代孕子女出生后 6 个月内向英国法院提出。法官认为,本案中的申请因是在代孕子女出生后的第 33 周提出的,超过了法定的有效期限,故对亲权令申请不能予以批准。依据 2008 年《人类受精和胚胎学法》的规定,申请亲权令的有效期为 6 个月,这一规定不可延长。② 本案判决作出之后引起了社会各界的批评。英国家庭司司长詹姆斯·蒙比(Sir James Munby)爵士认为:“这个案例是错误的,法院拥有的是为了

① A v. P(Surrogacy:Parental Order:Death of Applicant),[2011] EWHC 1738.

② Re X(A Child)(Surrogacy:Time Limit),[2014]EWHC 3135(Fam).

儿童福利而行使这种权力。”①因为对代孕儿童亲权的确认，不仅关系代孕儿童身份，而且关系代孕儿童未来的民事权利的实现。英国法院可以依据《欧洲人权公约》第 8 条的规定，来解释 2008 年《人类受精和胚胎学法》第 54 条第 4 款的立法意图，并对该款所规定的 6 个月的申请亲权令期限进行更为宽泛的理解，但要求委托父母在向英国法院申请亲权令时其住所必须在英国境内。

正是因为 2008 年《人类受精和胚胎学法》第 54 条在实际适用时遇到的一些问题，所以才促使英国于 2018 年通过了新《人类受精和胚胎学法》，该法对 2008 年《人类受精和胚胎学法》第 54 条之规定作出了进一步的补充和完善。

① Claire Fenton-Glynn, "The Regulation and Recognition of Surrogacy under English Law: An Overview of the Case-Law", 27 *Child & Fam. LQ* 83 (2015), p. 93.

第六章　澳大利亚代孕立法与司法实践

第一节　澳大利亚联邦和各州有关代孕的法律制度

一、澳大利亚各州的代孕立法

澳大利亚是由共同分担管理事务的联邦政府(Federal Government)、6 个州及 2 个特区组成的政府。其中,6 个州分别为新南威尔士州(New South Wales)、维多利亚州(Victoria)、昆士兰州(Queensland)、南澳大利亚州(South Australia)、西澳大利亚州(Western Australia)和塔斯马尼亚州(Tasmania)。另有北特区(Northern Territory)与澳大利亚首都特区(The Australian Capital Territory,ACT)。ACT 位于新南威尔士州,是首都堪培拉的所在地。

在澳大利亚,有关代孕的最重要立法是澳大利亚国家健康与医学研究理事会(Australian Government National Health and Medical Research Council,NHMRC)颁布的《关于在临床实践和研究中使用辅助生殖技术的伦理指南》(Ethical Guidelines on the Use of Assisted Reproductive Technology in Clinical Practice and Research)。该指南规定,为商业目的而进行的代孕,在道德上是不可接受的。因为在进行生殖的过程中,妇女和儿童可能被剥削和商品化。[①] 不过,近期,澳大利亚绝大多数州颁布了允许利他代孕的立法。对于跨境代孕则没有成文法,只有相关的判例法。

对于代孕的商业性中介活动,澳大利亚各州在立法上基本上都是持禁止态度的。对于纯自愿的代孕行为,各州的法律规定之间存在差异。下面着重介绍一下澳大利亚各州关于利他代孕的相关规定。

(一)澳大利亚首都特区的规定

2004 年《澳大利亚首都特区亲子法》(Australian Capital Territory Parentage Act 2004)允许非商业性代孕,并准许将代孕子女的亲权移转给委托夫妇。该法的主要内容有:

1. 该法第 41 条禁止签订商业性替代父母协议(commercial substitute parent agreement)。[②]《澳大利亚首都特区亲子法》将商业性代孕协议界定为:"约定一人给予或承担另一人怀孕或其怀孕所生小孩的出生、照顾事项有关款项或报酬的协议。"[③]

2. 该法第 24 条对代孕的程序有着严格的要求:(1)必须在澳大利亚首都特区的生育诊所生产婴儿;[④](2)代孕母亲及其配偶或男友不能提供他们的基因给代孕婴儿。[⑤]

(二)维多利亚州的规定

维多利亚州是澳大利亚第一个通过代孕法的州,在 2008 年颁布了《人工生殖治疗法》(Assisted Reproductive Treatment Act 2008),该法于 2010 年 1 月 1 日起生效。该法准许在符合条件的情况下,已在州登记的人工生殖机构可以"非商业性代孕协议"作为不孕治疗的选择。该州的法院及最高法院可以作出"替

---

① See National Health and Medical Research Council, *Ethical Guidelines on the Use of Assisted Reproductive Technology in Clinical Practice and Research*, Canberra, National Health and Medical Research Council, 2017, p. 65.

② 《澳大利亚首都特区亲子法》第 41 条规定:"签订商业替代父母协议的,构成犯罪。" See Australian Capital Territory (ACT) Parliamentary Counsel, Parentage Act 2004 (Act No. 1/2004), 22 March 2004, art. 41.

③ Australian Capital Territory (ACT) Parliamentary Counsel, Parentage Act 2004 (Act No. 1/2004), 22 March 2004, art. 40.

④ Australian Capital Territory (ACT) Parliamentary Counsel, Parentage Act 2004 (Act No. 1/2004), 22 March 2004, art. 24(a).

⑤ Australian Capital Territory (ACT) Parliamentary Counsel, Parentage Act 2004 (Act No. 1/2004), 22 March 2004, art. 24(b).

代亲权令”(substitute parentage order),将代孕子女的亲权由代孕母亲移转给意向夫妇。该州1995年颁布的《不孕治疗法》(Infertility Treatment Act 1995)亦明确规定,禁止商业性代孕,且代孕合同不得强制执行。该法还对以下事项作出了规定:

1. 亲权令的法庭授权程序以及将法定父母身份转移给意向父母的程序由法律规定,儿童的最大利益对法院相关决定的作出至关重要。

2. 意向父母必须说服法庭,让法庭相信他们适合于抚养子女。

3. 必须向法院提交代孕双方之间的沟通和联系计划。

4. 代孕母亲必须年满25岁,并有自己生育的孩子。

5. 这项立法的先进性和创新性在于:单身男人或男同性伴侣可以成为代孕子女的法定父母。不过,在此方面,该法也有一些限制性的要求,即委托父母的居住地必须在本州岛管辖的范围内,有书面的代孕协议,代孕母亲在决定是否放弃孩子方面有3个月的“冷静期”。

6. 提出亲权令的请求可由政府任命的法庭审理。

(三)西澳大利亚州的规定

西澳大利亚州于2008年颁布的《西澳大利亚州代孕法》准许非商业性代孕,并准许通过亲权令的方式将代孕子女的亲权从代孕母亲转移给意向夫妻。

(四)新南威尔士州的规定

根据2010年《新南威尔士代孕法》第102条的规定,非商业性代孕是允许的,生母身份的推定遵循分娩者为母原则。因此,意向母亲很难获得法定母亲的身份。任何代孕协议必须在怀孕前达成,但它们不具有强制执行力。可通过亲权令将代孕子女的亲权转移给有血统联系的人,单身人士和同性伴侣可以寻求代孕。

(五)昆士兰州的规定

昆士兰曾是澳大利亚唯一禁止非商业性代孕的州。根据昆士兰1988年《代孕亲子关系法》(Surrogate Parenthood Act 1988)的规定,所有的代孕协议包括商业性与非商业性代孕皆是违法的,违反者将受到最高3年或10,000澳元的刑罚。昆士兰州对代孕的这一法律规定因过于苛刻而遭到批评者的抨击。该州议会在2010年2月10日经过多方辩论后,决定将非商业性代孕合法化,废止《代孕亲子关系法》,并于同年通过了新的《代孕法》(Surrogacy Act 2010)。该法关于代孕的主要内容有:

1. 允许非商业性代孕。

2. 不要求委托父母和代孕孩子之间有基因联系。

3. 胚胎可以通过任何方式完成，而非必须通过使用体外受精技术完成。

4. 同性恋伴侣和单身人士均可通过代孕的方式获得自己的儿女。

5. 即使委托父母不在昆士兰居住生活，法院仍有权酌情批准委托父母的亲权令申请（根据2010年《代孕法》第23条第2款的规定）。

6. 允许向代孕母亲支付合理的费用。

（六）塔斯马尼亚州及南澳大利亚州的规定

塔斯马尼亚州于1993年颁布的《代孕合同法》（Surrogacy Contracts Act 1993）禁止一切代孕行为。南澳大利亚州于1975年颁布的《家庭关系法》（Family Relationships Act 1975）禁止商业性代孕，而且规定任何代孕契约于法无效。南澳大利亚州于2009年对1975年《家庭关系法》中的不足之处进行了修订。

（七）小结

澳大利亚各州之间在代孕的立场及立法上虽然有所不同，但依然有以下相同之处：

第一，澳大利亚各州都通过专门的立法对代孕生殖行为加以规制，明确允许利他代孕，禁止商业代孕，并对违反者处以刑罚。

第二，意向夫妇应该提供足够的证据证明他们无法生产孩子，而且只能通过妊娠代孕安排实现为人父母的愿望。

第三，代孕母亲必须是年满25岁且能怀孕的妇女，并有分娩史。

第四，代孕子女胚胎中的卵子不能来自代孕母亲。

第五，对代孕的所有参与者进行刑事记录检查。参与代孕的各方必须接受咨询。在没有胁迫的情况下，知情同意是一些州允许非商业性代孕的先决条件。

第六，应该在起草代孕合同之前进行法律咨询，代孕合同不具有强制执行力。

第七，如果州法律没有另外规定，则承认意向父母对代孕子女负有父母责任。委托父母与代孕子女间的亲子关系通过收养获得，儿童最大利益是确定代孕子女与委托父母之间亲子关系的最重要的决定因素。

二、澳大利亚对利他代孕亲子关系的认定

从澳大利亚各州的立法与司法实践的情况看，大部分州对商业代孕都作出

了禁止性的规定,而对利他代孕则是允许的。在涉及利他代孕亲子关系的认定问题上,则应以各州的亲子关系法和联邦家庭法为根据。

(一)各州的亲子关系法有关利他代孕亲子关系认定的规定

1. 各州都在立法上明确规定意向父母应该申请转移亲权命令

在澳大利亚,对代孕有立法的所有州都明确规定,代孕母亲及其伴侣是代孕孩子出生时的父母亲,直到意向父母向法院申请转移亲权取得成功时为止。关于代孕母亲及其伴侣的父母身份转移给意向父母的条件,各州之间的规定不尽相同,但都强调要通过一定的法律程序转移亲权。意向父母向法院提出转移代孕子女亲权令的申请,除必须具备代孕合同的非商业性、意向父母居住在有关州外,有的州如南澳大利亚州和维多利亚州还强调代孕应该在本州岛内发生。有学者认为,应该修改现行法律,以便在代孕孩子出生时赋予意向父母以合法的父母身份。① 代孕子女并不能在一出生时就由意向父母抚养,意向父母需要通过申请亲权令的方式获得对代孕子女的亲权。因此,如不在代孕子女出生时赋予意向父母以合法的父母身份,会让一些代孕子女受到伤害而不符合儿童的最佳利益原则。

2. 法院对亲子关系进行认定时应考虑意向父母与代孕子女之间是否有血缘关系

澳大利亚对代孕有立法的所有州都明确规定,州法院在对意向父母提出的亲子关系认定申请作出裁决时,应考虑意向父母与代孕子女之间是否存在血缘关系。维多利亚州和西澳大利亚州的代孕立法规定,意向父母只有在与代孕子女之间具有血缘或基因关系的情况下,才能成为其法定父母。西澳大利亚州的代孕法律规定,在判定亲子关系时允许意向父母优先于代孕母亲,如果意向父母与代孕子女之间存在血缘关系,而不是代孕母亲与代孕子女之间存在血缘关系,那么代孕子女的法定父母身份就从代孕母亲当然转移给意向父母。昆士兰州和塔斯马尼亚州的立法规定,通过代孕出生的子女与普通子女在法律上具有相同的地位,无论代孕子女与代孕安排中的意向父母中任何一方之间是否存在血缘关系。可见,在昆士兰州和塔斯马尼亚州,血缘关系在判定亲子关系时的作用不如其他州大。在对亲权关系作出转移的判决时,新南威尔士州、昆士兰

---

① See Sam Everingham, "Use of surrogacy by Australians Implications for policy and law reform", in Alan Hayes and Dary 1 Higgins, eds., *Families, Policy and the Law-Selected essays on contemporary issues for Australia*, Melbourne, Australian Institute of Family Studies, Chap. 8, pp. 77 – 78.

州和塔斯马尼亚州的法院会将独立的顾问报告(independent counsellor's report)纳入考虑的范围。这种顾问报告主要涉及亲权确认是否能够保障代孕儿童的最佳利益,以及亲权确认命令是否能得到各方当事人自由、自愿的同意等内容。① 新南威尔士州和塔斯马尼亚州的法律明确规定,意向父母与代孕子女之间的血缘关系必须写入顾问报告。

总之,目前,澳大利亚允许通过代孕的方式创建家庭,但代孕儿童的法律地位和被保护的程度却低于使用其他生殖方式创建的家庭。因为各州的亲子关系立法和澳大利亚联邦家庭法都未反映出代孕参加者的意图,对他们的权益也没有给予充分的保护。各州立法似乎过于强调意向父母与代孕子女之间的基因关系。从客观、公平的角度来讲,澳大利亚联邦及其各州的立法上,应将有意为父母者明确规定为确认代孕子女法定父母的优先考虑因素,而不论他们与代孕子女是否有着遗传或基因上的联系。

(二)澳大利亚《联邦家庭法》有关利他代孕亲子关系认定的规定

从司法实践来看,在家庭法院受理的诉讼中,妊娠代孕是最为常见的代孕形式。通常情况下,意向父亲是代孕孩子的基因父亲。在少数情况下,意向父母也可能都是代孕子女的亲生父母。

1. 委托父母向家庭法院申请亲权命令

不论代孕安排是发生在澳大利亚还是发生在海外,作为意向父母能够获得法律承认的唯一途径,便是向家庭法院申请确认他们是代孕子女法定父母的亲权命令(parentage orders)。

2. 委托父母向家庭法院申请抚养命令

在某些情况下,委托父母可不必申请亲权命令,但为了抚养代孕子女,必须向家庭法院申请对代孕子女的抚养令(parenting order)。

3. 委托父母向家庭法院申请父母责任令

在某些情况下,为了能够决定代孕子女住在哪里以及与谁在一起生活,委托父母也可以向家庭法院申请父母责任令(parental responsibility)。

应该说,澳大利亚《联邦家庭法》对委托父母与代孕孩子之间所形成的法律

---

① See Sonia Allan, "Report: Review of the Western Australian Human Reproductive Technology Act 1991and the Surrogacy Act 2008 (Part 2, Jan., 2019)", https://www.ohchr.org/Documents/Issues/Children/SR/Surrogacy/AcademicInstitutions/SoniaAllanOAM_CF_DeakinUniversity_Annex2.pdf, September 2, 2019.

关系作出了较为详尽的规定。该法中第 60HB 条规定,如果州或地区法院作出了将父母身份从代孕母亲转移给意向父母的亲权令,则代孕子女是意向父母的子女。对该法律规定的传统解释是,仅适用于在澳大利亚签订的利他代孕合同安排,与商业代孕安排无关。后来,在《联邦家庭法》中又新增加了第二项立法规定即第 60H 条,涉及通过人工辅助生殖技术受孕而出生的子女的亲子关系问题。必须指出的是,该项立法规定仍然存在一定的问题。依据《联邦家庭法》第 60H(1)条的规定,代孕母亲及其伴侣被视为代孕孩子的父母。在单身女性为代孕者的情况下,该法第 60H(3)条规定,允许承认精子捐赠者为代孕儿童的父亲。由此可见,《联邦家庭法》的这一规定与一些州的立法规定正好相反,州的立法更倾向于撇清精子捐赠者与代孕儿童之间的亲子关系。

第二节 澳大利亚跨境代孕司法实践

在澳大利亚,由于法律禁止商业代孕,所以越来越多的不孕夫妇、同性恋家庭和单身人士到海外寻求商业代孕。澳大利亚首都直辖区、昆士兰州和新南威尔士州的法律都有域外条款,并禁止本州岛居民寻求跨境代孕。尽管如此,澳大利亚仍然有源源不断的委托夫妇前往国外寻求跨境代孕。在澳大利亚的司法实践中,时常会遇到如下问题:

一、跨境代孕中的亲子关系认定

在澳大利亚,最早的跨境代孕案例是发生在 2003 年马克申请跨境代孕亲权令一案。本案的案情为:一对来自维多利亚州的澳大利亚委托夫妇与美国加利福尼亚州的一名妇女签订了跨境代孕合同。根据该合同的约定,美国加利福尼亚州的代孕母亲同意为委托夫妇怀孕生子。代孕子女胚胎中的卵子由一位匿名妇女提供,精子则由委托父亲提供。随后,该代孕合同在美国加利福尼亚州生效并且得到执行。该跨境代孕合同是商业性质的,而维多利亚州是禁止商业代孕的。作为维多利亚州居民的意向父母,为了成为该代孕子女的法定父母,便向维多利亚州家庭法院申请亲权令。在该案的审理期间,在美国加利福尼亚州的代孕母亲及其丈夫收到了澳大利亚法院发出的传票,但代孕母亲及其丈夫作出了不参加跨境民事诉讼的选择。承办此案的布朗(Brown)法官认为,在本案中,如果代孕母亲及其丈夫参与了涉外民事诉讼,则会将他们置于违反代孕协议的境地之中,但这并非本院要考虑的事项。布朗法官指出,意向父母为获得该名代孕子女的父母身份而提出的亲权确认申请命令,是经过了跨境代孕双方当事人同意的。他坚定地认为,维多利亚州的家庭法只适用于对本案中亲权令的处理,而不能适用于对跨境代孕协议的执行与承认,美国代孕母亲的缺席与她在跨境代孕协议项下的义务是一致的,诉讼结果与当事人试图通过代孕协议获得的结果也是一致的,因而应准许澳大利亚的意向父母获得出生在美国的代孕子女的法定父母身份。布朗法官还指出,澳大利亚意向父母之所以决定在加利福尼亚州订立跨境代孕协议,其主要原因是为了规避维多利亚州法律中有关禁止商业代孕的规定,但这一禁止商业代孕的法律规定,对本庭认定跨境代孕子女的法定父母身份无关紧要。①

近年来,在澳大利亚出现了不少与马克案情相似的跨境代孕亲子关系认定案件,同时也出现了家庭法院用不同的方法解释法律在商业代孕协议中应如何适用的案例。例如,2011 年达德利(Dudley)、切迪 · 丹尼斯(Chedi、Dennis)与普拉达(Pradchaphet)一案。② 这起案件涉及一对昆士兰州的委托夫妇。他们通过跨境代孕安排生下了 3 个代孕孩子,是由两名代孕母亲在同一天生出的。这 3 个孩子的胚胎是由丈夫 D 先生的精子和匿名捐赠者的卵子合成的,然后分别植入到两位代孕母亲的子宫内。意向父母为这 3 个代孕孩子向法院申请了两个单独的抚养令。在丹尼斯和普拉达一案中,法院作出了同意意向父母履行父母责任的抚养令,依据的理由恰如史蒂文森(Stevenson)法官所说的那样,D 先生是孩子的亲生父亲。③ 在达德利、丹尼斯与普拉达一案中,瓦特(Watts)法官同意签发抚养令。但因昆士兰法律禁止跨境代孕,他又将相关的文件提交给检察长审议,以决定是否应起诉这对昆士兰州的意向父母。最终,出于保护儿童利益的考虑,检察长决定不起诉委托父母。④

又如,瑞安(Ryan)法官在审理埃里森(Ellison)和康纳尼(Karnchanit)一案时发现,意向父亲是代孕双胞胎的亲生父亲,于是根据《联邦家庭法》第 69V(1)

---

① Re Mark (an application relating to parental responsibilities) [2003] 31 Fam LR 162.

② Dudley and Chedi [2011] FamCA 502; see also, *Dennis and Pradchaphet* [2011] FamCA 123.

③ Dennis and Pradchaphet [2011] FamCA 123, para. 18.

④ Dudley and Chedi [2011] FamCA 502; see also, *Dennis and Pradchaphet* [2011] FamCA 123.

条的规定作出命令，宣布意向父亲是该代孕子女的合法父亲。① 而有趣的是，瑞安法官在审理梅森诉梅森等(Mason & Mason and Another)一案时，对《联邦家庭法》相关规定的解释进行了重新审视。② 他认为，如果孩子是通过人工辅助生殖技术受孕生产的，那么不能够根据《联邦家庭法》第69V(1)条有关血缘关系的规定，宣布同意意向父母申请的抚养令，必须参照州立法来确定代孕儿童的亲子关系。

在格林·威尔森(Green-Wilson)和比夏普(Bishop)一案中，约翰斯(Johns)法官在墨尔本家庭法院下令宣布格林·威尔森先生是出生在印度的代孕孩子的父亲，③并认为，与适用于梅森诉梅森等一案中的新南威尔士州明确禁止跨境商业代孕的立法相比，维多利亚州立法只是规定代孕母亲不得因代孕安排而获得任何物质利益或优势。④ 换言之，维多利亚州的立法并未禁止海外代孕，仅是在立法上出现了空白。如果孩子是通过海外代孕而出生的，那么就可以允许将其亲生父亲宣布为他或她的合法父母。可是，在伯尼尔(Bernieres)和多帕(Dhopal)一案中，伯曼(Berman)法官拒绝按照约翰斯法官的意见，赋予亲生父亲为通过印度妊娠商业代孕安排而出生的代孕孩子的法定父亲身份。该法官认为，不能"由于立法真空，就可以借此推断父母的定义"。⑤

总的来说，《联邦家庭法》中的相关规定旨在与州法院准许的利他代孕安排相适应，并不能用来解决被禁止的代孕安排。对于通过海外商业代孕安排而出生的子女，若意向父母向法院提出为其法定父母的确认申请，其结果往往具有投机性和不可预测性。

---

① Ellison and Karnchanit [2012] 48 Fam LR 33, para 73.

② Mason & Mason and Another [2013] FamCA 424; Ronli Sifris, et al., Submission to the Australian House of Representatives Standing Committee on Social Policy and Legal Affairsinquiry into Surrogacy Arrangements, Melbourn, Castan Centre for Human Rights Law Monash University, 2016, p. 11.

③ Green - Wilson and Bishop [2014] FamCA 1031.

④ See The Parliament of Victoria, "Assisted Reproductive Treatment Act 2008, No. 76 of 2008", http://www.legislation.vic.gov.au/Domino/Web_Notes/LDMS/PubStatbook.nsf/f932b66241ecf1b7ca256e92000e23be/3ADFC9FBA2C0F526CA25751C0020E494/$FILE/08-076a.pdf, section 44 (1).

⑤ Bernieres and Dhopal [2015] FamCA 736, para. 121.

二、跨境代孕儿童的权益保护问题

澳大利亚各州有关禁止商业代孕的法律规定，迫使一些澳大利亚人不得不到境外寻求代孕安排。近年来，泰国已成为备受澳大利亚委托父母欢迎的跨境代孕目的地，这是因为泰国的医疗保障体系较好、人工辅助生殖技术水平较高，[①]以及代孕费用较低和具有较为宽松的法律环境。[②] 当然，其中最为重要的原因是泰国在法律上既没有禁止代孕，也没有将代孕合法化的宽松环境。换言之，目前代孕在泰国尚处于不置可否的状态，这在客观上助推了泰国代孕产业的发展。2014 年 8 月，一对澳大利亚委托代孕夫妇遗弃泰国代孕母亲所生下的患有唐氏综合征婴儿甘密一事引起了轰动。该案一经曝光，便引起了国际社会的高度关注。

2016 年，澳大利亚法院对婴儿甘密案件进行了审理。值得提及的是，根据泰国的法律规定，泰国代孕母亲所生的代孕子女具有泰国国籍。因此，本案中就出现了澳大利亚委托父母如何将代孕子女从泰国带回澳大利亚的问题。在泰国的司法实践中，解决这一问题的办法通常有两种：一是由外国的委托父母通过收养方式获得对代孕子女的法定父母身份。但此办法耗时较长，一般得花 6 个月至 2 年的时间，才能办妥收养手续。二是将外国的委托父亲即生父的名字登记在出生证上，泰国代孕母亲以书面形式放弃抚养权，并将监护权交给代孕子女的委托父亲。[③] 而委托父母则需根据 2007 年澳大利亚颁布的《国籍法》为代孕子女申请澳大利亚国籍，并须向澳大利亚驻泰国使馆提供经过公证的跨境代孕合同和经过指定机构鉴证的能够证明委托父亲与代孕子女之间存在血缘关系的证明。同时，还要提交泰国代孕母亲同意将代孕子女的监护权转移给委托父母的书面证明。不管委托父母采用哪一种方式来解决跨境代孕儿童入境的问题，都需要花费很长的时间，而在此过程中代孕儿童的合法权益会受到一定的负面影响，得不到有效的保护。

在司法实践中，也出现了一些与境外代孕母亲特别是发展中国家的代孕母亲对亲子关系的自主决定权有关的问题。例如，在梅森诉梅森等跨境代孕一案

---

① See Andrea Whittaker and Amy Speier, "'Cycling Overseas': Care, Com-modification, and Stratification in Cross-border Reproductive Travel", 29 *Medical Anthropology* 363 (2010), p. 369.

② 参见孟金梅：《国际代孕法律实务分析：以泰国为例》，载《中国性科学》2015 年第 4 期。

③ 同上。

中,瑞安法官表示,代孕合同是一份用英文写成的有 29 页的文件。代孕母亲由于不懂英文,在同意代孕的证明上所“盖的章”是她用拇指在合同上按的手印。① 因此,代孕母亲在代孕子女的亲权转移方面究竟有多大的自主性,值得深思。

笔者认为,澳大利亚作为联合国《儿童权利公约》的缔约国,在致力于保护儿童的基本权利、防止对儿童的剥削方面做了很多的工作和努力,但是澳大利亚尚未对代孕儿童最佳利益的实现提供足够的保护。

① Mason & Mason and Another [2013] FamCA 424.

第七章　荷兰代孕立法与司法实践

第一节　荷兰代孕法律制度

在1994年之前，荷兰对代孕生殖行为采取的是完全禁止的态度。之后，荷兰对代孕生殖行为的态度有所转变，从完全禁止代孕转变为有条件地开放代孕，但仍然禁止商业性质代孕的生殖行为，如荷兰1993年《刑法》第151条第2款就是专门针对商业代孕而作出的禁止性规定。[①] 至于利他代孕，在一段时间内，荷兰并没有具体的立法对其进行规制，这种情况一直延续到1998年4月1日《有关实行体外人工受精（IVF）条例》（Planning Decision in Vitro Fertilization 1998）出台前。该条例明确规定，妊娠代孕的申请应遵守荷兰妇产科协会（Dutch Association for Obstetrics and Gynecology）通过

---

① 荷兰《刑法》第151条第2款规定："1.在担任职务或从事商业活动中，为了实现本条第3款规定的目的，故意达成、促成代孕母亲或希望成为代孕母亲的妇女与他人进行直接、间接谈判，或安排双方见面的，应判处一年以下监禁和第四类罚金。2.以下行为也适用于本条第1款规定的处罚：（1）公开提供某种服务，该服务可达成、促成第1款规定的谈判或见面；（2）披露知道某妇女愿意担任代孕母亲、寻找愿意担任代孕母亲的妇女或可以代为寻找符合以上条件妇女等信息的。3.代孕母亲是指意图为期冀获得孩子的亲权或者永久照顾并培养孩子的他人生育子女，从而怀孕的妇女。"转引自《荷兰刑法典》，于志刚、龚馨译，中国方正出版社2007年版，第90页。

的《荷兰妇产科协会的指导方针》。① 值得注意的是,1998 年《有关实行体外人工受精(IVF)条例》已失效。② 目前施行的是 2018 年 8 月 1 日生效的《2016 年体外受精条例》。③ 需要指出的是,2016 年《体外受精条例》中并没有涉及代孕的规定,而已失效的 1998 年《有关实行体外人工受精(IVF)条例》附录中的第 2(4)条、2014 年《有关实行体外人工受精(IVF)条例》附录中的第 2(3)条对代孕却作出了规定。④

荷兰目前的法律仍然是禁止商业代孕、允许利他代孕的,即允许在一定的条件下由亲戚或者熟人与委托父母之间进行的利他代孕,以及允许代孕母亲能够得到补偿。⑤

一、关于利他代孕的法律规定

(一)费用承担

委托父母承担与体外受精相关的费用、不在保险范围内的怀孕和分娩的费用以及与办理儿童收养程序、保险有关的费用。

(二)代孕协议不得强制执行

任何代孕协议不得规定代孕母亲有将代孕婴儿交给委托父母的义务,否则就违反了荷兰公共秩序和良好的道德风俗。可见,在荷兰,代孕协议是不能执行的。然而,在实践中,采用人工生殖辅助技术进行代孕的监督中心,则会要求委托父母、代孕母亲双方签订一份包括存在潜在索赔内容的合同。这样的做法当然会引起人们对代孕协议的不可执行性产生怀疑。

(三)委托父母与代孕子女间亲子关系的确立

如果委托父母双方与代孕子女之间有血缘关系,或者委托父母中一方与代孕子女之间有血缘关系,那么委托父母与代孕子女之间的父母身份关系是在代

---

① See Dutch Ministry of Health,"Welfare and Sport,Planning decision in vitro fertilization:Law on special medical procedures(Planningsbesluit in-vitrofertilisatie)",95 *Government Gazette* 14(1998), Appendix §2(4).

② 取而代之的是现在也已失效的 2014 年《有关实行体外人工受精(IVF)条例》。

③ https://wetten. overheid. nl/BWBR0038113/2018 - 08 - 01.

④ 来源 1998 年的:https://zoek. officielebekendmakingen. nl/stcrt - 1998 - 95 - p14 - SC13948. html#IDAJCAAB;2014 年的:https://wetten. overheid. nl/BWBR0009523/2014 - 10 - 01。

⑤ See Netherlands Government, "Legal and Illegal Aspects of Surrogacy", https://www. government. nl/topics/surrogate - mothers/surrogacy - legal - aspects? from = singlemessage&isappinstalled = 0, September 23, 2019.

孕子女出生后，通过司法收养程序建立的，即委托父母必须通过一系列复杂的收养程序之后，才能确立自己是代孕子女的法定父母。当然，对于委托夫妇而言，代孕还是有一定的风险，因为事实表明，并不是每一对委托父母针对代孕儿童提出的收养申请都能够获得荷兰法院的批准。

（四）代孕生殖行为的必备条件

1. 前置评估

（1）医疗评估

根据1984年《荷兰妇产科协会的指导方针》的规定，代孕母亲应在代孕手术过程中和手术后得到相关的心理支持。此外，为了避免出现多胎妊娠引发的风险，植入代孕母亲体内的胚胎数量应限制在两个以内。

（2）对代孕母亲自由选择代孕和知情同意的情况进行核实

根据《荷兰妇产科协会的指导方针》，所有参与代孕的各方即委托父母、代孕母亲及其伴侣必须通过口头和书面形式，获悉代孕承诺背后的所有潜在后果，应从医疗、心理和司法方面核实代孕母亲的自由选择和知情同意权。

2. 对委托父母的限制规定

（1）对委托父母中的母亲一方有如下的限制性规定：①其子宫因妇科癌症的治疗而失去了功能，或已被切除、产后会出现血崩等。②虽然得到合理的医疗但已被预测到如果怀孕会有生命危险，如严重的抗磷脂症候群者、肝脏移植者等。在这种情况下，妻子可能拥有自己的健康卵子。③其年龄必须小于41岁。

（2）对委托父母是否有不符合收养规定的前科记录作出了限制性的规定，如性犯罪者就不能委托代孕。

3. 对代孕母亲的限制规定

同样，《荷兰妇产科协会的指导方针》对代孕母亲必须具备的条件也作出了专门的规定：

（1）代孕母亲必须身体健康，拥有正常的子宫功能，以及合理且不复杂的妇科历史。

（2）代孕母亲的年龄必须小于45岁。

（3）代孕母亲必须具有进行代孕生殖行为的合理正当理由，像非商业性代孕中的代孕母亲通常是委托父母中一方的姐妹或好朋友，她们是出于帮助的动机而进行代孕的。

4. 代孕子女的法律地位

(1)代孕母亲是代孕子女法律上的母亲

根据荷兰《民法典》第一编“自然人法和家庭法”第198条的规定,生下婴儿的妇女即为该名婴儿法律上的母亲,不论该婴儿与该代孕母亲是否有血缘关系。[①] 这是一项强制性的规定。不能通过委托父母与代孕母亲之间的约定来改变代孕母亲为代孕婴儿法律上的母亲这一法律认定。

同时,要结合代孕母亲的婚姻状况,确定代孕子女法律意义上的父亲。如果代孕母亲已婚,根据荷兰《民法典》第一编“自然人法和家庭法”第199条第1款的规定,其丈夫是代孕婴儿法律上的父亲。[②] 如果代孕母亲没有结婚,根据荷兰《民法典》第一编“自然人法和家庭法”第204条第1款第3项的规定,委托父亲可以在代孕母亲的同意下成为代孕子女的父亲。[③]

(2)代孕子女的亲权移转

如前所述,不论代孕母亲是否与代孕子女有着基因上的联系,代孕母亲都是代孕子女法律上的母亲。因此,委托父母要想获得对代孕子女的法定父母身份,就必须通过代孕子女的亲权转移途径来实现,即在代孕母亲及其配偶对代孕子女的亲权被撤销之后,委托父母必须根据荷兰《民法典》第一编“自然人法和家庭法”第227条第1款、第4款的规定,双方或单方提出收养申请并经过地区法院判决后,才能与代孕子女建立亲权关系。[④] 荷兰《民法典》第一编“自然人法和家庭法”第228条对如何收养儿童的问题作出了规定。[⑤] 根据该条第1款的规定,收养子女必须符合以下条件:

①第一次提出收养请求时孩子仍然是未成年人。如果提出收养申请时孩子

---

① See Dutch Civil Law, “Dutch Civil Code-Book 1”, http://www.dutchcivillaw.com/civilcodebook01.htm, September 13, 2019.

② Ibid.

③ Ibid.

④ 荷兰《民法典》第一编“自然人法和家庭法”第227条第4款规定:“如果孩子是或将由其父母与收养人之间的个人关系出生,并且该孩子是由人工受精孕育出生的,则允许提出收养请求。根据《人工受精捐助者信息法》第1条第(c)款规定的种子捐献者,该捐献者已通过该法案中所提交的基金会声明得到确认,除非明显没有采用不符合儿童的最大利益或不符合本编第228条的要求。”Dutch Civil Law, “Dutch Civil Code-Book 1”, http://www.dutchcivillaw.com/civilcodebook01.htm, September 13, 2019.

⑤ See Dutch Civil Law, “Dutch Civil Code-Book 1”, http://www.dutchcivillaw.com/civilcodebook01.htm, September 13, 2019.

已满12岁,那么该收养申请会得到批准。如果提出申请时被收养人尚未达到12岁,法院则会合理地评估收养人在收养中的利益,作出是否批准请求的决定。

②收养的孩子不是收养人的孙子。

③收养人的年龄至少比孩子大18岁。

④被收养人父母都没有对请求提出异议。

⑤如果被收养孩子的母亲还是未成年人,那么在提出申请收养时被收养人的母亲至少年满了16岁。

⑥收养人已经照顾并抚养了该儿童至少1年。如果父母或养父母的配偶、注册伴侣或其他生活伴侣想领养孩子的,共同照顾和抚养该孩子的时间至少1年,期间从实际共同照顾和抚养孩子的那一刻起计算。

⑦被收养人原生父母死亡或对被收养人不再拥有监护权。不过,其原生父母中任意一方的配偶、登记伴侣或其他生活伴侣想收养被收养人,则该父亲或母亲必须单独与上述配偶、登记伴侣或其他生活伴侣共同拥有对被收养人的监护权。

5. 配子捐赠

自2002年以来,在荷兰配子捐赠者不再是匿名,从而改变了以前那种允许捐赠者匿名捐赠的做法。荷兰现行的《人工受精捐赠者信息法》适用于2004年6月1日以后发生的配子捐赠情况。该法规定,捐赠者在最后一次受精后60周内,必须将以下信息发送给国家人工受精捐助者信息基金会:

(1)捐赠者的医学信息,如任何相关的疾病和血型的详细类型。

(2)构成捐赠者身份的信息,如捐赠者本人的出生日期、地址、身体特征、性格、社交和家庭数据等。①

要求捐赠者提供上述信息的目的在于让年满16岁的代孕子女,在捐赠者同意的情况下获得捐赠者的身份信息。但是,捐赠者如果拒绝透露个人的身份信息,那么只有在考虑了儿童利益的情况下,才能证明自己维持匿名是正当的,否则不能隐匿个人的身份信息,这是因为儿童的利益原则被视为最为重要的考虑因素。

---

① See Overheid Wettenbank, "Act of 25 April 2002 on the Gamete Donor's Information (Wet Donorgegevens Kunstmatige Bevruchting), Staatsblad 240, 28 mai 2002", https://wetten.overheid.nl/BWBR0013642/2019-04-02, September 18, 2019.

二、跨境代孕子女的荷兰国籍的取得问题

对于子女国籍的取得问题，荷兰《国籍法》(Rijkswet op het Nederlanderschap)是采用血统主义原则加以解决的。根据荷兰《国籍法》的规定，在以下几种情况下，子女可以获得完全的荷兰公民身份：①

1. 荷兰《国籍法》第3条第1款规定，由父亲或母亲的荷兰国籍依据权利归属原则(van rechtswege)使子女取得荷兰国籍。

2. 荷兰《国籍法》第3条第2款规定，在荷兰出生的事实而依法取得荷兰国籍。

(1)在荷兰领土上出生的、父母不详的孩子可以取得荷兰国籍，并且在该孩子发现后5年之内没有其他国籍的。

(2)在荷兰出生、至少有一名居住在荷兰境内的外籍父母的子女，如果其祖父母中至少有一人也是在荷兰出生的，那么根据荷兰《国籍法》第3条第3款规定的权利归属原则，该子女可以取得荷兰国籍。

(3)荷兰国籍的取得取决于其父母是否已经获得亲权令(parentage)的儿童(该法第4条第1款之规定)。

(4)生于国外的外国儿童经过荷兰的公民承认，并在承认后的一年内能证明其为该名儿童的亲生父亲，依据该法第4条第4款规定的权利归属原则，该外国儿童可以取得荷兰国籍。

(5)如果孩子在收养时是未成年人，并至少有一名养父母拥有荷兰国籍的，那么拥有荷兰国籍的养父母一方可在荷兰依据权利归属原则使外国子女获得荷兰国籍。在通过法院裁决之后的3个月内，根据荷兰《国籍法》第5条的规定，跨国收养儿童可以取得荷兰国籍。至于涉及的跨境收养程序，收养人只要符合1993年《海牙跨国收养方面保护儿童及合作公约》(以下简称《海牙跨国收养儿童公约》)或荷兰承认的收养法律规定即可。

第二节　荷兰跨境代孕司法实践

在荷兰的司法实践中，经常出现的与跨境代孕相关的事项有二：一是外国人向荷兰申请承认跨境代孕子女出生证明的情况；二是荷兰公民因到国外寻求跨境代孕而发生的纠纷。

---

① See Overheid Wettenbank, "Dutch Nationality Act (Rijkswet op het Nederlanderschap), 19 December 1984", https://wetten.overheid.nl/BWBR0003738/2018-08-01, September 18, 2019.

一、外国人向荷兰法院申请承认跨境代孕子女的出生证明

2009年9月14日,海牙法院(Rechtbank's-Gravenhage)审理了一对法国男同性恋伴侣要求荷兰有关部门将在法国出生的代孕双胞胎登记在册的案件。在本案中,海牙法院需要对这对代孕双胞胎在法国的出生证明进行审查并作出裁决。本案的案情为:一对法国男同性恋伴侣采用人工辅助生殖技术通过荷兰籍代孕母亲完成了跨境代孕,其中代孕母亲是代孕儿童的基因母亲。代孕子女是在法国匿名出生的。法国开具的出生证明上只提到了生父的名字。由于出生证明上没有母亲的姓名,荷兰民事登记官员拒绝转录这对双胞胎的出生证明。转录的目的是让代孕子女与亲生父亲之间建立亲子关系。海牙法院认为,在出生证上没有母亲的姓名是违反荷兰公共秩序的,因而对本案中涉及的法国出生证明不予承认。同时,海牙法院还拒绝承认代孕母亲就亲生父亲与代孕子女之间的亲子关系所作出的同意行为的有效性,其理由是,虽然代孕母亲在代孕合同中声明了这一点,但当时她还没有怀孕。关于亲生父亲与代孕子女间的亲权关系问题,荷兰法院可以依据荷兰《民法典》第一编"自然人法和家庭法"第207条的规定,①确立儿童的父亲是"创造他(她)"的人之一。在荷兰,法律意义上的"精子捐赠者"是不能被视为"父亲"的。而欧洲人权法院针对《欧洲人权公约》第8条的规定所形成的公民权利和基本自由的判例规则,却忽略了荷兰立法者在"父亲"和"精子捐赠者"之间所作的区分。荷兰法院认为,判定父亲身份时最重要的考虑因素是父亲与代孕子女之间有无血缘关系和家庭生活的具体情况。荷兰法院倾向于确

---

① 荷兰《民法典》第一编"自然人法与家庭法"第207条有关法院确定亲权的规定:"1.即使一男人去世,也可以以其是孩子的亲生父亲为由向地方法院确定亲权,或者以他已经同意的理由来确定其的父亲身份。如果是孩子母亲的生活伴侣向法院提出亲权之诉,要么是该母亲生下孩子尚未满十六岁,要么是这个孩子的请求。2.在下列情况下,法院可能无法确定男人的父亲身份:(1)这个孩子有两个父母;(2)根据第一编第41条的规定,该男子不得与该孩子的母亲结婚;(3)该男子是未满十六岁的未成年人,除非他在未满十六岁之前已经死亡。3.该请求必须由母亲在孩子出生后的五年内提出,或者在假定的亲生父亲的身份或其下落不明的情况下,在母亲知道其父亲身份或下落之日起五年之内提出。4.如果在确立亲子关系之前该孩子已死亡,则该孩子的直系子女可以向地区法院提出确立亲子关系的请求,但前提是第1款所述男子仍然健在。该请求必须在该孩子死亡后一年内或申请人知道其死亡后一年内提出。5.只要相关的法院命令具有约束力和最终裁决权,对父亲身份司法裁定的效力追溯自孩子出生时。但是,第三人真诚获得的权利不受影响。此外,如果领取财产利益的人在提出请求之时不再享有任何财产的利益,亲子关系的司法裁定也不承担退还或补偿从财产获得的利益的义务。" See Dutch Civil Law,"Dutch Civil Code-Book 1",http://www.dutchcivillaw.com/civilcodebook01.htm,September 13,2019.

认亲生父亲与代孕子女之间的亲权关系,其理由是,案件中的亲生父亲与儿童保持"家庭生活",这就是为什么他有权获得父亲身份的原因。①

二、荷兰公民寻求跨境代孕的案例

荷兰法院也面临着一些本国公民因去国外寻找代孕而发生纠纷的情况。有的荷兰公民是在欧盟成员国之内如比利时、英国寻求跨境代孕的,也有荷兰公民在欧盟之外的如俄罗斯、乌克兰、美国和印度等国寻求跨境代孕的。

荷兰专门用来规制代孕的《荷兰妇产科协会的指导方针》对代孕的条件有着非常严格的规定。因此,荷兰的委托父母难以在本国启动代孕程序。有关的统计数据也表明,委托父母在荷兰本土申请代孕是极其不易的,一份对 500 对委托夫妇所作的统计结果显示,其中只有 13 对夫妇因代孕能够获得代孕子女。② 在处理涉及跨境代孕的案件时,荷兰法院不得不对跨境代孕亲子关系中的儿童最佳利益原则作出解释与界定。

(一)荷兰法院审理过在比利时的跨境代孕亲子关系案件

1. 婴儿唐娜(Babay Donna)案件

2004 年 7 月 20 日,格罗宁根法院(Rechtbank Groningen)对比利时代孕母亲与一对比利时委托父母之间的代孕纠纷案件作出了判决。法官认为,稳定的家庭生活比基因关系更符合儿童的最佳利益。在本案中,一名比利时代孕母亲与比利时委托父亲经过传统代孕的方式受精获得成功。后来,代孕母亲与委托父母之间的关系出现恶化,代孕母亲谎称流产了。当代孕子女出生后,代孕母亲就将代孕子女唐娜(Donna)卖给了一对荷兰夫妇。荷兰夫妇与荷兰有关当局进行了联系,希望通过收养的方式与比利时代孕儿童确立亲权关系,但未具体说明该孩子是从比利时来的。乌得勒支法院是该案件的一审法院。由于当时荷兰夫妇还没有履行完收养手续,所以法院不得不对是否应该将代孕孩子留在荷兰夫妇身边的问题作出决定。乌得勒支法院注意到,唐娜自出生以来一直生活在这对荷兰夫妇的家中,与荷兰夫妇之间存在"家庭生活"关系,并以此为

① See Pronunciations, "Court of the Hague (Rechtbank's-Gravenhage), ECLI: NL: RBSGR: 2009: BK1197, 14 September 2009", https://uitspraken.rechtspraak.nl/inziendocument?id=ECLI:NL:RBSGR:2009:BK1197, September 19, 2019.

② See Sylvia Dermout, et al., "Non-commercial Surrogacy: An Account of Patient Management in the First Dutch Centre for IVF Surrogacy, from 1997 to 2004", 25 *Human Reproduction* 443 (2010), p. 445.

由允许这对荷兰夫妇留下唐娜。

与此同时，比利时委托父母也获悉了代孕母亲已生下“他们的”孩子的情况。在孩子出生两年多后，DNA 检测的结果显示，比利时的委托父亲是该名代孕儿童的亲生父亲。为此，比利时委托父亲向荷兰法院提起了诉讼，要求获得对该代孕子女的监护权和探视权。然而，荷兰法院认为，让唐娜离开她自出生以来一直生活的家庭并不符合唐娜的利益，故不允许其亲生父亲获得监护权与探视权。值得一提的是，本案所涉及的当事人，包括代孕母亲、比利时委托父母甚至荷兰夫妇，都有可能在比利时被定罪判刑。① 比利时代孕母亲将其代孕的子女以 7500 欧元卖给了这对荷兰籍父母。事情败露之后，这对荷兰夫妇受到了荷兰检察官的起诉，因为他们在代孕儿童进入荷兰之前，没有得到荷兰司法部部长的书面许可，违反了荷兰有关收养外国儿童的法律，构成了伪造和非法收养罪，分别被荷兰法院判处缓刑 3 年 8 个月的监禁、240 小时社区服务和 1000 欧元罚款。②

2. 荷兰籍委托父母在比利时寻求跨境代孕而发生的纠纷案

2008 年 10 月 29 日，阿尔克马尔法院（Rechtbank Alkmaar）对一对荷兰籍委托父母在比利时寻求跨境代孕而发生的纠纷案作出了判决。法官查明，本案涉及通过人工生殖技术而实施的代孕生殖行为，代孕母亲是这对荷兰委托父母中母亲一方的嫂子。由于荷兰法律对委托母亲的年龄作出了限制性的规定，所以代孕母亲决定在比利时进行代孕生子。本案诉讼是由荷兰儿童保护委员会向阿尔克马尔法院提起的，其目的是撤销代孕母亲及其丈夫的合法父母身份，将儿童的亲权转移给荷兰籍委托父母，以便他们能够按照荷兰法律在一年之后完成对孩子的收养程序。最终，阿尔克马尔法院以指定荷兰籍委托父母做监护人符合儿童的利益为由，批准了将代孕孩子的亲权从代孕母亲及其丈夫转移给委托父母的申请。③

（二）荷兰法院审理过在俄罗斯的跨境代孕亲子关系案件

2008 年 2 月 20 日，阿纳姆法院（Rechtbank Arnhem）针对荷兰公民去俄罗斯寻求跨境代孕而产生的亲子关系认定纠纷案件作出了判决。在本案中，一对

---

① See M. Vonk, “Maternity for Another: A Double Dutch Approach”, 14 *Electronic Journal of Comparative Law* 1(2010), p. 10.

② See Laurence Brunet, et al., *Comparative Study on the Regime of Surrogacy in the EU Member States*, Brussels, Belgium, European Parliament, 2013, p. 318.

③ See Wetboek Online, “Court of Alkmaar (Rechtbank Alkmaar), LJN: BG8903, 29 October 2008”, http://www.wetboek-online.nl/jurisprudentie/ljnBG8903.html%22, September 19, 2019.

荷兰委托父母在俄罗斯境内通过人工生殖技术将他们的配子植入俄罗斯代孕母体中进行妊娠代孕并生下代孕子女。荷兰儿童保护委员会向法院提起了诉讼,要求撤销俄罗斯代孕母亲及其丈夫对代孕孩子的合法父母身份,将代孕子女的亲权转移给荷兰籍委托父母。根据荷兰的法律规定,基因父母在被指定为监护人一年后就可以对子女提出收养的申请。法院批准了荷兰儿童保护委员会的请求,并以保护子女的最佳利益原则为由作出了同意委托父母收养该儿童的亲权命令,所持理由是,在该代孕子女与基因父母共同生活的前提下,该孩子应与他们的基因父母建立起亲属关系。①

(三)荷兰法院审理过在英国跨境代孕的亲子关系案件

2007 年 12 月 11 日,海牙法院针对一起在英国发生的跨境代孕亲子关系认定纠纷案作出了判决。在本案中,意向父亲是一个具有荷兰和奥地利双重国籍的公民,委托母亲具有奥地利国籍,两人都居住在荷兰。因为在荷兰不知道哪一位荷兰母亲会同意成为他们的代孕母亲,所以他们决定去英国寻求代孕。随后,这对委托父母在英国通过人工生殖技术在代孕母亲子宫中植入了他们的配子胚胎。他们的代孕子女在英国出生,并获得英国国籍。在这种情况下,委托父母决定向荷兰法院提出收养申请。海牙法院指出,本案中的收养关系应适用收养外国儿童的《血统冲突法》(Wet Conflictenrecht Afstamming)第 2 条的规定,②

---

① See Laurence Brunet, et al., *Comparative Study on the Regime of Surrogacy in the EU Member States*, Brussels, Belgium, European Parliament, 2013, p. 313.

② 荷兰《血统冲突法》第 2 条规定:"1. 本法第 1 条所述的家庭身份关系是否可以在法律程序中以否定的理由取消,由本条款下存在此类关系的适用法律确定。2. 如果第 1 款所述规定成为不可能或不再可能,法院可以就本法第 1 条所述的另一项权利提出联合请求,以代表儿童及其父母的利益,或有权拒绝适用荷兰法律而适用儿童的经常居所地法律。3. 无论依据本条第 1 款或第 2 款而适用法律,《荷兰民法典》第一卷第 212 条均适用于其中所涉及的诉讼程序。4. 在官员根据第 1 条确认子女与同其母亲结婚的男子之间的家庭身份关系存在之前,母亲否定的声明可以取消儿童与同其母亲同居或结婚的男子之间的家庭身份关系。在不损害第 1、2 款的情况下,只有与其母亲同居或结婚的男子同意,并且如果儿童与另一名男子之间的家庭身份关系同时出现或确立,其母亲才能作出此类否定声明。"该法第 1 条规定,"1. 儿童与其生母及其生母的同居男子或丈夫的家庭身份关系,适用该妇女与该男子的共同国籍国的法律确定;如果双方不存在共同国籍,则适用该妇女与该男子各自的经常居所地国的法律;如果双方没有经常居所地,则适用儿童的经常居所地国的法律。2. 儿童出生日期的确定,或者其父母以前是否已经离婚,同样适用第 1 款的规定。3. 就第 1 款而言,如果该生母及该男子具有一个以上共同国籍,则应视为没有共同国籍"。(该法已经于 2012 年 1 月 1 日失效。——笔者注)See also, Laurence Brunet, et al., *Comparative Study on the Regime of Surrogacy in the EU Member States*, Brussels, Belgium, European Parliament, 2013, p. 320.

未来的养父母必须获得司法部部长原则上的许可(beginseltoestemming),才能收养外国孩子,而本案中缺乏司法部部长的批准文书。法院还认为,荷兰《外国子女收养法》(Wet Opneming Buitenlandse Pleegkinderen Ter Adoptie)并不是针对那些与养父母有同一基因联系的儿童。因此,跨境代孕亲权关系的确认申请应根据荷兰国际私法而非《外国子女收养法》提出。法院查明,英国代孕母亲是依照英国法律进行代孕的,符合荷兰法律规定的条件,不是商业代孕,并且代孕遵守了《荷兰妇产科协会的指导方针》中有关对医疗适应证、代孕母亲和委托母亲的年龄、咨询等方面所作的规定。代孕儿童的姓名与在英国出生证明上所记载的委托父母的姓氏是一样的。最终,荷兰法院根据荷兰国际私法承认了该委托父母与代孕子女之间的父母子女身份关系。①

(四)荷兰法院审理过在美国跨境代孕的亲子关系案件

2009年11月23日,海牙法院对一起跨境代孕案件进行了判决。代孕是在美国加利福尼亚州的一对美籍荷兰裔同性伴侣与美国代孕母亲之间进行的。加利福尼亚州签发的出生证明上只提及了两位父亲的名字。而海牙法院拒绝承认这两位父亲与代孕孩子之间的父子身份关系,理由是美国加利福尼亚州当局没有确定谁是生下这个孩子的分娩母亲。②

(五)荷兰法院审理过在乌克兰跨境代孕的亲子关系案件

2010年11月9日,海牙法院对一起发生在乌克兰的跨境代孕案进行了判决。在本案中,一对荷兰籍委托父母在乌克兰将他们的配子胚胎植入乌克兰代孕母亲体内,经妊娠代孕而分娩了代孕子女。荷兰籍委托父母依据乌克兰签发的出生证明向荷兰外交部提出了给代孕子女签发旅行证件的申请,但遭到荷兰外交部的拒绝。荷兰外交部拒绝的理由是,乌克兰的代孕行为具有商业性质,与荷兰的公共秩序相违背。不过,法院仍然判决荷兰政府应该给该代孕子女签发旅行证件,因为委托父母已经根据《欧洲人权公约》第8条的规定,与代孕子女拥有"家庭生活",并且只有尊重这种"家庭生活",才能够符合子女的最佳利益原则。③

---

① See Laurence Brunet, et al., *Comparative Study on the Regime of Surrogacy in the EU Member States*, Brussels, Belgium, European Parliament, 2013, p. 314.

② Ibid.

③ Ibid., pp. 314, 319.

（六）荷兰法院审理过在印度跨境代孕的亲子关系案件

1.2011 年哈勒姆法院审理过在印度跨境代孕的亲子关系纠纷案

2011 年 1 月 10 日，哈勒姆法院（Rechtbank Haarlem）对一起发生在印度的跨境代孕纠纷案中所涉及的荷兰外交部应否给代孕子女签发旅行证件的事项进行了裁决。在本案中，一对荷兰籍男同性伴侣将一名印度匿名妇女捐赠的卵子与他们中一位的精子形成胚胎后，植入印度代孕母亲的子宫内怀孕产子。在该名代孕儿童的出生证明中，印度政府只登记了代孕母亲的姓名和荷兰籍亲生父亲的姓名。这对男同性伴侣要求荷兰驻印度使馆向该名代孕儿童发放旅行证件，以便将其带回荷兰。

可是，荷兰外交部以该代孕儿童没有荷兰国籍为理由拒绝签发旅行证，因为该名代孕子女与亲生父亲之间不存在亲子关系。按照外交部的说法，亲生父亲的姓名被登记在印度出生证明上这一事实，并不意味着他在荷兰法律上也应被视为代孕儿童的父亲。于是，这对荷兰籍男同性恋伴侣向荷兰哈勒姆法院提起了诉讼。

最终，哈勒姆法院在确认了委托父亲已与该儿童有“家庭生活”的基础上，判令荷兰政府应向该儿童签发旅行证件。在权衡各种利益之后，法院认为，本案中的代孕儿童和委托父亲的利益须优先于荷兰国家的利益。

2.2011 年海牙法院审理了在印度跨境代孕的亲子关系纠纷案

2011 年 10 月 24 日，海牙法院对一起发生在印度的跨境代孕亲子关系确认纠纷案作出了判决。本案涉及一对有着不同国籍的委托父母在印度与印度代孕母亲之间所订立的跨境代孕合同。其中委托父亲为荷兰籍人，委托母亲是爱尔兰籍人。委托父母长期居住在阿拉伯联合酋长国，他们在印度将由匿名者捐赠的卵子和意向父亲的精子结合形成的胚胎，植入印度代孕母亲体内怀孕生子。在代孕婴儿出生之后，印度当局给代孕婴儿签发的出生证明上只将这对委托父母登记为合法父母。在这对委托父母携带代孕婴儿回到荷兰之后，委托母亲向荷兰民事登记处提出了转录印度出生证的请求，而荷兰书记官员却明确表示，拒绝转录印度的出生证明，其理由是该出生证明中不能将委托母亲视为该代孕子女的合法母亲，因为不是她生下该孩子的。

为此，这对意向父母向海牙法院提起了诉讼，请求判令书记官员将印度政府签发的出生证明记录在荷兰公民身份登记簿上，以确定该代孕子女的荷兰国籍以及与委托父母之间的合法父母身份。经过审理，法院认为：

第一，根据荷兰《民事诉讼法》第 3 条的规定，荷兰法院对这起跨境代孕亲子关系确认纠纷有管辖权,理由是委托母亲和代孕子女均居住在荷兰。

第二,因委托父亲拥有荷兰国籍,依据荷兰《国籍法》所采取的血缘主义原则,所以该代孕子女可以获得荷兰国籍。就本案而言,由于委托父母既没有共同国籍,亦没有共同的惯常居所,一旦遇到需要对荷兰委托父亲与代孕子女间的亲权关系进行确认的问题,则应根据荷兰《血缘冲突法》第 6 条的规定来解决,即确定委托父亲与代孕子女间的亲子关系应该受儿童居住地法支配,而该代孕子女出生后的大部分时间都生活在荷兰。因此,荷兰法院最终适用荷兰民法作为准据法,即依据荷兰《民法典》第一编"自然人法和家庭法"第207 条的规定,如果父亲是孩子的"创造者",则可以确定子女与父亲间的亲子关系。本案中的问题在于,代孕子女是采用人工生殖技术孕育生产的,其委托父亲仅是代孕孩子的基因父亲,而不是其"创造者"。在确定了"精子捐赠者"不是荷兰法律意义上的"创造者"之后,法院认为,在对委托父亲与代孕子女间的亲权关系能否成立的问题作出决定时,主要是应将他们间的血缘关系和家庭生活的具体情况结合起来加以考虑。从本案的情况来看,印度出生证上记载的亲生父亲与代孕子女在荷兰存在"家庭生活"。根据荷兰《民法典》第一编"自然人法和家庭法"第 5 条的规定,因儿童拥有委托父亲的姓氏,所以委托父亲是孩子的合法父亲。①

第三,根据荷兰《血缘冲突法》第 3 条的规定,一名妇女与非婚生子女之间的亲子关系是依该妇女本国法即印度法作为准据法来加以确定的。根据印度法律,当一个孩子出生时,分娩孩子的代孕母亲是这个孩子的合法母亲。因此,印度出生证明上写明这对委托父母是代孕孩子的合法父母,既违反了印度法律,也违反了荷兰的公共秩序。因为荷兰《民法典》第一编"自然人法和家庭法"第 198 条规定分娩者为母,它是荷兰确定亲子关系的基本原则。因此,委托母亲无法依照荷兰法律与代孕子女之间建立亲权关系,而只能采用收养的方式来确立与代孕子女间的亲权关系。

最终,法院支持了书记官员的立场,拒绝判令荷兰民事登记处转录印度的出生证明。②

---

① See Dutch Civil Law, " Dutch Civil Code-Book 1 ", http://www. dutchcivillaw. com/civilcodebook01. htm, September 13, 2019.

② See Laurence Brunet, et al. , *Comparative Study on the Regime of Surrogacy in the EU Member States*, Brussels, Belgium, European Parliament, 2013, p. 315.

3.2012 年哈勒姆法院审理了在印度跨境代孕的亲子关系纠纷案

2012 年 11 月 28 日,哈勒姆法院对一起发生在印度的跨境代孕亲子关系认定纠纷案作出了判决。① 委托父母是荷兰籍公民,代孕母亲是印度公民。本案中的代孕子女是由匿名捐赠者的卵子与委托父亲的精子受精形成的胚胎,植入印度代孕母亲体内后,通过妊娠代孕而生下的。印度政府签发的出生证明上登记了代孕母亲和委托父亲的姓名,他们是该名代孕婴儿的合法父母。在代孕子女出生后不久,委托父亲获得了印度法院作出的他为代孕孩子合法父亲的认定判决。

随后,荷兰籍委托父亲向荷兰驻孟买领事馆为该代孕婴儿申请荷兰护照。当遭到荷兰领事馆的拒绝之后,他便向哈勒姆法院提起了诉讼,诉请法院认定领事馆拒绝向该代孕儿童签发荷兰护照的行为是错误的。

哈勒姆法院经过审理后认为,荷兰领事馆拒绝签发护照是基于正当的理由,因而没有支持委托父亲的诉讼主张。这是因为当时代孕儿童与委托父亲之间并不存在父子关系。尽管如此,在 2011 年 1 月 10 日,荷兰法院仍然作出了荷兰驻孟买领事馆应向代孕儿童发放旅行证件的裁决。当孩子抵达荷兰境内后,委托父亲于 2011 年 11 月向有关部门提交了一份亲子关系声明,证明了他是该代孕孩子的父亲身份。荷兰少年法庭最终同意该委托父亲为该儿童的监护人。2012 年 5 月,荷兰政府向孩子发放了一本荷兰护照并让其获得了荷兰国籍。②

三、荷兰法院审理跨境代孕亲子关系案件时遇到的公共秩序适用问题

在实践中,荷兰法院经常会遇到需要对外国法院作出的判决或外国的出生证明予以承认的问题。荷兰法院在审理这类案件时,通常会对以下两种不同的情况分别予以考虑:

(一)委托父母与代孕子女之间的亲子关系是根据代孕子女出生地国法认定的

外国签发的出生证明、外国法院对代孕子女与委托父母之间的亲子关系作

---

① See Pronunciations, "Court of Haarlem (Rechtbank Haarlem), ECLI: NL: RBHAA: 2012: BY4231, 28 November 2012", https://uitspraken. rechtspraak. nl/inziendocument? id = ECLI: NL: RBHAA:2012:BY4231, September 17, 2019.

② See Laurence Brunet, et al., *Comparative Study on the Regime of Surrogacy in the EU Member States*, Brussels, Belgium, European Parliament, 2013, p. 315.

出的认定判决，依据的都是代孕子女出生地法。对于具有这种情况的案件，法院应根据荷兰《血缘冲突法》加以处理。《血缘冲突法》第 10 条规定了与承认法律行为有关的冲突规范。例如，在国外已经有对委托父亲的父亲身份予以认定的法律事实，或外国出生证明上已经有证明代孕子女与委托父母之间亲权关系成立的法律事实。为此，荷兰民事登记官员必须审查外国子女身份法规定的亲子关系是否能根据外国法律有效地确立，以及是否违反荷兰的公共秩序。①

（二）委托父母与代孕子女之间的亲子关系是外国法院亲权令裁判的结果

对于具有这种情况的案件，荷兰民事登记官员必须确保外国亲权令能够满足《血缘冲突法》第 9 条规定的条件，不得违反荷兰公共秩序的条款。② 对于美国加利福尼亚州签发的出生证明，荷兰法院曾经作出了拒绝承认的判决，因为这份出生证明上仅提到了两个父亲（同性恋伴侣）是代孕孩子的父母，没有提及代孕母亲是代孕孩子的分娩母亲，从而违背了荷兰的公共秩序。③

四、荷兰法院审理跨境代孕亲子关系案件时如何适用儿童最佳利益原则的问题

总的来说，荷兰法院在处理跨境代孕纠纷方面表现出了一定的灵活性。由于荷兰有关代孕的国内立法尚不完善，法院只能依据“儿童的最佳利益”和“家庭生活”这些因素，决定是否确立或承认代孕儿童与意向父母之间的亲子关系。对于儿童最佳利益原则究竟包括哪些具体的内容，在法律上并没有一个明确的界定。这样一来，在处理跨境代孕子女亲子关系的问题上，法官就享有较大的自由裁量权。但从司法实践的情况看，法官们还是会从以下几个方面对儿童最佳利益原则与本国公共秩序之间的关系进行平衡。

（一）儿童最佳利益原则是确认跨境代孕亲子关系的重要因素

在处理撤销代孕母亲及其丈夫对代孕子女的监护权，以及指定委托父母为跨境代孕子女监护人的案件时，荷兰法院首先会考虑将监护权赋予委托父母，因为这样做符合儿童最佳利益原则。一般而言，只有在父母不能适当地照顾子女的情况下，才能启动撤销父母监护权的程序。这种程序的启动是基于保护儿

---

① See Laurence Brunet, et al., *Comparative Study on the Regime of Surrogacy in the EU Member States*, Brussels, Belgium, European Parliament, 2013, p. 96.

② Ibid., pp. 321 – 322.

③ Ibid., p. 97.

童利益而采取的一种措施。同时，只有荷兰儿童保护委员会才能启动该法律程序，委托父母无权启动。在这类跨境代孕亲子关系确认案件中，荷兰法院通常会剥夺代孕母亲及其配偶对代孕孩子所享有的父母权利，其理由是他们已经无法正常地照顾那些他们自己的但却没有想要留在身边的孩子。[①]

（二）荷兰民法对子女“创造者”的父亲身份与“精子供体”的父亲身份作了明确的区分

荷兰法院在判断委托父母与代孕子女之间是否存在“家庭生活”时，也是以代孕儿童的最大利益为考虑因素的，并以此来决定是否承认荷兰籍委托父母与跨境代孕子女之间在事实上已经确立的亲子关系。这里所指的“家庭生活”是指《欧洲人权公约》第 8 条规定的保护父母与子女的“家庭生活”，而不管怀孕的方式如何。但是，荷兰法院并不认可欧洲人权法院对该公约第 8 条规定中“家庭生活”一词所作的解读。荷兰法院认为，欧洲人权法院无视荷兰《民法典》已经对子女“创造者”和“精子供体”的父亲之间所作的不同法律规定。荷兰《民法典》强调的是父权只能与“创造”孩子的人建立，而不能与只给予孕育孩子提供精液的人建立。

对于何为儿童最佳利益的问题，荷兰法院认为，应根据跨境代孕个案本身的情况进行综合分析，对血缘关系、具体环境以及家庭生活等重要因素加以全面考虑。对于《欧洲人权公约》第 8 条所提出的“家庭生活”这一概念，荷兰法院有独到见解，认为若委托父母已经与代孕孩子一起生活了一段时间，那么就应该向出生在外国的代孕子女签发旅行证件。在唐娜案中，荷兰法院之所以决定让唐娜留在委托父母的家中，就是因为唐娜从出生后的第三天起就一直住在委托父母的家中，他们之间在事实上已经存在《欧洲人权公约》第 8 条所指的“家庭生活”关系。

（三）荷兰法院从不承认委托母亲（即使她是代孕子女的遗传母亲）与代孕子女之间的母权关系

委托母亲通过提供卵子进行委托代孕的事实，并不能改变法院的判决。如前所述，荷兰《民法典》规定，孩子合法母亲应为分娩的女性，不论她是否为孩子的基因母亲。据此，荷兰法院从不承认委托母亲（即使她是遗传母亲）与跨境代孕子女之间的亲子关系。法院认为，如果对跨境代孕的委托母亲与代孕子女间

---

① See Laurence Brunet, et al., *Comparative Study on the Regime of Surrogacy in the EU Member States*, Brussels, Belgium, European Parliament, 2013, p. 318.

的亲子关系加以确认，这将违背荷兰的公共秩序。委托母亲若想与代孕子女建立合法的亲子关系，则必须通过办理收养程序的途径实现。委托母亲是代孕儿童的基因母亲这一事实，只有在委托父母不适用收养外国儿童程序的情况下才会被考虑。

必须指出的是，当代孕儿童与收养父母有基因联系时，荷兰法院将不准许委托父母依据《外国子女收养法》办理收养手续。当委托母亲为代孕孩子的基因母亲时，在未获得司法部部长同意的情况下，委托父母不能将代孕子女携带入荷兰。只有在荷兰法院批准同意了委托母亲的收养申请之后，委托父母才能将代孕孩子带回荷兰。如果代孕母亲与代孕子女间的亲权关系被撤销，且该代孕子女已被委托母亲监护至少满了1年的，那么委托母亲可以收养该名代孕儿童。如果委托母亲符合荷兰法律规定的其他条件，法院将批准该收养申请。①

---

① See Laurence Brunet, et al., *Comparative Study on the Regime of Surrogacy in the EU Member States*, Brussels, Belgium, European Parliament, 2013, p. 320.

第八章　德国代孕立法与司法实践

第一节　德国有关代孕的法律规定

一、关于是否允许代孕合法化的讨论

在德国，关于是否应以立法的方式允许代孕的争论，由来已久，并存在观点截然相反的两派。赞同派认为，德国法律规定了公民享有组建家庭的权利和隐私权，而代孕是其组建家庭的一种方式，并且认为，夫妻为生育孩子组建家庭而采用代孕等医疗手段属于隐私权的范畴。另外，从委托夫妇的权利基础来看，代孕是延续后代权的一种体现，正如德国维伦霍夫教授所言的那样，"涉及代孕母亲问题时，必须再进一步考虑，根据德国《基本法》第1条第1款，第2条第1款，第6条第1款、第2款是否能获得遗传学上自己后代的权利"。[①]因此，延续后代是所有人都享有的权利，跟性别、婚姻都没有必然的联系。[②] 而反对派则认为，应从道德的角度对允许代孕的行为进行批判，代孕忽视了儿童利益保护

---

① Beck-online Die Datenbank，"Marina Wellenhofer，*Munich Commentary on the Civil Code*（*Münchener Kommentar zum Bürgerliches Gesetzbuch*），C. H. Beck"，https://beck - online. beck. de/Dokument? vpath = bibdata% 2Fkomm% 2FMuekoBGB_Band8% 2FBGB% 2Fcont% 2FMuekoBGB. BGB. P1591. T0. htm，September 18，2019，§ 1591.

② 参见曾琦：《谁为人母——德国法视角下与"适度放开代孕"的争锋》，载方小敏主编：《中德法学论坛》（第13辑），法律出版社2016年版，第89～103页。

和代孕母亲的自主性问题，与德国宪法的核心价值观即维护人的尊严的规定是相违背的。具体而言，反对派所持的理由包括：代孕生殖行为颠覆了子女身份的传统家庭伦理观和人伦观，将儿童作为交易的商品不利于儿童的健康成长；德国对代孕配子过程中的精子和卵子的捐赠者进行保密，不利于儿童自我身份的认同；对代孕母亲的剥削，也是侵犯人的尊严的行为；代孕母亲不能对自己的身体进行控制，其自主性受到了侵害等。

德国道德委员会在2014年开展的一项是否允许代孕合法化的调查中，受访者中支持代孕合法化的占39%，反对代孕合法化的占43%，弃权的占18%。在对德国法律中禁止卵子捐赠事宜所作的调查中，受访者中支持捐赠卵子的占63%，反对捐赠卵子的占27%，弃权的占10%。① 总之，在德国，对是否支持代孕合法化问题的讨论仍在继续，让我们拭目以待，静观其变。

二、德国有关代孕的立法

对于代孕的问题，德国主要是通过以下法律加以规制的。

（一）《收养与禁止代孕母亲安排法》

《收养与禁止代孕母亲安排法》（Act on the Adoption Placement and the Ban on the Arrangement of Surrogate Mother）于1989年生效施行，其立法目的在于对代孕协议、代孕调解以及相关的商业和非商业性广告进行禁止，对代孕中介、宣传广告、公开搜集代孕相关资料的行为进行处罚。该法的主要内容如下：

1. 对代孕母亲的含义作出了界定

依据该法第13条第1款、第2款的规定，代孕母亲有两个基本的特征：(1)接受人工受精而非自然受精，胚胎非源于自身而是移植而来的。(2)当代孕子女出生后，该女性同意以收养或其他方法将代孕子女让与第三人。可见，该法揭示出了代孕母亲的最本质特征。

2. 明确禁止代孕中介

该法第13条第3款明确禁止代孕中介行为，对于中介行为者处以罚金或长达3年的监禁，捐赠或接受卵子者、代孕母亲以及委托父母不承担刑事责任。

---

① See Katharina Beier, "Ethical Objections About Surrogacy in German Debates: A Critical Analysis", in Sayani Mitra, et al., eds., *Cross-Cultural Comparisons on Surrogacy and Egg Donation*, Cham, Palgrave Macmillan, 2018, Chap. 12, p. 257.

3. 明确禁止公开征寻代孕母亲

该法第 13 条第 4 款禁止公开宣传代孕母亲对代孕服务的意思表示,亦不得以报纸文章或广告或其他形式公开传播代孕服务。该法第 14 条对以下几种情形的行为给予处罚:(1)违反本法第 13 条为代孕中介的行为者,处 1 年以下自由刑或罚金刑。(2)禁止在委托父母与愿意成为代孕母亲的妇女之间担任中介。对获得费用或经营专业业务的中间人可处以罚金或长达1 年或2 年或3 年的监禁。(3)涉及本条第 1 款及第 2 款规定的情形,代孕母亲及委托父母不承担刑事责任。

德国于 2001 年对《收养与禁止代孕母亲安排法》作了修订。修订后的《收养与禁止代孕母亲安排法》强调,在代孕子女出生后,代孕母亲应该将其交由委托父母收养,委托父母必须通过收养程序来确立他们是代孕子女的法定父母身份。由此可见,德国是通过收养制度来解决代孕子女的法律地位问题的。

(二)《保护胚胎的限制性法律》

德国于 1990 年颁布了《保护胚胎的限制性法律》,其目的是确保德国 1949 年《基本法》(Grundgesetz,1949)中关于人的尊严及生命伦理不被侵害,人类的生命于受精完成时即已存在等规定得到遵循。为此,《保护胚胎的限制性法律》第 1 条明确规定:"转移由另一名妇女生产的未受精卵要承担刑事责任,将其进行人工受精,用于任何其他目的,而不是在该拥有卵子妇女怀孕期间进行怀孕,将其胚胎移植到另一名妇女身上。在没有卵子捐赠的情况下将代孕定为刑事犯罪。"即凡是出于使提供卵子的妇女本身受孕以外的任何目的,而尝试以人工方式使卵子受精的行为都是非法的。

代孕被视为滥用生殖技术的行为。因此,德国法律规定,为代孕母亲进行人工受精或胚胎移植手术的医疗机构,将被处以有期徒刑或罚金。不过,也有例外,即如果接受手术的代孕母亲在代孕儿童出生之后有意继续抚养,那么为代孕母亲进行手术的医疗机构则不受处罚。

由上可见,德国《保护胚胎的限制性法律》虽未明文禁止代孕,但上述规定已间接地表明了禁止代孕的立场。

(三)德国《民法典》关于亲权的规定

1. 建立婴儿与母亲的母权关系

德国《民法典》第 1589 条规定,一个人由另一个人所生,他们是直系亲属。不是直系,但出自同一第三人的人是旁系亲属。亲属的等级,根据促成亲属关系的出生次数来确定。根据德国《民法典》第 1591 条的规定,分娩的女人是孩子的母亲。在德国,捐赠卵子和代孕均是非法的。婴儿出生时必须明确分娩者即婴儿母亲的身份关系。匿名生育没有合法的可能性,孩子只有一个合法的母亲。据此规定,在代孕的情况下,代孕母亲被视为代孕子女的合法母亲。①

2. 建立婴儿与父亲的父权关系

根据德国《民法典》第1592条的规定,如果一个男人与妊娠母亲结婚,他自动具有父亲身份。该条第1款第2项规定,在征得分娩母亲的同意下,血缘父亲可以获得法定的父亲身份。尽管德国民法没有对代孕作出具体规定,但是如果代孕母亲在孩子出生时已结婚,她的丈夫则将被视为该代孕孩子的合法父亲。在孩子的出生证明上记载的应是代孕母亲及其丈夫为法定父母的姓名。②

3. 收养

根据德国《民法典》第1741条第2款第3项的规定,法定父亲的配偶或者女性伴侣可以通过收养的方式获得法定母亲的身份。据此规定,委托父母可以通过收养程序与代孕子女建立亲子关系,具体情形如下:

(1)基于代孕母亲的同意转移亲权

根据德国《民法典》第1747条的规定,孩子在出生之后的8周之前不能交付给委托父母,因为代孕父母同意放弃抚养权是一种强制性的规定。当然,如果代孕父母永久性地忽略了自己对孩子的抚养义务,或者已经表明了不关心孩子并会使孩子受到伤害的态度。在这种情况下,强调应该考虑代孕母亲的同意就变得没有必要。③

(2)如果孩子患有较为严重的疾病,或父母患有特别严重的精神或心理疾病、身体残疾永久性地无法承担照顾和养育孩子的责任,那么在这种情形下,也可以通过收养程序转移其亲权关系。

根据德国《民法典》第1741条第1款的规定,法官在决定是否批准收养程序时必须考虑孩子的福祉,并且只有在委托父母与代孕子女的关系是收养人和被收养人之间确定的法定拟制血亲关系时,才会考虑适用儿童最佳利益原则。但是,如果儿童收养涉及非法和不道德的交易或运输贩卖儿童的,法院将会在逐一进行审理后作出是否拒绝办理收养手续的收养命令。总之,只有在法院作

---

① See The Federal Ministry of Justice and Consumer Protection, "German Cival Code [English Version]", https://www.gesetze-im-internet.de/englisch_bgb/, July 3, 2019, § 1591.

② Ibid., § 1592.

③ Ibid., § 1747.

出收养命令的情况下,才允许代孕母亲将代孕孩子交给委托父母。

4. 捐赠配子

德国是少数几个从未对精子捐赠者作出实名规定的国家之一,而世界上的大多数国家都对保护捐赠者匿名的隐私权作了法律规定。不过,在德国的司法实践中,也出现过与德国法律规定不一致的判决。2013 年 2 月 6 日,哈姆(Hamm)地区的一家上诉法院在作出的一份判决中认为,精子捐赠不应该是匿名的,因为匿名捐赠精子者的子女有权知道他们的父亲姓名。这项判决涉及一名叫萨拉·P.(Sarah P.)的22 岁原告即代孕母亲,她在埃森的一家诊所接受了捐赠的匿名精子。在其他一些国家,为了保护儿童获得配子或胚胎捐赠者的身份,通常会在相关立法中强调捐赠者的匿名原则。①

德国联邦宪法法院在 1989 年的一个判例中,也强调儿童有了解其起源的权利。② 该权利被视为是从另外一项宪法所规定的涉及个人发展权的权利中派生而来的。该项权利涉及与捐赠者有关的怀孕儿童,但是父母没有义务告诉孩子他们是通过精子捐赠怀孕生下来的,而且也没有权威机构去了解儿童权利的起源。因此,该项儿童权利的实现仍存在实质性的困难。

(四)德国《刑法》

依照德国《刑法》第二十六章的规定,对"引起"另一个人对跨境卵子捐赠或代孕作出决定的行为,可因煽动而受到惩罚。该法第二十七章明确规定,除了煽动,帮助也是一种犯罪。

三、德国的国内代孕司法实践

1985 年 3 月,德国柏林州最高法院对一对德国委托父母与德国代孕母亲之间所签订的商业代孕合同进行了审理。纠纷的起因是,代孕母亲及其丈夫没有执行合同的约定。这对委托夫妇在发现代孕孩子的亲生父亲为代孕母亲的丈夫之后,便以儿童利益受到损害为由向法院提出了要求代孕母亲退款的诉讼。法院经过审理认为,这一合同将儿童商品化,违反了德国《民法典》第 134 条和第 138 条第 1 款所规定的公共秩序保留制度。同时,法官还强调了代孕对家庭

---

① See Laurence Brunet, et al., *Comparative Study on the Regime of Surrogacy in the EU Member States*, Brussels, Belgium, European Parliament, 2013, p. 269.

② German Federal Constitutional Court(BVerfG), 31. 01. 1989 - 1 BvL 17/87.

和婚姻秩序的威胁。①

1985年12月,哈姆(Hamm)法院审理了一起涉及代孕的纠纷案件。在该案中,一名德国妇女在丈夫同意的情况下作为代孕母亲,通过另一名男子捐赠的精子怀孕生子。该代孕子女出生之后,代孕母亲及其丈夫拒绝将孩子送交给委托父母。于是,委托父母起诉至法院,要求法院判决他们是该代孕子女的法定父母。法院经过审理认为,代孕母亲与意向父母之间订立的代孕合同并不能成为足以将代孕孩子与代孕母亲分开的理由,只有在观察到该孩子会受到与健康有关的身体或精神伤害时,才能实施将孩子与其出生的家庭分开的特殊措施。② 法院最终并没有作出委托父母是该代孕子女法定父母的判决。相反,法院确认了代孕妇女及其丈夫为代孕子女的法定父母。

第二节　德国法院处理跨境代孕纠纷的司法实践

一、问题的提出

虽然德国已经颁布了一系列对代孕予以禁止的法律,但是仍有许多不孕夫妻希望能拥有与自己有血缘或基因联系的孩子。而德国在立法上只允许不孕夫妻通过收养的方式实现为人父母的愿望。因此,许多德国夫妇只能到国外寻求跨境代孕以获取与他们存在血缘关系的代孕子女,同时还能在代孕子女出生地直接取得代孕子女法律上的亲权。然而,德国籍委托父母将代孕子女携带回国时,会遇到代孕子女无法获得护照、无法办理签证的问题。即便能获得德国驻外使领馆签发的旅行签证,但回到德国后,也会面临跨境代孕子女的亲权关系需要在德国加以确认的问题。

如果委托父母双方或其中有一人是德国人,那么该孩子就是德国公民,以此可以确定其与代孕子女间的身份关系。在代孕方面,代孕母亲是生育代孕孩子的女性,代孕母亲是该代孕孩子的法定母亲。根据德国《民法典》第四编"亲属法"第1592条的规定,子女的父亲是具有下列情形之一的男性:一是在子女出生时与该子女的母亲有婚姻关系的;二是已承认父亲身份的;三是其父亲身份依本法第1600d条或《关于改革家庭事件及非诉管辖事件程序法》第182条

---

① Highest State Court(Kammergericht/KG)19.3.1985 - 1 W 5729/84.

② Higher Regional Court Hamm(Oberlandesgericht/OLG Hamm),02.12.1985 - 11 W 18/85.

第1款在裁判上被确定的。①

但是,如果德国籍委托父母是在印度、乌克兰等国订立代孕协议的,则会发生跨境代孕亲子关系认定的法律冲突问题。因为这些国家的法律规定委托父母是代孕子女的合法父母,在其境内出生的代孕子女并非能够自动地获得这些国家的国籍。而依据德国《民法典》的有关规定,虽然委托父母为德国人,但由于代孕子女出生在印度、乌克兰,所以代孕子女既不能与委托父母建立亲权关系,也不能在德国享受任何公民权。

二、德国法院对跨境代孕亲子关系认定案件的处理

1. 2009年德国柏林法院审理了一起在印度发生的代孕纠纷案

本案案情如下:一名印度籍的代孕母亲在印度通过一名德国委托父亲的精子及捐赠者的卵子所形成的胚胎而代孕生下了一对双胞胎。随后,该名德国籍委托父亲向法院起诉,请求法院承认他与代孕子女间的亲子关系,以便在没有护照的情况下能够将代孕子女带回德国。

德国柏林法院在2009年驳回了该名委托父亲提出的基于血缘关系可以成立亲子关系的主张,因为根据德国《民法典》第19条第1款的规定,儿童国籍的获得是由儿童居住地国法确定的。法官还强调,根据德国法律,并不能认为申请人是代孕孩子的合法父亲,因为他没有与生育妇女结婚,也不承认他与这对代孕双胞胎所做的亲子鉴定。尽管委托父亲称出生证明上已将他登记为代孕双胞胎的父亲,但这并不能证明他就是代孕子女的法定父亲。因为印度医学研究委员会制定的有关允许代孕的规定,违反了德国《民法典》第6条所规定的公共秩序保留制度。在本案中,印度政府和德国政府都不会将代孕子女视为本国公民。依照印度法律,印度法院会认为这对德国意向夫妇是代孕子女的合法父母,他们的孩子是德国人。而依照德国法律,德国法院会认为代孕母亲是代孕子女的合法母亲,孩子应取得印度国籍。这样一来,就导致这对双胞胎没有国籍,无法进入德国国境。在实践中,德国存在的这种情况比其他国家遇到的同样情况还要更为严重。② 例如,荷兰就允许委托父母与孩子一起返回本国。在德国,即使在印度的出生证明中载入了委托父母的姓名,但并不能据此就认为

---

① 参见《德国民法典》,郑冲、贾红梅译,法律出版社1999年版,第363页。

② Local Administrative Court of Berlin (Verwaltungsgericht/VG Berlin), 26. 11. 2009 - 11 L 396.09 V.

他们是代孕子女的合法父母。本案的法官建议意向父母尝试通过收养程序与代孕子女之间建立父母子女关系。①

2. 2009 年德国行政法庭审理了一起在俄罗斯发生的代孕纠纷案

在该案中，"意向父亲"为德国已婚男子，涉及需要对俄罗斯母亲在俄罗斯产下的"代孕"孩子的亲权进行确认的问题。德国行政法庭认为，虽然该德国已婚男子承认孩子是基于婚外关系所生的非婚生子，而仍然无法排除他向法院提出的诉讼中存在跨境代孕性质的嫌疑。俄罗斯母亲在怀孕第六个月时要求"意向父亲"办好"代孕"儿童到德国的护照和签证，以便在孩子出生之后让他的妻子领养。孩子出生后不久，意向父亲要求德国驻莫斯科大使馆为孩子办理护照，允许"代孕"子女在没有"代孕"母亲陪同的情况下，与他一起返回德国。俄罗斯"代孕"母亲还同意让孩子获得德国国籍，与德国籍父亲一起生活。

法院经过审理作出了如下判决：本案通过对亲生父亲的承认，使出生在俄罗斯的孩子具有德国国籍。按照德国《民法典》第 19 条第 1 款的规定，应该根据儿童的惯常居所以及儿童利益原则来确定儿童的法定父母身份。在本案中，儿童利益体现在需要确定他的父母身份，并且应尽快地确定其父母的身份。②

该名儿童的国籍和出身问题，不会对德国公共秩序构成威胁，不属于德国《家事法》第 16 条第 1 款规定的对外国法律文书的承认问题，特别是与德国《民事诉讼法》第六编第二章"家庭事件的程序"第 640 条有关涉案文件不是外国判决书的规定无关联。即使它是外国判决书，也不会与德国的公共秩序相抵触，原因有二：一是公民有知道自己出生的权利，在此基础上衍生出了一项宪法权利，即公民个人自身发展的权利不能被抹杀；二是即使代孕协议在德国境内发生，因为对于亲子关系的转移方式，德国《收养与禁止代孕母亲安排法》中已有明确的规定，所以外国法院就亲子关系转移所作出的类似判决不能视为违反了德国的公共秩序。

3. 2011 年德国柏林行政法院审理了一起在印度发生的代孕纠纷案

在本案中，有一对德国籍委托夫妇（其中丈夫 61 岁、妻子 56 岁），在印度将意向父亲的精子和捐赠者的卵子形成的胚胎植入印度籍代孕母亲的子宫内进行代孕。代孕子女出生后，德国驻印度大使馆拒绝给孩子签发德国护照。大使

---

① Local Administrative Court of Berlin (Verwaltungsgericht/VG Berlin), 26. 11. 2009 – 11 L 396. 09 V.

② Local Court of Nürnberg (Amtsgericht/AG Nürnberg), 14. 12. 2009 – UR Ⅲ 264/09.

馆认为,该名代孕子女取得德国国籍的权利尚未建立。为此,委托父母起诉至德国柏林行政法院。

法院经过审理对该名代孕子女能否获得德国国籍的权利表示怀疑,其理由是委托父母与代孕子女之间不存在亲子关系。就委托母亲而言,其年龄太大不可能提供卵子,而且没有任何医学文件能证明委托母亲与代孕子女存在基因关系。在这种情况下,即使委托父亲是该名代孕子女的亲生父亲也无济于事。因为根据德国法律和印度法律,出生在婚姻关系中的孩子,其父亲是分娩女性的丈夫。鉴于委托母亲的身份仍然存在争议,而且委托父亲又无代孕母亲丈夫的身份,因此,不管该名孩子是否与委托父亲有血缘关系,该代孕孩子的委托父母的身份仍值得怀疑,所以大使馆有权拒绝对其颁发护照。①

4. 2011 年德国柏林地方行政法院审理了一起在乌克兰发生的代孕纠纷案

本案是一起涉及德国籍委托父母与乌克兰代孕母亲,在乌克兰所订立的代孕合同而引发的跨境代孕亲子关系的确认纠纷案件。柏林地方行政法院认为,只有当儿童是德国公民时才可给其签发护照,并以此认定其与委托父母间的亲子关系。德国大使馆不签发护照,则该代孕孩子不能进入德国领土。委托母亲申请办理对代孕子女的收养手续是唯一途径,只有这样委托母亲才能与代孕子女之间建立亲子关系。②

5. 2011 年德国法院审理了一起在美国发生的代孕纠纷案

该案是一起在美国订立代孕合同所引发的跨境代孕亲子关系确认纠纷。在该案中,代孕子女是由一位德国委托父亲的精子和匿名捐赠者的卵子形成的胚胎,植入美国宾夕法尼亚州的代孕母亲子宫内代孕生下的孩子。在宾夕法尼亚州签发的出生证明中,委托父母是合法父母。回到德国后,委托父亲在行政法庭通过基因检测确认了他与代孕孩子间的父子关系之后,提出他已与代孕母亲达成亲权转移协议,欲与妻子一起通过办理收养程序与代孕子女建立亲子关系。德国法院拒绝了他的这一要求,其理由是:第一,本案中的代孕儿童是一种商品,有辱他的人格。根据德国《民法典》第 1741 条第 1 款的规定,儿童与父母关系的来源涉及违反本国的公共道德。第二,代孕合同不符合德国《民法典》第 134 条、第 138 条的规定,同时也违反了《保护胚胎的限制性法律》中禁止一名妇女利用另一名妇女的卵母细胞进行怀孕和禁止代孕之规定。第三,法官甚至

---

① Local Administrative Court of Berlin(Verwaltungsgericht/VG Berlin),15.04.2011 - 23 L 79.11.

② Local Administrative Court of Berlin(Verwaltungsgericht/VG Berlin),5.09.2012 - 23 L 283.12.

认为,即使根据德国《民法典》第1741条第1款之规定,允许为了孩子的利益而采用收养的做法,以便该孩子在最佳条件下受到委托父母的照顾,但这种情况应该在将来进行,授权委托父母收养不会使代孕儿童的情况更好。① 所以,法官不同意通过办理收养手续的方式,在委托父母与代孕子女之间建立合法的父母身份关系。

6. 2012年德国法院审理了一起在美国发生的代孕纠纷案

在该案中,一对德国籍委托父母在美国与美国籍代孕母亲达成了代孕协议,在代孕母亲产下一对双胞胎后,出现了跨境代孕亲子关系的确认纠纷。德国法院根据德国《公民法》第36条第1款的规定,拒绝承认在美国加利福尼亚州签发的出生证明。因为根据德国《公民法》的规定,只有在国外出生的德国公民才可以在德国转录出生登记。而在本案中,这一对代孕双胞胎不是德国公民,因为依据德国《民法典》第1591条之规定,他们的合法母亲是分娩他们的美国代孕母亲,他们的合法父亲应该是代孕者的丈夫。据此规定,委托父母不是这对代孕双胞胎的法定父母。唯一可行的途径是,由委托父母通过办理收养程序建立与代孕双胞胎的父母子女关系。②

7. 2012年德国法院审理了一对同性恋伴侣在美国的代孕纠纷案

在该案中,男同性恋伴侣中的一方为德国公民,是代孕儿童的生父;另外一方则是美国公民。他们在美国订立了一项跨境代孕协议,由第三方捐赠的卵子和同性伴侣中德国公民的精子形成的成功配子,经美国代孕母亲怀胎十月后生下了代孕子女。美国的出生证明中代孕母亲记载为代孕子女的法定母亲,将德国公民记载为代孕子女的法定父亲,代孕母亲在加利福尼亚州的一名公证人面前,同意代孕儿童由其亲生父亲的伴侣即本案中的美国公民收养。可是,当这对同性恋伴侣返回德国定居后,德国法院拒绝批准他们提出的收养申请。法官认为,作出这样的判决是对儿童最佳利益加以考虑的结果,因为本案中的同性伴侣已在德国缔结了合法的婚姻关系,因此儿童的亲子关系应根据其居住地国法即德国法来确定。而依据德国《民法典》第1592条的规定,本案儿童的合法母亲是代孕母亲,并且由于代孕母亲在分娩时没有结婚,亦就不存在将代孕母亲的丈夫作为代孕儿童父亲的问题。因此,代孕儿童无法与委托父亲建立亲子

① Local Court of Hamm(Amtsgericht/AG Hamm),22. 02. 2011 – XVI 192/08.

② Higher Regional Court of Stuttgart(Oberlandesgericht/OLGStuttgart),07. 02. 2012 – 8 W 46/12.

关系。虽然美国的出生证明上提到该名德国男子是代孕子女的亲生父亲,但在德国,这一情况对亲子关系的确认无关紧要。因为本案中的父权关系是否成立,需要根据儿童最佳利益原则确定。考虑到和谐的环境是最有利于孩子成长的事实,德国法院最后承认了德国公民为该名代孕子女的亲生父亲。同性伴侣中的美国公民可以收养该儿童,代孕子女将被允许继承他们的财产并获得其他的财务权利。①

8. 2014 年德国法院审理了一对德籍同性恋伴侣在美国的代孕纠纷案

2010 年 8 月,两位在德国登记注册的男同性恋生活伴侣 A 和 B,在美国加利福尼亚州与一位加利福尼亚州的代孕母亲 J 女士订立了一份委托代孕协议。协议约定,代孕的胚胎由德国男同性恋伴侣中 A 提供的精子与一名匿名捐赠者提供的卵子合成。J 女士同意为两位男同性恋生活伴侣代孕生产一名代孕孩子,将两位男同性恋生活伴侣登记为孩子法律意义上的父母。2010 年 9 月,受精卵被植入孕母体内,孕育出了一对双胞胎。2010 年 12 月,在美国代孕母亲的同意下,德国男同性恋伴侣中的 A 在德国驻圣弗朗西斯大使馆作出了一份《确认书》,承认自己为代孕孩子法律上的父亲,同时也作出了一份抚养声明。2011 年 4 月 6 日,在这对德国男同性生活伴侣的申请下,加利福尼亚州高等法院作出一项判决,确认代孕期为 2010 年 9 月 16 日至 2011 年 7 月 16 日的孩子的父母为该男同性恋伴侣 A 和 B。可是,当代孕母亲怀孕第 30 周时,双胞胎中的一名发生自然流产,另一名则于 2011 年 5 月在加利福尼亚州出生,被交给了两位德国男同性生活伴侣。

随后,这对委托父母遇到了两大困惑:第一,要想通过德国驻美国大使馆和德国行政法院为代孕子女获得德国护照,只有在能证明代孕子女是德国公民的情况下才会取得成功。第二,代孕子女和委托父母需要向德国当局申请登记注册。而德国注册办公室和德国法院在处理代孕子女的法律地位问题时会抱何种态度,又让人难以捉摸。

2011 年 6 月,代孕儿童在柏林入境。这对德国籍委托父母在德国为孩子申请办理海外出生事项登记时,遭到登记管理部门的拒绝。于是,这对同性恋伴侣向法庭提出了申诉,并增加了将他们同时登记为孩子父母的诉求。

申诉法院支持了登记管理机构的决定,其理由为:这对男同性恋生活伴侣

① Regional Court of Düsseldorf(Landesgericht/LG Düsseldorf),15.03.2012 – 25 T 758/10.

中A是德国国籍,代孕孩子也因此拥有德国国籍,A的父亲身份也得到了美国加利福尼亚州高等法院的判决确认。该判决与德国法律的基本原则并没有明显冲突,应该得到认可。按照美国代孕母亲的陈述,当代孕孩子出生时孕母本人尚未结婚,故无须考虑因婚姻而取得的父亲身份。①

申诉法院认为,这对男同性恋生活伴侣中的B既非代孕孩子的父亲,也非代孕孩子的母亲,对美国高等法院判决中有关B的部分应不予承认,因为该部分明显不符合德国法律的基本原则。德国法律仅认可以出生或收养方式成立的父母子女关系,不能依据代孕协议建立亲子关系。从德国《民法典》第1591条、《保护胚胎的限制性法律》第1条第1款第7项以及《收养居间法》第13条c的规定看,德国法律对订立代孕协议的行为是明确禁止的。所以登记管理机构单独对男同性恋生活伴侣A的登记因为属于非完整登记而被拒绝。②

随后,该案被上诉至德国联邦最高法院。德国联邦最高法院认为,承认美国加利福尼亚州法院判决不会与德国的公共秩序相抵触。③ 在本案中,无疑需要在德国的公共秩序与代孕子女最大利益两者之间加以权衡考虑。德国公共秩序的适用针对的主要是跨境代孕行为和代孕协议的有效性,以防止委托父母和代孕母亲之间的非法跨境代孕目的得以实现。而本案中的问题是公共秩序适用的结果,显然会对第三人尤其是对无过错且处于绝对弱势地位的代孕子女造成重大的不利影响,这实际上是对代孕子女的一种惩罚,使代孕子女成为受惩罚的对象。④ 联合国《儿童权利公约》第3条明确规定:"关于儿童的一切行为,不论是由公私社会福利机构、法院、行政当局或立法机构执行,均应以儿童的最大利益为一种首要考虑。"正因如此,2014年12月10日,德国联邦法院认为,委托父母在某些条件下可使代孕子女获得身份。这些条件为:第一,外国

---

① 参见家理律师事务所:《德国判例:同性恋伴侣能否登记为代孕所生子女的父母?》,载百度网:https://baijiahao.baidu.com/s? id = 1589015589707641446&wfr = spider&for = pc,2019年9月14日最后访问。

② 同上。

③ Sabrina Dücker and Tatjana Hörnle,"German Law on Surrogacy and Egg Donation:The Legal Logic of Restrictions",in Sayani Mitra,et al.,eds.,Cross-Cultural Comparisons on Surrogacy and Egg Donation,Cham,Palgrave Macmillan,2018,Chap. 11,p. 241.

④ 参见王吉文:《儿童最大利益原则在跨国代孕判决承认中的适用问题——以德国的判例为例》,载《青少年犯罪问题》2018年第4期。

法院确认了代孕子女的合法父母。第二,要求代孕子女的合法父母中至少有一人与代孕子女之间存在基因血统。①

2014 年 12 月 10 日,德国联邦最高法院作出的判决结果是:(1)撤销柏林州最高法院于 2013 年 8 月 1 日作出的判决。(2)撤销施内贝格(Schneberg)地方法院于 2012 年 10 月 25 日作出的判决,判令登记注册机构按照如下内容进行登记:案件所涉孩子为当事人 A 与 B 的共同子女。(3)免除该案件的诉讼费,案件所涉孩子与当事人 A 与 B 的案外费用由当事人承担。(4)案外费用:5000 欧元。②

三、小结

德国的司法实践表明,德国法院并未完全根据"儿童最佳利益"原则,允许将旅行证件签发给所有的跨境代孕儿童,签发旅行证件必须是根据德国国籍法和有关法律进行审查后的结果。笔者认为,德国法院处理跨境代孕案件的审判实践有以下几个方面的特点:

第一,从上述一系列的案件可以看出,在处理跨境代孕亲子关系确认案件时,德国各地法院的判决之间不尽一致。在适用有关法律和公共秩序方面,德国法官享有很大的自由裁量权。比如,德国联邦法院在 2014 年审理的一对德籍同性恋伴侣在美国的委托代孕一案表明,德国联邦法院在公共秩序的适用和儿童最大利益的保护之间进行了衡量,并赋予了儿童最大利益更大的比重、更多的考量,从而避免了因适用公共秩序而出现代孕儿童既不能与美国代孕母亲建立亲子关系,又不能与德国委托父母形成合法的父母子女关系的局面,使代孕子女最终无法获得德国国籍,使其生存权和发展权遭到严重损害的消极状况。③

---

① Supreme Court of Germany(Bundesgerichtshof), No. Ⅻ ZB 463/13, 10 December 2014; see the case text at https://juris. bundesgerichtshof. de/cgi - bin/rechtsprechung/document. py? Gericht = bgh&Art = pm&Datum = 2014&Sort = 3&nr = 69759&linked = bes&Blank = 1&file = dokument. pdf; see also the case summary at https://archive. crin. org/en/library/legal - database/supreme - court - germany - decision - xii - zb - 463/13 - bundesgerichtshof - beschluss - xii. html, September 18, 2019.

② 参见家理律师事务所:《德国判例:同性恋伴侣能否登记为代孕所生子女的父母?》,载百度网:https://baijiahao. baidu. com/s? id = 1589015589707641446&wfr = spider&for = pc,2019 年 9 月 14 日最后访问。

③ BGH 2014 judgement, app. No. Ⅻ ZB 463/13.

第二,德国法院与法院之间在对跨境代孕生殖行为的接受程度上有所不同,也未对是否采用儿童最佳利益原则作为确定跨境代孕亲子关系成立的依据问题达成共识。这种情况的存在,使案情相同或相似的跨境代孕亲子关系确认案件,因审理的法院不同,会出现不同的判决结果,在实际上损害了德国法律规则和法律的可预见性。

笔者认为,德国联邦法院的做法可供国际社会参考与借鉴。在处理涉及跨境代孕亲子关系的确认问题时,德国法院对外国法院已就跨境代孕亲子关系所作的确认判决,不能简单地以违反公共秩序为由一概不予承认。因为跨境代孕不仅涉及代孕协议的各方当事人,还涉及代孕儿童及其利益的保护问题。尤其需要对无过错、处于弱势地位的代孕子女给予充分的保护,在对各方利益进行平衡时,可以适当地加大保护代孕儿童最佳利益原则在其中的比重,从而为代孕儿童的生存和发展提供更为有利的物质条件和生活环境。

第九章 俄罗斯代孕立法与司法实践

第一节 俄罗斯代孕法律制度

一、俄罗斯代孕立法概况

代孕这种社会现象在俄罗斯出现的时间并不长。据俄罗斯首家安排代孕项目罗斯咨询(Rosyurconsulting)公司的马克西姆·基亚耶夫(Maxim Kiyayev)律师介绍:"俄罗斯第一个有记录的代孕案例于1995年发生在圣彼得堡,起因是一名年轻妇女,其子宫因分娩并发症而被切除,她的孩子也在剖宫产后的第二天死亡了,可是这位妇女并没有失去生孩子的希望。她知道国外有成功代孕的例子,而在当时的俄罗斯不太可能找到代孕母亲。在这种情况下,她设法说服了一位没生过孩子的24岁未婚女朋友成为代孕母亲。代孕母亲第一次尝试时就怀孕了,超声波扫描还显示她怀的是双胞胎。怀孕自然是一件相当艰辛的事情;为了维持妊娠,代孕母亲被多次送往医院就诊。后来,为了补偿代孕母亲,委托母亲送给她一套公寓。那时,在俄罗斯,还没有相关的法律来规范这种代孕安排。"①之后,这两个女人保持着友好的关系,代孕母亲能经常看到孩子,孩子们认为她

---

① Marina Ivankiva, "Russian Surrogate Moms Attract Foreigners", https://www.themoscowtimes.com/2012/09/25/russian-surrogate-moms-attract-foreigners-a18051, August 27,2019.

是他们的阿姨。[①]

如今,俄罗斯是世界上允许代孕的国家之一,对代孕采取的态度较为宽容。从立法的角度而言,俄罗斯是对委托父母最为有利的国家。不过,俄罗斯有关一般辅助生育和代孕母亲的法律规定相当分散零碎,而且前后也并不完全一致,经常会出现一些变化。最新的法律变化体现在2011年11月1日俄罗斯国家杜马(俄罗斯联邦议会下院)通过的一项法律《俄罗斯联邦保护公民健康基本法》(Basic Law of the Russian Federation as for Citizens' Health Protection)之中。[②] 该法律由时任总统德米特里·梅德韦杰夫签署,并于2012年1月1日生效。该法更进一步地强调了对代孕的监管,明确允许辅助生殖技术可应用于代孕,代孕不仅适用于不孕不育的夫妻,也适用于未结婚的单身男性和女性。在俄罗斯,代孕不需要任何监管委员会或法院的特别初步许可。

目前,俄罗斯规制代孕生殖行为的法律主要有:(1)1995年《家庭法》。(2)2011年《俄罗斯联邦保护公民健康基本法》(以下简称《保护公民健康基本法》)。(3)1997年《公民身份登记行为联邦法》(其后又被修订过)。(4)俄罗斯联邦卫生部第67号令,即2003年2月26日颁发的《关于辅助生殖技术在女性和男性不育症治疗中的应用》以及《辅助生殖方法的应用》取代了俄罗斯联邦卫生部于1993年12月28日颁发的第301号令《关于因医学原因对供体精子进行人工授精的方法、体外受精和胚胎植入子宫治疗女性不育症方法的应用》。根据俄罗斯卫生部第67号令,代孕必须有医学指征,无须考虑代孕的社会指征。胚胎的数量没有限制,通常移植2~3个胚胎。为了降低与代孕相关的风险,有时可进行单胚胎移植。可通过专门的代孕网站或代孕代理机构找到和联系代孕母亲。代孕母亲的年龄应该在20~35岁,她必须身心健康,至少生过一个健康的孩子,等等。[③]

---

① See K. Svitnev, "Legal Control of Surrogacy-international Perspectives", in Joseph G. Schenker, ed., *Ethical Dilemmas in Assisted Reproductive Technologies*, Berlin and Boston, Walter de Gruyter, 2011, Chap. 13, p. 157.

② See Open Access Scientific Reports, Konstantin Svitnev, "New Russian Legislation on Assisted Reproduction", https://www.omicsonline.org/scientific-reports/2155-9627-SR207.pdf, August 28, 2019.

③ See K. Svitnev, "Legal Control of Surrogacy-international Perspectives", in Joseph G. Schenker, ed., *Ethical Dilemmas in Assisted Reproductive Technologies*, Berlin and Boston, Walter de Gruyter, 2011, Chap. 13, p. 155.

二、俄罗斯法律对一些与代孕有关的基本概念作出了界定

(一)代孕必须具备一定的医疗指征

根据俄罗斯卫生部第67号令的规定,申请者提出代孕医疗的原因包括:女性没有子宫、子宫腔或子宫颈畸形;子宫宫腔粘连;身体疾病禁止生育;当多次获得高质量的胚胎并植入申请者的子宫而未怀孕,尝试IVF多次失败。①

(二)代孕母亲的概念

1. 关于代孕母亲的定义及其报酬

1995年《家庭法》在俄罗斯法律中第一次提到代孕母亲概念。从该法1996年3月1日开始实施以来,俄罗斯一直允许代孕母亲合法地提供服务。俄罗斯《家庭法》第51条第4款对代孕作出了明确规定:"为了承担责任而结婚且以书面形式同意将胚胎植入代孕母亲的委托父母,只有在征得代孕母亲的同意下,才能作为该代孕子女的父母。"除了代孕母亲同意之外,不需要通过法院对委托父母与代孕子女之间的亲子关系作出确认判决。代孕母亲不能登记在出生证明上,委托父母通常在代孕子女出生后3~5天内,无须申请并等待数月便可以在代孕子女的出生证明上予以登记。一旦委托父母在代孕子女的出生证明上进行了登记,那么代孕母亲则不可撤销地失去了对代孕孩子的所有权利。俄罗斯没有像英国、乌克兰的法律规定那样,要求代孕孩子至少与委托父母中的一人存在基因联系。根据俄罗斯《家庭法》第5条的规定,未正式结婚的异性恋夫妇或单亲父母通过妊娠代孕所生的孩子应按照类似的法律程序进行登记,还需要法院作出亲权判决。② 该法不禁止商业代孕,代孕母亲可以获得实际费用补偿(如医疗费、差旅费、保姆费和误工费),并可以在分娩后获得服务报酬。③

2011年《保护公民健康基本法》将代孕母亲定义为儿童的妊娠和分娩(包括早产)者。为了避免与由于医学原因不能妊娠的单身女性发生混淆,该法第55条

---

① See Open Access Scientific Reports, Konstantin Svitnev, "New Russian Legislation on Assisted Reproduction", https://www.omicsonline.org/scientific-reports/2155-9627-SR207.pdf, August 28, 2019.

② See Konstantin N. Svitnev, Surrogacy and it's Legal Regulation in Russia, https://www.rbmojournal.com/article/S1472-6483(10)62614-4/pdf, August 28, 2019.

③ See K. Svitnev, "Legal Control of Surrogacy-international Perspectives", in Joseph G. Schenker, ed., *Ethical Dilemmas in Assisted Reproductive Technologies*, Berlin and Boston, Walter de Gruyter, 2011, Chap. 13, p. 156.

第10款规定，"代孕母亲不得为卵母细胞捐赠者"。由此可见，俄罗斯法律只允许完全代孕这种代孕类型，代孕母亲不能与她所怀孕的胎儿有遗传关系。

2. 关于辅助生殖技术的含义

2011年《保护公民健康基本法》将辅助生殖技术定义为：当胚胎早期在母体外发育时而采取的生殖技术手段，包括使用供体、冷冻配子、生殖器官、胚胎以及代孕母亲在内。这意味着辅助生殖技术只能通过医学途径作为不孕症治疗的方法，作为帮助代孕母亲怀孕的一种医疗技术手段。对此，该法第55条作了专门的规定。辅助生殖技术作为不孕症治疗的方法，其应用于预先假定受孕的所有阶段或初始胚胎发育的这些阶段。

该法强调了辅助生殖技术的应用顺序，适用于代孕申请者的禁忌证和限制情况。代孕申请将由经授权的联邦行政机关批准。无论是否结婚，男女都有权在自愿签署医疗干预的相互知情同意后，应用辅助生殖技术进行代孕。单身妇女有权在其自愿知情同意后，根据医疗干预应用辅助生殖技术进行代孕。

必须指出的是，在《保护公民健康基本法》颁布之前，在俄罗斯的立法上并没有对"部分"代孕母亲与"传统"代孕母亲进行区分的明确规定。根据此前的法律规定，传统代孕也一直未被法律允许。"传统代孕"实际上是将捐赠者的精子通过人工授精方式植入代孕母亲的子宫内怀孕产子。在这种情况下，代孕母亲是她生下的孩子在生物学意义上的遗传母亲，而不是生物意义上的"替代者"，是真正的母亲。

根据俄罗斯法律，妇女如果不想抚养和照顾自己的亲生子女，可以同意他人采用非常严格的特殊程序对该子女办理收养手续。但是，这一规定不适用于代孕的情况。在俄罗斯，违反收养程序的行为是一种严重的罪行。

此外，根据俄罗斯联邦《民法典》第161条之规定，该交易即妊娠代孕必须以书面形式订立。如果代孕母亲的赔偿金额超过法定最低月工资的10倍，则无须公证。如果代孕母亲改变主意并想要保留孩子，该合同应被视为不可执行，不能作为确定代孕子女监护权的证据。代孕母亲事先同意将孩子交给委托父母是没有约束力的。代孕母亲理论上可以终止妊娠或保留孩子。不过，在实践中，俄罗斯从未登记过此类案件。①

---

① See K. Svitnev, "Legal Control of Surrogacy-international Perspectives", in Joseph G. Schenker, ed., *Ethical Dilemmas in Assisted Reproductive Technologies*, Berlin and Boston, Walter de Gruyter, 2011, Chap. 13, p. 157.

3. 对于代孕母亲的监管

在俄罗斯,对代孕母亲的监管是非常重要和关键的。代孕母亲如果想要代孕子女,就有权留下。这一规定被认为是防止妇女被剥削的主要保障措施之一。在代孕协议中,只有在生下孩子之代孕母亲的同意下,已经结婚并以书面形式同意将胚胎植入代孕妇女体内的委托父母才可以作为孩子的父母。这项规定的法律基础是生育孩子的妇女在法律上被视为孩子的母亲。在这方面,俄罗斯联邦《家庭法》起草者参考了在1989年由一批欧洲生物医学科学家所提出的建议案。该建议案与欧洲的相关立法类似,都采用了分娩者为母的法律原则。

近年来,在俄罗斯出现了《家庭法》中的有关条款是否具有合宪性的问题,即该法允许只有在怀孕孕育和生下孩子的代孕母亲的同意下,才能将委托父母作为代孕孩子的法定父母进行登记,在俄罗斯联邦宪法法院审理的案件中受到了质疑。[①] 在该案中,代孕母亲拒绝同意委托父母作为代孕子女的合法父母并在出生证上进行注册登记。经过审理,联邦宪法法院确认了《家庭法》这一规定的合宪性,并拒绝了委托父母的亲权申请之诉。[②]

(三)代孕母亲必须具备的资格和条件

根据2011年《保护公民健康基本法》规定,作为代孕母亲的女性应该符合以下条件:

1. 该女性年龄在20~35岁,至少有一个健康的孩子。

2. 要有一份健康的医疗声明证明该女性处于令人满意的健康状况。

3. 不要求代孕母亲是否结婚,代孕母亲亦可以是单身女性。不过,依据该法第55条第10款的规定,如果代孕母亲处于已婚状况,那么她必须在征得丈夫的同意后才能成为代孕母亲。这里所指的结婚是指按照俄罗斯法律的规定、正式登记的婚姻,即在国家机关登记的结婚关系。

(四)可获得人工辅助生殖技术的人员范围

1. 已婚和未婚的男性、女性均有权获得辅助生殖技术

根据俄罗斯法律,已婚和未婚的男性、女性均有权获得辅助生殖技术,只要

---

① See Ruling of Russian Federation Constitutional Court of 15. 05. 2012; Jens M. Scherpe, *European Family Law Volume Ⅱ: The Changing Concept of "Family" and Challenges for Domestic Family Law*, Cheltenham, Edward Elgar Publishing Limited, 2016, p. 225.

② Ibid.

他们知情并且同意医疗干预。依据 2011 年《保护公民健康基本法》第 35 条的规定，每位育龄期妇女有权进行人工受精和植入胚胎而成为代孕母亲。在得到其配偶或单身代孕母亲的书面同意之后，对代孕母亲人工受精和胚胎植入都应在获得许可的机构中进行。① 1995 年《家庭法》规定，委托父母作为代孕孩子的合法父母进行登记时，仅涉及已婚夫妇的情况。由于《保护公民健康基本法》与《家庭法》的规定之间相互矛盾，许多登记申请都是由同居夫妇或单身妇女为代孕孩子提出与办理的。而依据《家庭法》的规定，这类申请会被国家登记处拒绝。这样一来，有关的当事人不得不向法院提起诉讼。在这些诉讼中，有些委托父母、单身委托母亲声称其有权登记为代孕子女的合法父母或合法母亲。从司法实践的情况来看，在许多情况下，这些诉求都得到了满足。另外，《保护公民健康基本法》的有关规定表明，一个男人和一个女人不管他们结婚与否均可受益于人工辅助生殖，通过寻求代孕获得代孕子女；代孕不仅对配偶开放，而且也对同居伴侣开放。

2. 单身男性是否可以通过代孕母亲获得代孕子女

在俄罗斯的法律中，单身男性是否可以通过代孕母亲获得代孕子女？这的确是一个问题。从《保护公民健康基本法》中有关辅助生育的定义以及对代孕合同主要条款的解释来看，俄罗斯是不允许单身男士寻求代孕的。因为依据该法第 55 条第 3 款和第 9 款的规定，代孕母亲不得与单身男性订立代孕合同。这就意味着《保护公民健康基本法》是禁止单身男性进行辅助生育治疗的。

事实上，治疗男性不育症的方法已经在医疗实践中运用了几十年。在 1993 年以前，俄罗斯卫生部在《关于获取辅助生殖技术规定》中明确将男性生育能力作为体外受精治疗的一个理由。不孕症治疗通常被认为与妇女的医疗治疗相关（实际上可能与男女双方都有关）。所以，《保护公民健康基本法》第 35 条只规定"每个育龄成年女性"都享有对辅助生殖技术的受益权利，而没有对任何一个成年男子作出这样的规定。不过，鉴于最近的同性同居现象使俄罗斯社会现实情况正发生着变化，男性在辅助生殖技术方面获得性别

---

① See Russian Federation, "Fundamentals of the Legislation of the Russian Federation on Health Protection No. 5487 - 1 of July 22, 1993 (With the Additions and Amendments of December 24, 1993, March 2, 1998, December 20, 1999, December 2, 2000, January 10, February 27, June 30, 2003, June 29, August 22, December 1, 29, 2004, March 7, December 21, 31, 2005, February 2, December 29, 2006, July 24, October 18, 2007)", https://www.wto.org/english/thewto_e/acc_e/rus_e/WTACCRUS58_LEG_270.pdf September 15, 2019, art. 35.

平等指日可待。①

（五）代孕母亲与捐赠者配子的合同

根据2011年《保护公民健康基本法》对代孕母亲所作的界定，捐赠者配子的使用仅适用于单身女性，而不适用于已婚夫妇或未婚的同居男女。因此，委托父母应为代孕子女的基因父母。目前，俄罗斯法院对这一规定尚未作出过解释，让人无从得知立法上为何要作出这样的区别性规定。

（六）代孕子女与委托父母之间亲子关系的事前确认制度

确定代孕子女的亲权关系时，如果委托父母与代孕母亲之间对孩子的出身没有争议，则不需要法院判决。在孩子出生之后，可以在公民身份登记处进行登记，并且将孩子的委托父母登记为合法父母。依据1997年俄罗斯联邦《公民身份登记法》第16条的规定，为了让出生婴儿得以登记，委托父母在代孕前须签署书面同意书，愿意将他们的胚胎植入第三人子宫内怀孕；待代孕子女出生后，委托父母须同时提交该婴儿出生的医学证明和医疗机构出具的另一份证明，后者用于证实代孕母亲同意将婴儿交给委托父母并将其登记为法定父母。②可见，合法的父母身份可以在代孕孩子出生后的某个阶段，从代孕母亲及其伴侣转移给意向父母。但是，在委托父母被确认为代孕子女的合法父母之前，须征得代孕母亲的同意。这种事前确认委托父母与代孕子女间亲子关系的规定，是俄罗斯代孕制度的特色之一。

这种事前确认亲子关系的规定，也为代孕母亲提供了重要的法律保护，她无须在代孕孩子出生时成为合法母亲。而在大多数国家的实践中，采用的都是事后确认代孕子女亲子关系的做法。俄罗斯法律上这一规定的好处在于，代孕母亲一旦生下代孕子女后，如果愿意继续履行代孕协议，则可以通过行政程序自动将委托父母登记为孩子的合法父母，无须在最初注册时将自己及其丈夫登记为代孕儿童的合法父母，从而避免了将委托父母与代孕子女置于一个亲子关系非常不稳定的状态。

依据1997年俄罗斯《公民身份登记法》第16条第5款的规定，除了通常应

---

① See Ruling of Russian Federation Constitutional Court of 15. 05. 2012; Jens M. Scherpe, *European Family Law Volume Ⅱ: The Changing Concept of "Family" and Challenges for Domestic Family Law*, Cheltenham, Edward Elgar Publishing Limited, 2016, p. 225.

② See K. Svitnev, "Legal Control of Surrogacy-international Perspectives", in Joseph G. Schenker, ed., *Ethical Dilemmas in Assisted Reproductive Technologies*, Berlin and Boston, Walter de Gruyter, 2011, Chap. 13, p. 156.

提交给出生登记机构的文件(包括委托父母身份证或护照、代孕儿童的出生材料等文件)之外,委托父母还要出示由医疗诊所签发的医疗报告,并证明代孕母亲已经同意将他们注册为代孕子女的合法父母。在这种情况下,代理母亲将代孕子女视为陌生人,并且没有权利要求与代孕子女继续保持联系。但是,如果代孕母亲要保留代孕婴儿,不同意将意向父母登记为代孕子女的合法父母,那么她可以在出生登记时将自己登记为孩子的合法母亲,即便她已交付了代孕子女,医疗诊所同样可以为其提供证明。如果代孕母亲已结婚,那么她的丈夫应被登记为孩子的父亲。代孕子女的出生证明只能在孩子出生之后才能签发,即在孩子出生后必须经过正式登记。也只有这样,代孕儿童的亲子关系才能最终确定。

(七)代孕子女的出生登记

在对代孕子女的出生登记问题上,俄罗斯的法制环境较为宽松,具体表现有:(1)对于申请代孕生殖行为的资格条件,俄罗斯的法律规定相较于其他国家显得较为宽松。大多数成年人有权利用人工辅助生殖技术实现为人父母的愿望。委托父母可以是患有不孕不育症的已婚夫妻或事实上的同居男女,或单身女士、同性恋伴侣等,同时也不要求前述人员与代孕儿童之间存在基因关系。(2)商业代孕不受法律禁止。(3)一般情况下,在代孕儿童的出生证上可将委托父母登记为合法父母,因而代孕母亲不是该代孕子女的合法母亲,除非代孕母亲不同意放弃亲权。(4)俄罗斯法律对代孕协议是否有效并没有规定具体的判断标准。法律也并非允许所有的代孕方式,只有在当代孕母亲不是代孕儿童的基因母亲时,才确认委托父母是代孕儿童的合法父母,并准予在代孕子女的出生证上登记他们的姓名。如果代孕母亲是代孕子女的基因母亲,则可能被视为代孕子女的合法母亲。

(八)代孕儿童的公民身份与国籍的取得

代孕儿童的公民身份是通过国籍取得的。依据2002年《俄罗斯联邦公民法》第12条所确立的儿童不得无国籍的基本原则。对于在俄罗斯境内出生的子女的父母是外国公民的,只有在其父母永久居住在俄罗斯时,该子女才可基于出生获得俄罗斯公民身份,但其父母的外国公民身份不会因此而改变。一般而言,在俄罗斯联邦境内出生的儿童只能获得其父母的国籍。

三、俄罗斯的最新代孕立法与实践动态

(一)单身男性是否有权申请代孕

一般情况下,对未结婚的异性恋男女或单身女士可以进行代孕,代孕子女可以依照法律类推原则(analogy of *jus*)在俄罗斯进行登记。2009年8月5日,圣彼得堡法院要求国家登记机关将一名35岁的单身母亲娜塔莉亚(Natalia Gorskaya)登记为其代孕男孩的母亲,她成为俄罗斯历史上第一位通过法庭审判来捍卫自己的母亲权利的女性。① 俄罗斯法律没有明确允许或禁止单身男性进行代孕,但是单身男性申请代孕成为父亲时应该得到俄罗斯《宪法》中有关条款规定的平等待遇。这些条款包括:该法第7条的规定,即确保父亲身份得到公众的支持;该法第19条的规定,即国家应保障公民的权利和自由的平等,不论性别和其他情况如何,男女享有平等的权利和自由,并有平等的行使权利和自由的机会;该法第55条的规定,即不得通过任何消除或减损人权或自由的法律。2010年8月4日,莫斯科巴布什金斯基(Babushkinsky)地区法院裁定,可以将申请妊娠代孕(使用捐赠卵子)的单身男性登记为他刚出生儿子的唯一父母。这位单身男性是俄罗斯历史上第一个成为代孕子女法定父亲的人。而此案中的代孕母亲姓名没有登记在出生证上。② 在此之后,莫斯科和圣彼得堡法院先后就单身男子进行委托代孕是否能成为法定父亲的问题作出了5个判决,并且都明确地认定单身男子是代孕子女的唯一父母。这些具有里程碑意义的判决表明,未来的单亲父母,无论其性别或性取向如何,均可在俄罗斯通过代孕行使其父母身份的权利。③

(二)允许用死者的精子进行代孕

俄罗斯是目前少数几个允许用死者精子进行代孕的国家之一。在叶卡捷琳堡曾经出现过一次非常著名的遗腹代孕案例。19岁的安德烈·扎哈罗夫在以色列接受化疗之前,留下了他的精子样本并采用冷冻的方法进行保存。他在去世之前,对如何处置他精子沉淀物并没有留下遗言。8年后,单

---

① See Open Access Scientific Reports, Konstantin Svitnev, "New Russian Legislation on Assisted Reproduction", https://www.omicsonline.org/scientific-reports/2155-9627-SR207.pdf, August 28, 2019.

② Ibid.

③ Ibid.

身、无子女的安德烈去世。他的母亲叶卡捷琳娜·扎哈罗娃(Ekaterina Zakharova)想利用已故儿子的冷冻精子与匿名者捐赠的卵子进行代孕。2004年7月,即在这名年轻人去世5个月后,在当地一所家庭医学中心实施了代孕和卵子捐赠的计划。代孕母亲于2005年11月生下了一个健康的男孩乔治(Georgiy)。根据俄罗斯联邦《家庭法》第49条的规定,在司法程序中,可以依据监护人的陈述确定了儿童的出身父亲。而在本案中,扎哈罗娃作为祖母享有对孙子乔治的监护权。扎哈罗娃还保留了已故儿子的其余精子,以备乔治想要一个兄弟姐妹时使用。①

(三)有关2017年新法案的讨论情况

俄罗斯自2011年开始出现商业代孕以后,其代孕产业的发展速度非常迅猛。不过,将来很可能会出现停滞的状况,因为在俄罗斯议会成员之间正在就是否应该禁止代孕的议题展开激烈的争论。2017年,俄罗斯党(A Just Russia)的参议员安东·别利亚科夫(Anton Belyakov)提出了一项关于禁止在俄罗斯进行商业代孕的法案。他认为:"商业代孕和性工作没有什么不同,而且在大多数国家已经被禁止。俄罗斯目前禁止性工作。商业代孕是不道德的,给母亲和孩子都带来了伤害。"②据俄罗斯最大的代孕诊所之一、欧洲代孕中心(European Centre for Surrogacy)的弗拉迪斯拉夫·梅尔尼科夫主任(Vladislav Melnikov)介绍,2016年,俄罗斯有2000名代孕母亲生育了孩子。俄罗斯大约有100个代孕中心,其中有40个在莫斯科。在俄罗斯寻求代孕服务的大多数夫妇本身就是俄罗斯人。大多数自愿进行代孕的女性都是为了钱,对她们来说代孕费是一大笔收入。③ 俄罗斯女权主义者在是否应禁止代孕以及代孕的未来等问题上存在分歧。塔蒂亚娜·尼科诺娃(Tatiana Nikonova)认为:"正是因为只有贫困女性才会代孕,所以代孕应该被禁止。"④贝拉·拉波波特(Bella Rapoport)则不同

---

① See K. Svitnev, "Legal Control of Surrogacy-international Perspectives", in Joseph G. Schenker, ed. , *Ethical Dilemmas in Assisted Reproductive Technologies*, Berlin and Boston, Walter de Gruyter, 2011, Chap. 13, p. 157.

② "Russia considers Ban on 'Immoral' Commercial Surrogacy Industry", https://www.newsdeeply.com/womenandgirls/articles/2017/11/23/russia – considers – ban – on – immoral – commercial – surrogacy – industry, August 27, 2019.

③ Ibid.

④ "Russia considers Ban on 'Immoral' Commercial Surrogacy Industry", https://www.newsdeeply.com/womenandgirls/articles/2017/11/23/russia – considers – ban – on – immoral – commercial – surrogacy – industry, August 27, 2019.

意这种观点。她表示:“正是因为只有贫困女性才会代孕,所以代孕不该被禁止。”[①]也正因如此,别里亚科夫提的法案目前仍处于悬而未决的状态。不过,可以断言的是,对许多俄罗斯女性来说,禁止商业代孕将切断了一项有利可图的收入来源。

第二节 俄罗斯跨境代孕司法实践

俄罗斯比较宽松的代孕立法对境外的生殖游客具有巨大的吸引力,外国人享有与俄罗斯公民同样的辅助生殖权利。如果代孕安排在俄罗斯进行,外国籍委托父母可以获得俄罗斯给代孕子女出具的出生证明,出生证明上面登记了他们的名字,与孩子的遗传关系无关。[②]

俄罗斯联邦《民法典》第三部分对国际私法上的法律适用作出了规定。这些规定与跨境代孕亲子关系的认定有关,即应依俄罗斯联邦《家庭法》中有关公民身份与国籍的取得规定进行认定。俄罗斯联邦《家庭法》第 162 条第 1 款规定,合法生育的成立,根据儿童出生时的国籍法确定,但父母权利应根据父母和子女拥有的共同居住地国法确定。只有在父母与代孕子女没有共同居住地的情况下,才能适用儿童出生地国籍法确定。

可以预言,随着俄罗斯境内跨境代孕数量的不断提升,必将出现大量的跨境代孕亲子关系确认纠纷。此外,世界上大多数国家的法律都规定,对于跨境代孕亲子关系的确认需要由法院以判决的方式作出,而在俄罗斯,则主要是由国家行政机关通过对代孕子女的公民身份进行登记的方式加以确认,并不涉及法院。一旦跨境代孕亲子关系确认之后,委托父母便可为代孕子女办理护照与签证,将代孕子女携带回国。当然,这里面还会涉及委托父母所在国需要对外国的出生证明或有关判决进行审查、确认的问题。

---

① “Russia considers Ban on ‘Immoral’ Commercial Surrogacy Industry”, https://www.newsdeeply.com/womenandgirls/articles/2017/11/23/russia - considers - ban - on - immoral - commercial - surrogacy - industry, August 27, 2019.

② See K. Svitnev, “Legal Control of Surrogacy-international Perspectives”, in Joseph G. Schenker, ed., *Ethical Dilemmas in Assisted Reproductive Technologies*, Berlin and Boston, Walter de Gruyter, 2011, Chap. 13, p. 157.

第十章　意大利代孕立法与司法实践

第一节　意大利代孕法律制度

一、意大利1996年《人类胚胎的身份和地位》报告

在意大利,无论是传统代孕、妊娠代孕,还是商业代孕、利他代孕,即所有形式的代孕都是被法律禁止的。

从意大利的历史来看,早在1785年,意大利生物学家斯帕扎尼就对动物进行过人工授精。1982年,一名教授在西西里岛的巴勒莫设立了意大利第一家生育诊所,于1984年诞下第一名辅助生殖子女。① 1998年,意大利某研究小组利用卵子冷冻和复苏技术成功地取得了生殖细胞并顺利地产下了一名健康婴儿。② 2004年,意大利学者应用ICSI对慢速冷冻卵子与冻融睾丸精子受精后再次冻存多余胚胎,胚胎解冻移植后分娩了一名健康女婴,是世界首例"三冻"试管婴儿。③ 从此意义上说,意大利的生殖科学一直处于世界的最前沿。2004

---

① See Giuseppe Benagianoand Luca Gianaroli, "The New Italian IVF Legislation", 9 *Reproductive Biomedecine Online* 117 (2004), pp. 117－125.

② See Raffaella Fabbri, et al., "Oocyte Cryopreservation", 13 *Hum. Reprod.* 98(1998), pp. 98－108.

③ See P. E. Levi Setti, et al., "Normal Birth after Transfer of Cryopreserved Human Embryos Generated by Microinjection of Cryopreserved Testicular Spermatozoa into Cryopreserved Human Oocytes", 83 *Fertilityand Sterility* 1041(2005), pp. 1041 e9－e10.

年以前,在辅助生殖技术应用方面,意大利几乎处于无法可依和失控的状态。在缺乏法律监管但又竞争激烈的环境下,一些医生在提供医学辅助生殖服务时,难免会因受利益的驱使而滥用技术,使意大利成为世界上著名的辅助生殖自由区域。① 事实上,由于深受政治、经济、文化、宗教、伦理等因素的影响,意大利规制代孕的立法一直未能出台,以致在很长的一段时间内意大利只能依赖行业自律规范以及天主教的教义对代孕加以规制。意大利是个信奉天主教的国家,教会一贯强调繁衍后代与婚姻行为的统一性,宣称人的生命必须自受孕起即受到绝对的尊重和保护,必须排除对人的胚胎作任何实验性操作或者利用;对人类基因遗传物质的一切干预行为(矫正异常除外),均侵犯身体完整和违背家庭利益。② 基于此,天主教要求医学研究与临床转化必须把尊重人类尊严作为基本价值:尊重生命、灵魂肉体统一和人格自由。③ 为此,教会当局多次发表与伦理相关的训导文件,对辅助生殖违背自然法和教会法的理由进行充分的论证,坚决反对将对动植物所施行的人工生育方法施用于人类。这类训导文件包括保罗六世于1968年发布的《人类生命——论节制生育》、教义部于1974年发布的《关于堕胎的声明》,信理部1987年发布的《生命恩典:尊重人的生命肇始及生殖尊严的指示》和2008年发布的《人性尊严:生命伦理疑虑的道德回应》等。受其影响,1996年6月22日,意大利国家生物伦理委员会发表了一份题为《人类胚胎的身份和地位》的报告,呼吁胚胎自受孕时开始就应当以位格人对待。④ 这份报告对后来的辅助生殖立法产生很大的影响。也就是在此情况下,立法者决意为辅助生殖提供一个严格的法律文本,而不是抽象的行动指南。⑤

---

① See Patrick Hanafin,"Gender,Citizenship and Human Reproduction in Contemporary Italy",14 *Feminist Legal Studies* 329(2006),p. 336.

② See Pontifical Council for the Laity,"Chapter of the Rights of the Family",http://www.vatican. va/roman_curia/pontifical_councils/family/documents/rc_pc_family_doc_19831022_family-rights_en. html,June 24,2019.

③ See J. Życiński,"Bioethics,Technology and Human Dignity:The Roman Catholic Viewpoint",98 *Medical Technologies in Neurosurgery-Acta Neurochirurgica Supplements* 1(2006),p. 3.

④ See Giovanni Garini,"Identità e statuto dell'embrione umano",https://www.centrobioeticaluigimigone. it/wp-content/uploads/2018/10/identita-statuto-ontologico-embrione-umano-28-ottobre-2015. pdf,June 25,2019.

⑤ See V Fineschi,et al.,"The New Italian Law on Assisted Reproduction Technology(Law 40/2004)",31 *J. Med. Ethics* 536(2005),pp. 536-539.

二、2004 年《医学辅助生殖法》

正是在上述背景下，意大利议会最终通过了《医学辅助生殖法》(40/2004 法案)，并于 2004 年 3 月 10 日开始实施。该法案把辅助生殖技术视为一种替代治疗方法，用以治疗被诊断为不孕的已婚夫妻或者异性伴侣。该法案禁止配子捐赠、代孕、胚胎冷冻和基因诊断，禁止为单身者、同性恋者和死者实施辅助生殖服务。这些规定使法案成为欧洲范围内最保守、最严格的医学辅助生殖法，也使意大利这个曾经在这一领域最为自由的国家转变成了欧洲对代孕监管最为严格的国家。

意大利议会在医学辅助生殖行为方面提供了非常严格的指导方针。2004 年的议会法案即《医学辅助生殖法》引入了禁止使用捐赠者配子的规定。依据《医学辅助生殖法》第 12 条第 6 款的规定，"以任何形式实现、组织或商业化配子或胚胎或代孕母亲的任何人，将被判处 3 个月至 2 年监禁，并支付 60 万至 100 万欧元的罚款"。在此之前，意大利却没有明确谴责、禁止代孕的立法。大多数学者认为，意大利目前对代孕采用的立法态度应该是来源于 1995 年生效的《医生义务法典》中有关禁止代孕是为了保护出生婴儿利益的规定。①

《医学辅助生殖法》近年来受到了社会各界人士的反对。2005 年 6 月，意大利就是否存废该法案的问题进行了一次全民公投，但公投的结果令人遗憾：该法继续生效。从司法实践来看，相关案件中出现的问题主要涉及该法案的如下条款：禁止植入前胚胎遗传学诊断(Preimplantation Genetic Diagnosis，PGD)条款(第 13 条第 2 款)；"三胎"条款(第 14 条第 2 款)；禁止胚胎冷冻条款(第 14 条第 3 款)。对于这些规定是否存在违反宪法的问题，意大利法院进行过审理。比如，2004 年 5 月，卡塔尼亚下级法院对原告就禁止 PGD 条款②的合宪性问题而提起

---

① See Laurence Brunet，et al.，*Comparative Study on the Regime of Surrogacy in the EU Member States*，Brussels，Belgium，European Parliament，2013，p. 295.

② 《医学辅助生殖法》第 13 条人类胚胎试验规定适用于任何人类胚胎的任何试验，具体包括除了第 2 款规定的情形外(基于保护胚胎自身健康和发展的诊断和治疗，且没有其他合适的方式可以替代，允许以人类胚胎进行临床研究和试验性研究)，禁止下列行为：(1)以研究或试验为目的或者以本法规定以外的任何方式培育人类胚胎；(2)对配子和胚胎进行任何形式的优生选择和干预措施，包括通过辅助生殖技术，或者用人工手段对配子或者胚胎进行基因修改或者预设(本条第 2 款规定的协助诊断治疗除外)；(3)以生殖和研究为目的，通过细胞核移植、胚胎分裂或者早期体外发育进行干预性克隆；(4)以人类配子与其他物种配子、杂交产物或者嵌合体进行受精。违反第 1 款禁令的，判处 2 个月到 6 年不等的监禁，并处 50，000～150，000 欧元不等的罚款。违反第 3 款禁令，加重处罚。违反本条规定被判处有罪的专业机构并处暂停 1～3 年执业活动。

的诉讼进行了审判。本案当事人是一对不孕夫妻。他们在2003年成功地接受了一次IVF治疗,因发现携带β-地中海贫血病(Beta Thalassaemi-a,BT)遂终止妊娠。在进行第二个促排卵周期时,碰巧《医学辅助生殖法》法案生效。夫妻两人书面请求治疗中心继续提供PGD服务,一旦诊断出BT则不能移植胚胎,而只能冷冻胚胎。医生以PGD服务违反《医学辅助生殖法》第13条第2款为由拒绝了这对夫妻的请求,声称只能进行旨在保护胚胎健康和发展的诊断和治疗措施。于是,这对夫妻诉至法院,称医生的拒绝行为违背了《意大利宪法》,侵害了他们的健康权、自我决定权和自由选择权,请求法院维护自己植入健康胚胎和冷冻剩余胚胎的权利。法官最终驳回了原告的诉请。[①] 又如,2006年10月卡利亚里法院对一起涉及PGD条款的合宪性案件进行了审理。本案的起因是,医生仍然以《医学辅助生殖法》第13条中有关禁止PGD的规定为由拒绝了原告的请求。这对不孕夫妻同样就该法第13条的合宪性问题提起了诉讼。法官也认为,禁止PGD有侵犯妇女健康权之虞和违反意大利宪法原则之嫌。但是,意大利宪法法院却裁定该法案中禁止PGD的规定合宪。此案一出,受到了法律界和医学界的强烈批评,认为法官无视地中海贫血儿出生的可能性,僵硬、照抄照搬地依法执行三个胚胎移植规则貌似保护了胎儿生命,但却忽视了生下来的孩子的身体健康和无视妇女的身体健康。[②] 到目前为止,《医学辅助生殖法》仍然生效,已出现的作为规避法律的跨境生殖旅游,有利于缓解道德多元化背景下政府和民众之间的道德冲突,有助于减少该法的一些负面影响。[③]

三、意大利《民法典》和《家庭法》的相关规定

对于代孕的问题,意大利《民法典》第二编"人法与家庭法编"第4条明确规定,禁止将自己的身体作为交易的对象,或者违反公共秩序。该法第269条第3款对推定母亲为分娩孩子的女人这一项传统原则作出了规定,因为在意大利于1865年颁布的第一部《民法典》中就有假定母亲是分娩孩子的女人之规

① 参见杨芳:《意大利〈医学辅助生殖法〉研究》,载《东方法学》2015年第6期。

② See Patrick Hanafin, "Gender, Citizenship and Human Reproduction in Contemporary Italy", 14 *Feminist Legal Studies* 329(2006), p. 343.

③ See A. Molinelli, et al., "Results and Unsolved Problems Following the Amendment to the Italian Law on Assisted Reproduction Brought about by the Constitutional Court", 163 *European Journal of Obstetrics & Gynecologyand Reproductive Biology* 1(2012), pp. 1-4.

定。意大利现行的《家庭法》也对推定母亲为分娩孩子的女人这一传统规则作出了规定。这些法律均未对代孕协议的问题作出规定。在立法者看来,代孕协议将会对代孕母亲和代孕儿童的幸福造成不利的影响。另外,代孕协议也违反了推定母亲原则的法律规定,因为代孕协议将法律意义上的母亲约定给了委托母亲而不是分娩孩子的女性。

四、《医学辅助生殖法》与意大利《民法典》的比较

约在20年前,意大利就有在医疗辅助生殖方面进行立法的考虑。其间,有关各方还提出了许多规制人工辅助生殖的立法提案,但最终只有明确限制利用人工生殖技术进行代孕的《医学辅助生殖法》获得批准。对此,一些著名的法学家提出了批评,认为该法强调的是纯粹的意识形态观念,立法者只是为了保护传统价值观和家庭关系结构的稳定性,以及为了保护家庭的天主教模式而作出了保守的选择。①

(一)《医学辅助生殖法》在立法意图上与《民法典》的比较

首先,意大利2004年《医学辅助生殖法》第1条是以保护受孕儿童作为权利主体为目的的。意大利《民法典》第二编“人法与家庭法编”第1条规定,公民的民事权利能力是从出生那一刻起获得的。如果对自然人权利能力的规定与其出生之间的联系作一对比分析,就不难发现其中存在平衡和保护代孕母亲权利的意图。为了保持委托父母即“社会父母”和基因父母的一致性,《医学辅助生殖法》第4条②规定,辅助生殖技术仅适用于无法通过其他手段排除生殖障碍且仅限于有医疗证明的不明原因的不孕不育夫妻。有生育能力的妇女,无论出于何种原因均无权使用这种技术,即便携带遗传缺陷基因的夫妻,想通过这种技术避免疾病遗传也是不允许的。更有甚者,根据该法第四章关于胚胎的保护规定,这些夫妻一旦怀孕就必须无条件继续妊娠,而不管是否会将基因疾病遗传给后代。更不可思议的是,法律完全禁止第三方捐赠者参与辅助生殖,只允许使用夫和妻的遗传物质进行人工受孕。如此一来,那些双方或者一方患有

---

① See Laurence Brunet, et al., *Comparative Study on the Regime of Surrogacy in the EU Member States*, Brussels, Belgium, European Parliament, 2013, p. 295.

② 《医学辅助生殖法》第4条规定:(1)辅助生殖技术只适用于无法通过其他手段排除生殖障碍时,且仅限于有医疗证明的不明原因的不孕不育或者经医疗程序认证的不孕不育;(2)辅助生殖技术的实施必须遵守循序渐进原则、微创原则和知情同意原则;(3)禁止异质辅助生殖技术的使用。

永久性不孕症而必须接受捐赠作为唯一生育方案的夫妻也无权通过接受精子、卵子和胚胎生育与自己有一半遗传基因的孩子。可见,意大利的确是欧洲在辅助生殖领域立法最为严格的国家。①

其次,对人工生殖技术的主观条件和客观条件的限制过于苛刻,如《医学辅助生殖法》第5条,对如何才能获得辅助生殖技术的问题规定了非常严格的"主观要求",即只有成年人、已婚异性恋伴侣或住在一起的伴侣,才有申请资格,但是基于意大利《民法典》第二编"人法与家庭法编"第4条的规定,这一法律制度适用于代孕的概率非常低。

最后,《医学辅助生殖法》和《民法典》这两部法律,一方面,强调保护妇女健康权的必要性,对将妇女作为"胚胎容器"的行为进行谴责;另一方面,却又"不惜一切代价"地强调生育儿童的观念。这两部法虽然对传统的女性身体观念、传统的自由价值观提出了一定的挑战,但都未承认代孕协议的合法性。

(二)《医学辅助生殖法》与《民法典》关于代孕子女合法父母的规定

《医学辅助生殖法》虽然没有就代孕是否违反意大利公共秩序的问题作出规定,却为通过代孕安排所生孩子的父母身份确认提供了解决办法。

由于代孕在意大利被法律禁止,代孕协议不能被意大利法院强制执行,所以对参与国内代孕的各方应如何加以保护的问题在立法上根本没有作出任何的规定。但其中有些具体的问题,是意大利无法回避的,例如,在另一国家出生的代孕子女与意大利委托父母之间是否存在合法的父母身份关系。

在意大利,公民身份是基于血缘原则(*jus sanguinis*)而取得的,即意大利父母的子女当然是意大利公民。外国人可以通过结婚和住所这两种方式取得意大利国籍。涉及跨境代孕子女亲子关系事项时,可根据如下法律规定加以确定:

1. 跨境代孕子女的母亲身份

依据意大利《民法典》第269条第3款所规定的推定母亲原则,母亲是分娩孩子的妇女,即代孕子女的母亲是分娩代孕孩子的女性。

2. 跨境代孕子女的父亲身份

一般情况下,当子女是在婚姻期关系存续期间受孕的,依据意大利《民法典》第231条的规定,应该推定分娩子女妇女的丈夫为其合法父亲。除婚姻关

① 参见杨芳:《意大利〈医学辅助生殖法〉研究》,载《东方法学》2015年第6期。

系之外，父亲可以通过个人声明确认孩子，或者孩子作出的相关声明也可推定其为合法父亲。事实上，意大利法律并没有对代孕子女与合法父亲之间的亲权确认作出专门的规定。司法实践表明，如果委托父亲是基因父亲，那么他可以通过对代孕子女作出简单的承认获得合法的父亲身份。

五、涉及代孕的其他法律

（一）《国际私法》

根据意大利 1995 年《国际私法》第 33 条之规定，父母子女关系的确定：

1. 子女的身份应由子女出生时的本国法决定。

2. 子女的婚生地位，应当根据子女出生父母一方所属国的法律决定。

3. 子女出生时的本国法应支配确立和质疑子女身份的前提条件及效力。

（二）《简化公民身份法》

2000 年 11 月 3 日，意大利总统第 396 号令颁布的《简化公民身份法》规定，出生在国外的意大利公民根据该法第 15 条之规定，必须到领事馆办理手续，领事馆将确认亲子关系的相关文书交给当事人，用于回国之后到当地注册登记。如果国外的文书违反了意大利的公共秩序，则不得在出生、婚姻、死亡登记册上注册登记。《简化公民身份法》第 18 条规定，外国法院的判决如果涉及身份或家庭关系（亲权关系）的承认，依据《简化公民身份法》第 65 条的规定也不得违反公共秩序。

（三）《收养法》

收养程序主要规定在意大利 1983 年第 184 号《收养法》中。与代孕有关的主要规定如下：

1.《收养法》第 2 条规定，对暂时被剥夺了家庭的未成年人，可以将其安置在另外一个家庭。如果无法为他提供一个令人满意的家庭，则可以将未成年人安置在他以前居住地附近的公共或私营的儿童之家。

2.《收养法》第 5 条规定，与未成年人被安置在一起的家庭或个人必须根据司法当局的决定做好监护人，向其提供抚养和教育。寄养家庭必须承担起与学校和卫生部门联系的责任。寄养家庭还要经过收养令程序办理收养手续。

3.《收养法》第 6 条规定，只有已婚的夫妇才能收养孩子，但也有一些允许单身人士进行收养的例外情况。

4.《收养法》第 7 条规定，除非未成年人自己明确表达了同意，否则达到 14

周岁的未成年人不得被收养。如果未成年人刚好在收养的过程中满 14 周岁,那么这种“同意”必须是明确表达同意被收养。

5.《收养法》第 25 条第 4 款、第 5 款规定,在收养程序中处于分居或丧偶的配偶,可以办理收养手续。

6.《收养法》第 44 条第 1a 款规定,到未成年人六年级之前,一直与未成年人之间具有家庭关系的,或者与出身于单亲家庭的未成年人事先已存在稳定而长久的关系的人,仍然能在不符合第 7 条规定①的条件下收养未成年人。

7.《收养法》第 44 条第 1b 款规定,未分居的配偶希望收养其配偶的孩子的。

第二节　意大利有关国内代孕的司法实践

在 2004 年之前,意大利法院对一些代孕纠纷作出的判决中出现了两种截然相反的做法:一种判决的结果是反对代孕协议,另一种判决的结果是支持代孕协议。但在 2004 年《医学辅助生殖法》颁布之后,意大利从之前的生殖自由国家转变为欧洲禁止代孕立法最为严苛的国家,前述现象亦不复存在。

一、1989 年蒙扎法院审理的一起代孕纠纷案件

意大利国内代孕的第一例司法判决是在 1989 年 10 月 27 日由蒙扎一审民事法院针对发生在国内的一起收养案件作出的。② 在本案中,一位意大利代孕母亲与一对意大利的委托父母订立了一份代孕协议,代孕母亲本人还是代孕儿童的基因母亲。可是,代孕母亲生下代孕孩子后,并未按照代孕协议的约定将孩子交付给委托父母,遂成讼。

委托父母向法院提出了如下诉求:要求代孕母亲遵守代孕协议,将代孕子女交给他们,放弃与代孕子女有关的一切合法权利,承认他们是代孕子女社会父母的合法父母身份。法院经过审理认为:第一,为了给参与代孕协议的委托父母生孩子,代孕母亲出租自己身体的商业代孕协议已经违反了意大利《民法

① 如果不属于《收养法》第 7 条的情形,则可以根据该法第 44 条规定的条件,仍然可以收养未成年人。

② 这些案件并没有公布案号。引用于 Laurence Brunet, et al., *Comparative Study on the Regime of Surrogacy in the EU Member States*, Brussels, Belgium, European Parliament, 2013。

典》第5条中关于公共秩序之规定，因此，代孕母亲与委托父母所订立的代孕协议无效。第二，依据意大利《民法典》第269条第3款规定的推定母亲原则，本案中的母亲是分娩孩子的女性，并以此为由驳回了委托父母的诉讼要求。第三，合法父母关系仅限于儿童与其“血亲”之间，孩子的最大利益是能够与合法父母一起生活长大成人。归纳言之，本案中的合法母亲是代孕母亲，代孕子女的父亲即本案中的委托父亲可以通过承认获得合法父亲身份，而依据意大利的有关法律规定，本案中的“社会母亲”即委托母亲只存在通过收养的方式与代孕子女确立合法母亲身份的可能性。

二、2000年罗马法院审理的一起代孕纠纷案件

2000年2月17日，罗马第一民事法院针对一对意大利委托父母与一名意大利代孕母亲因签订代孕协议而产生的亲权纠纷作出了判决。该案中的委托父母、代孕母亲与一名意大利医生签订了一份人工辅助生殖技术合同。后来，这名医生基于职业规范、伦理道德方面的考虑拒绝提供相关的医疗服务。鉴于委托父母与代孕母亲之间订立的是利他性代孕协议，意大利委托父母要求法官授权医生在代孕母亲的子宫内植入胚胎。法官最终作出了授权医生采用人工生殖辅助手段的判决，所持理由是：基于代孕协议的规定、保护个人生殖权的必要性以及代孕对人类学发展的促进作用，并创新了与自己的意志相关联的父母身份而成为代孕子女母亲或父亲的生育方式。这一判决作出之后，在意大利引起了震惊，它颠覆了人们对《家庭法》的传统理解而备受争议。①

第三节　意大利法院审理跨境代孕亲子关系承认案件时遇到的公共秩序问题

意大利对本国公民在国外订立代孕协议所产生的法律后果未作出任何规定。在意大利的审判实践中，只出现过涉及意大利法院如何看待一些跨国代孕文件的问题。这些文件通常是指由代孕子女出生地签发的出生证明或作出的亲权令。意大利法院曾在一些跨境代孕案件中，对外国当局发布的亲子关系认定文书作出过予以承认的判决。

---

① 这些案件并没有公布案号。引用于 Laurence Brunet, et al., *Comparative Study on the Regime of Surrogacy in the EU Member States*, Brussels, Belgium, European Parliament, 2013。

一、2009年巴里法院审理的一起跨境代孕亲子关系纠纷案件

2009年2月13日,巴里二审民事法院就一对在意大利有住所的委托父母提出的跨境代孕亲子关系认定案件作出了判决。委托父母分别是居住在意大利巴里的英国籍丈夫和意大利籍妻子,他们与一名英国代孕母亲(基因母亲)在英国签订了两项代孕协议。代孕母亲于1998年、2001年先后生了两名代孕孩子,同时放弃了她的母亲权利。委托父母便向英国当局申请了两份亲权令,英国法院确认这对委托夫妇为两名代孕子女的合法父母。之后,这两名代孕子女都面临着要在意大利进行登记的问题。由于在意大利的儿童出生证明上仅能写明基因父母,所以本案中的"社会母亲"即委托母亲请求法官作出责令巴里市长更改这些文书的裁决,在意大利有效地执行英国法官作出的亲权令。

巴里民事法院法官认为,在其他一些允许代孕国家的情况下,代孕母亲与公共秩序并不对立。儿童的最佳利益原则在处理此类案件时是起着决定性作用的考虑因素,并根据这一原则作出了在意大利承认与执行英国法院的亲权令的判决。①

二、2011年那不勒斯法院审理的跨境代孕亲子关系纠纷案件

2011年7月7日,那不勒斯初审民事法院就一起跨境代孕亲子关系确认纠纷案件作出了判决。在本案中,一名意大利男子在美国科罗拉多州寻求跨境代孕,并因此而成为两名代孕儿童的父亲。随后,该名男子要求那不勒斯法官承认他是这两名代孕儿童的法定父母身份。

法院认为,禁止代孕并不能保证不出现代孕儿童的情况,即使禁止代孕是基于立法者的选择。因此,美国发放的儿童出生证明并没有与意大利公共秩序相抵触。②

---

① 这些案件并没有公布案号。引用于 Laurence Brunet, et al., *Comparative Study on the Regime of Surrogacy in the EU Member States*, Brussels, Belgium, European Parliament, 2013。

② 同上。

三、意大利法院审理多纳蒂娜帕迪索和乔瓦尼坎帕（Paradiso and Campanelli）案件

多纳蒂娜帕迪索和乔瓦尼坎帕是一对意大利夫妇，他们经历了多次体外受精失败之后，为了成为父母只得寻求跨境代孕。为此，夫妇俩联系了一家在俄罗斯莫斯科专门从事辅助生殖技术的诊所，并与其签订了代孕协议。2010 年 6 月 19 日，与夫妇俩无关的两个胚胎，被植入一名俄罗斯代孕母亲的子宫内。代孕母亲于 2011 年 2 月 27 日顺利地生下代孕孩子，并且以书面的方式同意孩子的法定父母是这对意大利委托夫妇。2011 年 3 月 10 日，申请人根据俄罗斯的法律在代孕儿童的出生证上，将他们登记为代孕儿童的法定父母，但在出生证上未提及代孕妊娠的情况。由于俄罗斯与意大利都是 1961 年《海牙取消认证公约》的缔约国，所以根据该公约有关相互免除外国法律文书认证的规定，①俄罗斯签发的出生证应该在意大利不仅免除认证而且还应该有效的。于是，在 2011 年 4 月 29 日，多纳蒂娜帕迪索持俄罗斯的出生证到意大利驻莫斯科大使馆申请允许孩子随她前往意大利的文件，意大利领事馆也给代孕子女颁发了入境许可文件。2011 年 4 月 30 日，她带孩子顺利抵达意大利之后，与科莱托尔托（Colletorto）政府当局进行了联系，要求其为代孕儿童转录出生证明。本案案情复杂，可谓一波三折。最终，坎波巴索（Campobasso）上诉法院于 2012 年对该案作出判决。法院认为，鉴于原告要求在意大利出生、婚姻、死亡登记册上录入俄罗斯出生证内容的行为存在规避意大利法律，他们所进行的都是违法行为。比如，妻子散布谣言说自己怀孕了，后来才承认是代孕母亲所生。还说其丈夫是孩子的亲生父亲，结果 DNA 显示他们之间无基因联系。原告提出异种人工受精，而所有证据证明原告作为委托父母与代孕儿童之间没有血缘关系。这违反

---

① 《海牙取消认证公约》第 2 条规定："各缔约国对适用本公约并需在本国境内出示的文件，应予免除认证手续。本公约所谓认证仅指需出示文件国的外交或领事人员据此证实下列事项的一种手续；对签字的鉴定，文件签字人作成文书所依据的身份，以及在适当的情况下文书上印章或戳记的可靠性。"第 3 条规定："证实签字的真实性，文书签字人作成文书所依据的身份，以及在适当的情况下，文书上印章或戳记的可靠性的唯一可能需要的手续是补充在文书发出国主管机关签发的第四条所述及文件上的附加意见证书。但是，如在文件出示国的有效法律、法规或惯例，或者两国及两个以上缔约国达成的协定废除或简化了上述手续，或使文书免除认证手续时，前款所述手续不得要求履行。"第 5 条规定："该证书应根据文书签字人或任何持文书者的要求签发。该证书如经正确填写即证明签字的真实性，文书签字人作成该文书所依据的身份，以及在适当的情况下文件印章或戳记的可靠性。该证书上的签字，印记和图章不需再作任何证明。"

了意大利《医学辅助生殖法》第4条第3款中有关“禁止异质辅助生殖技术的使用”的规定。同时,俄罗斯的出生证明是伪造的,该儿童也未取得俄罗斯国籍。法院认为,该名代孕儿童是原告在付出一大笔钱(49,000欧元)的情况下获得的,将有争议的出生证明信息录入意大利的出生、婚姻、死亡登记册是违反意大利公共秩序的,进而认为意大利当局拒绝录入出生证是合法的。同时,法院还采取强制措施将该名代孕儿童带走,并启动收养程序。①

两位原告不服意大利坎波巴索上诉法院的判决,向欧洲人权法院提起了诉讼。2015年欧洲人权法院对该案作出了判决。②

四、小结

从司法实践来看,“儿童的最佳利益原则”和“支持亲子关系的成立”这两个概念并没有本质上的区别。在许多情况下,“支持亲子关系的成立”就是在维护“儿童的最佳利益原则”。

在上述的一些判决中,都涉及“国际公共秩序”这一概念,即需要保证《欧洲人权公约》第8条所规定的私生活和家庭生活受到尊重的权利得到普遍承认。正因如此,在意大利法院看来,即使代孕协议是违反本国法律的,但英国法院作出的亲权令和美国签发的出生证明都不会损害意大利本国的公共秩序,最终大多确认了意大利委托父母与代孕子女之间的亲子关系。

在跨境代孕亲子关系确认案件的审理中,意大利法院似乎更容易接受来自公众舆论而不是立法或行政机构的建议。在审理跨境代孕亲子关系的确认案件时,意大利法官没有太多的自由裁量权。

---

① Paradiso and Campanelli v. Italy [GC], Applicationno. 25358/12, 24 January 2017.

② 关于欧洲人权法院的判决结果详见第十六章第三节“欧洲人权法院作出的跨境代孕纠纷判决对欧盟成员国的影响”。

第十一章　西班牙代孕立法与司法实践

第一节　西班牙代孕法律制度

西班牙是全面禁止代孕的国家之一。对在本国出生的子女的身份认定,西班牙采用的是分娩说。该学说起源于罗马法中“谁分娩,谁为母亲”这一古老的法训。西班牙2006年的《关于医学辅助生殖技术法》是禁止代孕的,并且规定任何因代孕行为引发的法律关系都是无效的。西班牙《民法典》第4章第9条第4款规定:“亲子关系的性质和内容,包括领养和亲子身份,适用子女的属人法。无法确定其属人法的,适用子女惯常居住地法律。”西班牙尽管否认代孕的合法性,但对代孕行为并未有应给予惩罚的法律规定。①

一、《关于医学辅助生殖技术法》

1988年11月22日,西班牙颁布了《关于医学辅助生殖技术法》。该法在2006年5月26日被修订。修订《关于医学辅助生殖技术法》的第14号法律还对代孕问题作出了专门的规定。该法第10条有如下内容:

---

① See K. Svitnev, “Legal Control of Surrogacy-international perspectives”, in Joseph G. Schenker, ed., *Ethical Dilemmas in Assisted Reproductive Technologies*, Berlin and Boston, Walter de Gruyter, 2011, p. 151.

(1)无论是为了牟利需要的商业代孕合同还是无偿的代孕合同,都是无效的。这一规定实际上表明了西班牙禁止一切代孕的一贯立场。(2)通过代孕方式出生的孩子,其亲权关系将由分娩方式决定。(3)亲生父亲依照普通法的规则可以保留对父权的质疑权。此外,该法还明确强调了母亲是生育孩子的妇女这一法定的推定母亲原则。

对于《关于医学辅助生殖技术法》禁止代孕的规定,西班牙全国医疗辅助生殖委员会的一些成员有着不同的看法。他们认为,应该为那些因为生理原因而无法生育的夫妇开放代孕的通道。早在1988年,对医学辅助生殖技术法进行酝酿、起草之时,西班牙立法委员会就决定设立一个体外繁殖和人工授精特别委员会——帕拉西奥斯委员会,作为立法委员会的一个重要组成部分。这个委员会是由一批生物学家、妇科医生、法律专家和哲学家组成的,定期举行会议,就立法机构所关心的辅助生殖的遗传、生物和伦理问题提供咨询。[①] 该委员会在有关报告中采用的一系列标准,几乎都被1988年《关于医学辅助生殖技术法》采纳,对其起到了决定性的作用。该报告拒绝以与产妇有关的"道德"作为基础,主张应从否认代孕存在操控女性身体可能性的立场上来讨论代孕问题。与此同时,该委员会还对代孕妇女的优先次序作出了决定:基因代孕母亲、妊娠代孕母亲等。专家们认为,有必要对代孕中的基因遗传和妊娠方面的生物学价值进行反思,并得出如下结论:妊娠母亲比遗传母亲更重要,因为妊娠母亲怀胎十月,在生理和心理上保护了儿童。在此意义上,专家们建议,应承认妊娠产妇在遗传上的优势是生物优势,合法母亲始终都是分娩的女性。[②] 对于委托父母的问题,在这一报告中并未有所涉及。

二、《刑法典》的有关规定

按照西班牙《刑法典》第221条的规定,对为了获取经济补偿而将儿童交给另一个与其不存在亲子关系的人,从而逃避监护、托管或合法的领养手续的行为,将被处以1~5年的监禁。这类制裁同样也适用于接收儿童的中间人,即使"交付儿童"的行为发生在外国。此外,该法还对违反代孕规定者的前述行为作出了处以罚款的规定,罚款金额从1万欧元到100万欧元。受到较重处罚的医

---

① See Laurence Brunet, et al., *Comparative Study on the Regime of Surrogacy in the EU Member States*, Brussels, Belgium, European Parliament, 2013.

② Ibid.

疗中心可能会因此而关闭。参与代孕合同的个人、机构以及执行代理的医疗团队、保健中心也将受到制裁。

尽管西班牙在法律上禁止代孕,但在实践中,却屡屡出现跨境代孕亲子关系登记的情况。西班牙登记册和公证总局在有关代孕子女亲子关系的登记制度之中明确规定,在其他国家代孕所生的子女,要想在西班牙民事登记处获得登记,至少要满足一个条件,即其父母是西班牙人。从中不难看出,在一定的条件下,西班牙是允许民事登记处对出生在境外的代孕子女进行登记的。

第二节　西班牙跨境代孕司法实践

在西班牙,在代孕行为发生后,存在对男同性伴侣与代孕子女之间的亲子关系是否应予确认的问题。在司法实践中,也出现了一起西班牙男同性恋伴侣在美国寻求跨境代孕的案件。这对西班牙男同性恋伴侣于 2008 年向西班牙驻美国洛杉矶领事馆民事登记处提出了为代孕子女进行登记的申请。[①] 而之前在西班牙代孕案例殊为罕见,而此案之后,则出现了若干相关的司法判决。

西班牙驻洛杉矶领事馆的统计数据表明,在 2008 年,西班牙人向西班牙驻洛杉矶领事馆申请登记的出生率为 50.01‰,这个比率是西班牙本土(2008 年为 9.8‰)或其他领事地区的 5 倍。[②] 为了解释这种不成比例的出生率,在名为“他们是我们的孩子”(sonnuestroshijos)的博客中,有几个匿名证词陈述了在西班牙驻美国洛杉矶领事馆为代孕孩子进行登记的异性恋夫妻,假装是孩子的亲生父母。[③] 这种以代孕子女亲生父母的名义提出的申请,如同为通过自然手段怀孕出生的儿童进行登记的程序一样,似乎更能够顺利地让西班牙民事登记处录入外国的出生证明。

一、西班牙政府文件登记和公证总局的态度和立场

(一)西班牙政府文件登记和公证总局 2010 年 10 月 5 日发布的指令

2010 年 10 月 5 日,西班牙政府文件登记和公证总局(Directorate General of

---

① See Laurence Brunet, et al., *Comparative Study on the Regime of Surrogacy in the EU Member States*, Brussels, Belgium, European Parliament, 2013, p. 126.

② Ibid., p. 354.

③ Ibid.

Registers and Notaries）作出了如下决定：撤销西班牙领事登记处负责官员的决定，支持一对西班牙男同性恋伴侣的诉求，同意将在美国加利福尼亚州代孕出生的双胞胎的外国出生证明内容转录到西班牙民事登记处。

该案的具体案情为：一对西班牙男性伴侣即委托父母向西班牙驻美国加利福尼亚州领事馆登记处为代孕婴儿办理出生登记，其目的是想获得必要的文件，以便与代孕婴儿一起返回西班牙居住生活。然而，领事馆负责登记的官员却拒绝进行登记，给出的理由是这两名子女是通过代孕出生的，违反了西班牙《关于医学辅助生殖技术法》第 10 条的禁止性规定。

最终，西班牙政府文件登记和公证总局以指令的形式支持了这对男同性恋伴侣的诉求，将代孕婴儿登记于民事登记处，其理由如下：

第一，在对出生在加利福尼亚州的代孕子女是否进行登记的问题上，确定代孕子女出身的合法性不是主要的方面。要想将外国民事登记处颁发的出生证中有关亲子关系确认的内容转录到西班牙民事登记处，必须提供必要的担保，只有一个出生证书是不够的。事实上，在任何情况下，单一的出生证明都不会被接纳为允许新生儿出生和证明其出身的注册文件，因为外国民事登记的证书或简单声明以及儿童的医疗出生证明中都未确立代孕母亲的身份。最终，西班牙政府文件登记和公证总局认定，在美国加利福尼亚州出生的代孕子女是西班牙同性恋夫妇的“自然”子女，代孕子女在西班牙家庭记录册中应被登记为与这对同性恋伴侣有着直接的亲子关系。①

第二，西班牙政府文件登记和公证总局还根据 1991 年 1 月 5 日在西班牙生效的联合国《儿童权利公约》第 3 条关于儿童最佳利益原则之规定，②提出了需要对儿童的身份进行保护的要求。

第三，西班牙驻美领事馆拒绝委托父母为代孕子女提出的出身登记要求，显然不妥。因为拒绝的动机有可能是出于对这对同性恋公民的歧视。在此，要指出的是，西班牙政府文件登记和公证总局在处理本案时，没有解决代孕合同

---

① See Laurence Brunet, et al., *Comparative Study on the Regime of Surrogacy in the EU Member States*, Brussels, Belgium, European Parliament, 2013, p. 126.

② 《儿童权利公约》第 3 条规定，“1. 关于儿童的一切行动，不论是由公私社会福利机构、法院、行政当局或立法机构执行，均应以儿童的最大利益为一种首要考虑。2. 缔约国承担确保儿童享有其幸福所必需的保护和照料，考虑到其父母、法定监护人、或任何对其负有法律责任的个人的权利和义务，并为此采取一切适当的立法和行政措施。3. 缔约国应确保负责照料或保护儿童的机构、服务部门及设施符合主管当局规定的标准，尤其是安全、卫生、工作人员数目和资格以及有效监督等方面的标准”。

的合法性问题,因为根据《关于医学辅助生殖技术法》第10条规定,西班牙是禁止代孕的。同时,也没有解决儿童的出身问题。

第四,对承认跨境代孕亲子关系的条件作了如下的规定:(1)申请须通过法院向民事登记处负责人提交。(2)外国判决是根据与西班牙法律相类似的程序发布的。(3)美国加利福尼亚州法院作出判决时所依据的加利福尼亚州法律与西班牙的立法标准是相同的。(4)美国加利福尼亚州法院的判决需要尊重儿童的最大利益原则。(5)代孕母亲的权利得到保证。如果前述所有条件都得到了遵守,就没有理由拒绝承认加利福尼亚州最高法院的判决。

(二)西班牙政府文件登记和公证总局作出的相关决议

西班牙政府文件登记和公证总局作出的2011年6月9日决议认定,西班牙驻美国领事民事登记处官员拒绝为两名在洛杉矶出生的代孕儿童转录出生登记的行为无效,命令领事馆为这两名代孕儿童办理出生登记注册。[①]

二、对西班牙政府文件登记和公证总局2010年10月5日所发指令的简评

西班牙政府文件登记和公证总局在2010年10月5日发出的指令中,所提出的解决跨境代孕子女出生登记的条件并不合理,它促使了"生殖旅游"现象的频繁发生,为逃避法律禁止的代孕行为大开了方便之门。同时,该指令被控有经济歧视之嫌,因为在事实上只有富裕的西班牙公民才有能力在海外寻求跨境代孕。

---

① See Laurence Brunet, et al., *Comparative Study on the Regime of Surrogacy in the EU Member States*, Brussels, Belgium, European Parliament, 2013, p. 128.

第十二章　日本代孕立法与司法实践

第一节　日本代孕理论与立法

一、日本对代孕母亲概念的理解

日本辅助生殖技术审查科学委员会在发布的报告中专门就寄养母亲与代孕母亲两个概念作了区分。寄养母亲是指第三方女性接受了委托妻子的卵子和委托丈夫的精子或者捐赠者的精子合成的胚胎而代替委托妻子怀孕并生下孩子的人。代孕母亲是指接受通过人工受精技术将委托丈夫的精子注入其子宫而受精形成胚胎并且生下代孕儿童的女性。① 代孕母亲(surrogate motherhood)生产,也叫作代孕生产,它是指某一女性基于将孩子交付给他人的目的而进行的妊娠或生产。②

二、日本各界对代孕的讨论

在日本,代孕既不合法也不违法,但是相关的专业协会和政府提供的指导方针和法律意见,是明确禁止生

---

① See Caroline Kleiner, "Surrogate Motherhood in France: The Need for a Change-considerations of French Private International Law", 38 *Kansai Univ. Rev. L & Pol.* 49(2017), p. 51.

② See Mary Warnock and Department of Health and Social Security, Great Britain, *Report of the Committee of Enquiry into Human Fertilisation and Embryology*("The Warnock Report 1984"), London, Her Majesty's Stationery Office, 1984, p. 42.

殖辅助医疗(ART)技术。事实上,1990年前后,非配偶间的生殖辅助医疗案例[①]已经在日本国内屡屡出现。为此,日本专门设立了厚生科学审议会先进医疗技术评价部会。[②] 2000年12月,该评价部会在发布的一份报告中指出,在一定条件下容许使用第三者的配子和胚胎,但是对代孕则实行全面禁止。[③] 在日本,所有从事体外受精、显微受精、冻结胚移植手术的医师都要在日本妇产科学学会(Japanese Society of Obstetrics and Gynecology,JSOG)进行登记。在2003年,日本妇产科学学会[④]就在其发布的指导方针中,建议其会员不要冒着失去会员资格和行医执照的风险进行代孕。同时还发布了禁止进行代孕手术的报告,并提出了四点理由:[⑤]

1. 所生孩子的福祉应该是最优先的;
2. 代孕伴随身体上的危险性和精神上的负担;
3. 让家庭关系变得复杂;
4. 代孕合同在伦理上不能为全社会所容许。

同年,日本卫生、劳动和福利部、司法部都发布了呼吁对代孕进行禁止的报告,这一意见在2007年得到了日本科学委员会和日本律师协会联合会的进一步推动和支持。[⑥]

随着跨境代孕儿童亲权诉讼的增多以及代孕医师对手术的公布,日本国民

① 生殖辅助医疗(ART)是指始于体外受精的不妊治疗法。通过采卵把未受精卵取出到体外,通过让其与精子共存得到的受精卵进行数日培养后再移植回子宫(胚移植)的治疗法。参见日本生殖医学会:"生殖補助医療にはどんな種類があり、どこに行くと受けられますか?",http://www.jsrm.or.jp/public/funinsho_qa11.html,2018年3月15日最后访问。

② 参见仙波由加里:《代理懷胎合法化の是非についての検讨:日本と米国カリフォルニア州の代理懷胎の现状から》,载《生命伦理》2008年第18卷第1号,第118~125页。

③ 参见日本厚生劳动省:《精子・卵子・胚の提供等による生殖补助医疗制度の整备に关する报告书》,载http://www.mhlw.go.jp/shingi/2003/04/s0428-5.html,2019年6月13日最后访问。

④ 参见日本国家生殖辅助医疗审查委员会(生殖补助医疗の在り方検讨委员会):《以代孕为中心的辅助生殖医学面临的挑战》("代理懷胎を中心とする生殖补助医疗の课题—社会的合意に向けて—"),(日本生殖辅助医学学术会议报告书,日本:2008年4月8日),载http://www.scj.go.jp/ja/info/kohyo/pdf/kohyo-20-t56-1.pdf,2019年4月25日最后访问。

⑤ 参见日本産科婦人科学会,"关于我们",载http://www.jsog.or.jp/about_us/view/html/kaikoku/H15_4.html,2019年5月13日最后访问。

⑥ See Patrick Balazo, "Cross-border Gestational Surrogacy in Japan and the Spectre of Statelessness",https://files.institutesi.org/WP2017_05.pdf,September 12,2019,pp.6-7.

对代孕应该进行正确引导的呼声也越来越高。① 2006年11月,日本法务大臣和厚生劳动大臣联名委托日本国立研究中心对以代孕为中心的生殖辅助医疗进行评估。日本国立研究中心是内阁的特别机关之一,对国家政策的制定具有一定的影响力。经过评估后,日本国立研究中心于2008年4月8日公布了一份报告书。② 这份报告书主要提出了以下建议:③

1. 期待代孕的法律规制与原则上禁止代孕的立场未变。

2. 将营利性代孕的行医者、中介服务人员、委托客户作为刑法的处罚对象。

3. 可以考虑将申请代孕的对象限定在先天没有子宫或者因治疗需要摘除子宫的女性,代孕的临床试验只能在这几类人之中并在严格的管理下试行。

4. 在代孕试行中,设立由医疗、福利、法律和顾问等专家组成的公共运营机关,以便在经过一定时间的试行之后对法律的修正进行探讨以及决定是否中止试行期。

5. 代孕所生孩子的法定母亲是代孕母亲。

6. 委托父母与代孕子女之间的亲子关系是收养亲子或者特别收养亲子关系。

三、跨境代孕子女的民事法律地位④

(一)跨境代孕亲子关系的确认

对于日本人赴海外委托代孕,由外国代孕母亲生下代孕子女的亲权关系如何确认的问题,在外国法院没有相关判决的情况下,应该根据日本国际私法即

① 参见日本国家生殖辅助医疗审查委员会(生殖补助医疗の在り方検讨委员会):《以代孕为中心的辅助生殖医学面临的挑战》("代理懐胎を中心とする生殖补助医疗の课题—社会的合意に向けて—"),(日本生殖辅助医学学术会议报告书,日本:2008年4月8日),载http://www.scj.go.jp/ja/info/kohyo/pdf/kohyo-20-t56-1.pdf,2019年4月25日最后访问。

② 参见铃木翔太:"知っておきたい代理母出産の問題点や日本の現状",载https://lmedia.jp/2014/08/25/55413/,2019年5月13日最后访问。

③ 参见日本国家生殖辅助医疗审查委员会(生殖补助医疗の在り方検讨委员会):《以代孕为中心的辅助生殖医学面临的挑战》("代理懐胎を中心とする生殖补助医疗の课题—社会的合意に向けて—"),(日本生殖辅助医学学术会议报告书,日本:2008年4月8日),载http://www.scj.go.jp/ja/info/kohyo/pdf/kohyo-20-t56-1.pdf,2019年4月25日最后访问。

④ 参见日本国家生殖辅助医疗审查委员会(生殖补助医疗の在り方検讨委员会):《以代孕为中心的辅助生殖医学面临的挑战》("代理懐胎を中心とする生殖补助医疗の课题—社会的合意に向けて—"),(日本生殖辅助医学学术会议报告书,日本:2008年4月8日),载http://www.scj.go.jp/ja/info/kohyo/pdf/kohyo-20-t56-1.pdf,2019年4月25日最后访问。

《法律适用通则法》第28条关于婚生子女亲子关系成立、[①]第29条关于非婚生子女亲子关系成立的法律适用的规定[②]来确认，即不能认定委托母亲与通过代孕所生的代孕子女之间存在亲子关系。

(二)跨境代孕儿童国籍的取得

对于国籍的取得，日本《国籍法》采用的是传统的血缘主义原则，即日本国籍的取得是基于子女的父母是日本公民而获得的。鉴于代孕子女是外国的代孕母亲在允许代孕的外国生下的，与日本委托父母之间是否存在真实的亲子关系又难以认定。这样一来，就使跨境代孕儿童要想取得日本国籍变得困难起来，正是这种法律困境也使跨境代孕儿童面临无国籍的风险。

四、日本的代孕立法现状

对于代孕，日本国内在法律上至今还没有明确的规定。[③] 对于商业代孕，日本采取的是禁止的态度，其理由是违反了不得将他人当作繁殖工具的基本原则，使代孕母亲在怀孕过程中有可能会遇到极大的危险，甚至会危及生命。此外，代孕母亲与精子、卵子或胚胎的提供者不同的是，她在怀孕十月的过程中，容易跟胎儿产生难以割舍的情感。在2014年，时任日本执政党的自民党整理

---

① 日本《法律适用通则法》第28条规定："婚生子女亲子关系的成立：(一)依子女出生时夫妻一方本国法子女应为婚生时，该子女为婚生子女。(二)子女出生前夫已死亡时，视其死亡时夫的本国法为前款夫的本国法。"转引自中国国际私法学会、武汉大学国际法研究所主办：《中国国际私法与比较法年刊》(2007年第10卷)，北京大学出版社2007年版，第458页。

② 日本《法律适用通则法》第29条规定："非婚生子女亲子关系的成立：(一)非婚生子女亲子关系的成立，与父亲之间的亲子关系，依子女出生时父亲的本国法，与母亲之间的亲子关系，依其时母亲的本国法。此时，因子女认知而产生的亲子关系的成立，依认知时子女的本国法该子女或者第三者的承诺或者同意为认知要件时，也必须具备该要件。(二)子女认知，除依前款前段规定应适用法外，依认知时认知人或者子女的本国法。此时，依认知人本国法时，准用同款后段的规定。(三)子女出生前父亲已死亡时，视其死亡时父亲的本国法为第一款父亲的本国法。认知前前款规定者已死亡时，视其死亡时其本国法为同款本国法。"本条第2款所指的认知是日本民法上的概念，它是指对于非婚生子女，根据意思表示或者裁判使其与其父或母发生亲子关系的制度。通常情况下，非婚生子女与其母亲的亲子关系是基于分娩的事实而发生，不需要认知。但是，非婚生子女与其父法律上的亲子关系的成立，必须通过认知才能成立。转引自中国国际私法学会、武汉大学国际法研究所主办：《中国国际私法与比较法年刊》(2007年第10卷)，北京大学出版社2007年版，第458～459页。

③ 参见永野海さん：《代理出产、日本で认められないのはなぜ？法整备の课题とは》，载https://asqmii.com/jijico/2018/02/18/articles29868.html，2019年9月18日最后访问。

出了一份关于代孕的法案。[①] 但该法案至今尚未进入提交给国会讨论的阶段。关于代孕的问题,只有依靠日本妇产科学学会的报告进行行业性的自我规制。目前,在日本国内基本上没有出现代孕生殖行为。[②]

第二节 日本跨境代孕司法实践

从日本跨境代孕的司法实践情况来看,在大多数情况下,日本夫妇前往海外寻求跨境代孕之后,外国法院就已将代孕母亲所生之子女的法定父母身份判给了日本的委托夫妇。只要日本委托父母在提出婚生子女出生申请书时,附上外国法院就出生证书所作出的判决,日本法院即会受理该跨境代孕亲子关系确认的申请书。

一、2005 年日本法院审理的优可(Yoko)美国代孕案

在司法实践中,出现的最为经典的案例当属 2004 年日本法院受理的优可美国代孕案。本案涉及对一对日本委托父母与在美国加利福尼亚州出生的代孕子女之间的亲子关系确认问题。日本委托父母是一对来自神户的年龄为 50 岁的夫妇,丈夫名叫矢志(Yasunao)、妻子名叫优可。这对委托夫妇到允许代孕的美国加利福尼亚州寻找到了一位代孕母亲。代孕母亲在接受了日本丈夫的精子和匿名捐赠的卵子后,于 2002 年在加利福尼亚州生下了一对双胞胎儿子。双胞胎的出生证明是按照加利福尼亚州法律由加利福尼亚州法院出具的,出生证明书上的父母一栏中登记的名字为矢志和优可,即美国确认这对日本夫妇是代孕双胞胎的法定父母身份。

随后,日本委托父母向日本驻美国大使馆为这对双胞胎申请出生登记。大使馆以其利用了代孕母亲为理由否决了他们的请求。

2004 年,矢志和优可将案件起诉至日本家事法院。法院根据日本国际私

---

① 参见日本经济新闻网,“卵子提供や代理出産”,载 http://www.nikkei.com/article/DGXLASDG05H3A_V00C15A8CR0000/,2019 年 5 月 13 日最后访问。

② 2007 年,日本长野县妇产科医生根津八纮公布自己曾为多人进行代孕手术,这是日本代孕手术的首次公开。其后根津八纮受到了日本妇产科学学会的处分,参见新闻:“根津院長と代理出産を依頼した女性が記者会見～代理母の公募も”,载 http://sokonisonnzaisuru.blog23.fc2.com/?m&no=362,2019 年 5 月 13 日最后访问。

法——《法例》①第28条"如果子女出生时,任一父母国籍国认为该子女合法,则该子女合法",以及该法第29条"如果该子女为不合法出生,则其父子亲权认定由子女出生时父亲国籍国管辖,其母子亲权认定由子女出生时母亲国籍国管辖"的规定,驳回了这对日本委托父母的诉讼请求。由于代孕在日本是被禁止的,因而代孕子女的出生是不合法的。对代孕子女亲权的认定应适用父母亲的国籍法即应以日本的民法作为准据法。所以,日本家事法院以日本《民法》规定的怀孕分娩者为母的理由,驳回了诉讼请求。

2005年大阪高等法院和日本最高法院均维持了日本家事法院对该案所作的判决,明确表示委托父母矢志和优可与代孕子女之间的亲子关系不能成立。②

笔者认为,若对本案进一步分析,便可发现,在对待跨境代孕子女与委托父母之间的亲子关系的认定问题上,美国加利福尼亚州《家事法典》是持契约说,日本《民法》则持的是分娩说,因而二者之间出现法律冲突是在所难免的。换言之,根据美国加利福尼亚州《家事法典》的规定,委托父母为有意愿为父母者,他们可以通过与代孕母亲所签订的代孕契约而取得亲权,并在实施代孕手术之前,向法院申请亲权命令。在符合法定的条件下,经法院颁布的亲权令认可,代孕合同中的亲权关系约定才会生效。加利福尼亚州《家事法典》第7633条规定,"依本节所采取之措施,可在小孩出生前实行",允许出生前即进行亲权认定。加利福尼亚州法院在为矢志和优可发放出生证书时也引用了该条规定。而日本法院在认定该代孕子女的身份时,是根据日本《法例》第28条和第29条以日本民法作为准据法的,即以日本《民法》规定的怀孕分娩者为母为理由驳回了诉讼请求,认为夫妇矢志和优可与代孕子女亲子关系不能成立。

二、2007年日本法院审理的万治(Manji)印度代孕案③

日本法院在审理另外一起发生在印度的代孕婴儿万治(Baby Manji)案时的做法同样如此。④ 2007年9月,一对日本夫妻远赴印度寻求跨境代孕,精子

---

① 日本《法例》因为2005年日本颁布的《法律适用通则法》而予以废止。

② See Marcelo De Alcantara, "Report of Japan", in Katarina Trimmings and , Paul Braumont, eds., *International Surrogacy Arrangements: Legal Regulation at the International Level*, United Kingdom: Hart publishing, 2013, p. 251.

③ 关于该案详细情况,详见第四章第二节"印度禁止跨境代孕的立法与实践"。

④ See Sarah Mortazavi, "It Takes a Village To Make a Child: Creating Guidelines for International Surrogacy", http://georgetownlawjournal.org/files/2012/08/14Mortazavi.pdf, September 1, 2019.

由丈夫山田育文(Yamada)提供,卵子由匿名捐赠者提供。在这对日本夫妻离婚1个月后,印度代孕母亲生下了他们的孩子万治。根据代孕契约,即使委托夫妇离婚,委托父亲仍要照顾代孕子女,代孕母亲分娩后即刻放弃对代孕子女的亲权。在山田育文的前妻不是代孕婴儿万治法定生母的情况下,山田育文向日本驻印度大使馆为万治申请日本护照。日本使馆拒绝了他的请求,其理由是根据日本《民法》的有关规定,公民资格的取得取决于他分娩母亲的国籍,而万治的分娩母亲是印度人,所以他无资格获取日本护照。与此同时,印度政府也拒绝给万治发放印度护照。随后,山田育文向印度高等法院起诉,要求确认其对代孕子女万治的亲权关系。鉴于印度并无代孕的专门立法,印度高等法院只能根据2005年《印度医疗研究指导方针》第10条的规定,①认定印度代孕母亲不是该代孕子女万治的法定母亲。代孕子女应是委托父母的合法子女,精子、卵子的捐赠者均与代孕子女无法律关系。出生证书上登记的名字应为有血缘关系的父母,委托父母必须通过基因测试证明至少有一方与代孕子女有着生物学上的血缘关系。最终,印度高等法院判决山田育文是代孕子女万治的法定父亲。当万治到达日本后,日本政府以分娩者为母、分娩者配偶为父的原则为由,拒绝承认万治与山田育文间的亲子关系。最后,山田育文只能办理与万治的收养关系。据此,日本政府才确认了万治的日本国籍。

在万治案中,印度法院认定跨境代孕子女亲子关系的主要依据是契约说和基因说,即认为代孕子女的法定父母是与其有基因联系的委托父母。日本法院则是以分娩说作为认定跨国代孕子女亲子关系的依据。

综上所述,日本法院并没有通过对现行法律进行解释的方式来支持跨境代孕生殖行为。恰恰相反,日本法院往往会以公共秩序为由而拒绝承认外国法院就日本委托父母与代孕子女之间的亲子关系所作出的成立判决。②

三、委托父母在日本办理跨境代孕子女收养手续

上述的日本法院判决表明,在日本,委托父母可以通过收养的方式与跨境

---

① Indian Council of Medical Research, at 3.10.1(2008).代孕婴儿必须被有血缘关系的父母收养,除非委托父母通过基因测试证明至少一方委托父母与代孕子女有生物学上的血缘关系。

② 参见王洪根:《论跨国代孕法定父母身份承认中的公共秩序》,载《西部法学》2018年第1期。

代孕儿童建立亲子关系。[①] 当日本委托父母为跨境代孕儿童办理收养手续时，根据日本《法律适用通则法》第31条第1款的规定，[②]应该以日本《民法》为准据法。如果收养子女，依照日本《民法》第817条规定，必须获得该收养子女亲生父母的同意，而且当需要该收养子女出生地当局的同意、第三者的承诺或是行政机关的许可为必须具备的要件时，申请人应该提供。

---

① 参见日本国家生殖辅助医疗审查委员会（生殖补助医疗の在り方検讨委员会）：《以代孕为中心的辅助生殖医学面临的挑战》（"代理懐胎を中心とする生殖补助医疗の课题—社会的合意に向けて—"），（日本生殖辅助医学学术会议报告书，日本：2008年4月8日），载 http://www.scj.go.jp/ja/info/kohyo/pdf/kohyo-20-t56-1.pdf，2019年4月25日最后访问。

② 日本《法律适用通则法》第31条第1款规定，"收养，依收养时应成为收养人者本国法。此时，依应成为子女者本国法以其或者第三者的承诺或者同意，公共机关的许可及其他措施为收养成立要件时，也必须具备该要件"。参见中国国际私法学会、武汉大学国际法研究所主办：《中国国际私法与比较法年刊》（2007年第10卷），北京大学出版社2007年版，第458～459页。

第十三章　法国代孕立法与司法实践

第一节　法国代孕法律制度

一、法国代孕立法现状

法国曾经有一个由法学家、医生组成的联合工作小组，完成了一份题为《如何判定父子身份》(Filiation-origin-Parenthood)的报告。该工作小组充分考虑了法国《家庭法》中有关合法父母身份、收养的规定以及生育改革的各种需求。其中，对法国《家庭法》第七章的附件部分所面临的人工生殖技术挑战以及代孕母亲等问题进行了重点的探讨。2016年，由法国参议院两名成员完成的另一份报告意图非常明显，仍旧主张禁止代孕，代孕母亲故意放弃代孕儿童的行为应受到相应的刑事制裁，对于通过跨境代孕出生在国外的代孕儿童应拒绝承认其亲子关系。这两份报告都提到了代孕母亲。对于委托父母的范围，两份报告都认为需要作出精准的界定。

从法国《民法典》《刑法》《生命伦理法》等的相关规定来看，法国是禁止代孕的，也不承认跨境代孕子女在外国与委托父母建立的亲子关系。目前，在法国，新修订的《生命伦理法》草案正在审议中，有的议员对有关这方面的条款提出了修改意见，以便给此前发生在外国的代孕儿童提供法律保护。而司法部对此已经明确表态："《生命伦理法》草案不承认在外国建立的代孕出生小孩的亲子关系。”①

二、法国关于代孕的现行法律制度

（一）法国《民法典》的相关规定

法国《民法典》在第二章“尊重人之身体”中对人的生育行为作出了规定。如该法第16－1条规定：“人体、人体各组成部分及人体所生之物，不得作为财产权利之标的。”该法典第16－5条规定：“任何赋予人体、人体各部分及人体所生之物的财产性价值的协议，均无效。”尽管这些规定不是直接针对代孕作出的，但从中仍然可以看出：在法国，涉及有偿代孕的任何协议均是无效的，不可能得到法国法院的支持和强制执行。该法典第16－7条规定：“任何协议涉及第三方的生育为无效。”据此规定，任何代孕协议在法国境内都是无效的。② 而这条规定则是来源于1991年5月31日上诉法院所作出的一份判决。③ 本案涉及的代孕母亲是在没有获取任何报酬的情况下代孕生子的。她的代孕行为因违反了公共秩序和民法上所确立的公民个人身份不可转让原则（the principle of unavailability of personal status）而被法院判决无效。法院在作出的判决中不仅判令代孕协议无效，还有一个更为重要的判项：委托父母也不能通过收养的方式与代孕子女建立亲子关系。该法典第16－9条规定：“本章之规定具有公共秩序之性质。”④此外，法国《民法典》第312条规定：“夫妻婚姻期间受孕的子女，夫为其父。”对“分娩者为母”原则作了又一次的肯定。

（二）法国《刑法》的相关规定

法国《刑法》明确规定，参与代孕全过程的各种人员和机构都有可能是刑罚

---

① 周文仪：《代孕宝宝：谁才是我的父母？法国对这个问题将给出新解答》，载欧时大参微信公众号：https://mp. weixin. qq. com/s/f2CZjHiD9e39fVSDYvzAwA，2019年9月11日最后访问。

② See“French Civil Code [English Version Translated by Georges Rouhette]”, https://www. legifrance. gouv. fr/content/download/1950/13681/version/3/file/Code_22. pdf, June 20, 2019, art. 16－7.

③ See Legidrance gouc fr. , “Court of Cassation, Plenary Assembly, of May 31, 1991, 90－20. 105, Published in the bulletin”, https://www. legifrance. gouv. fr/affichJuriJudi. do? oldAction = rechJuriJudi&idTexte = JURITEXT000007026778&fastReqId = 361726982&fastPos = 1, September 22, 2019.

④ “French Civil Code [English Version Translated by Georges Rouhette]”, https://www. legifrance. gouv. fr/content/download/1950/13681/version/3/file/Code_22. pdf, June 20, 2019, art. 16－9.

的处罚对象，包括委托父母、代孕母亲、医生以及代孕中介机构。

法国《刑法》第 227 - 12 条第 1 款规定："以营利为目的或者通过赠送、允诺、威胁或滥用权力，教唆父母或父母一方，抛弃已出生或将出生之子女的，处 6 个月监禁并科 7500 欧元罚金。"①该条第 2 款规定："以营利为目的，在希望收养子女的人和意欲抛弃已出生或将出生子女的人之间充当中介的，处 1 年监禁并科 15,000 欧元罚金。"②该条第 3 款规定："在希望收养儿童的个人或夫妇与同意代孕并交付儿童的女子之间充当中介的，处本条第 2 款规定之刑罚。若上述行为经常发生或者以营利为目的，刑罚加倍。"③该条第 4 款规定："犯本条第 2 款和第 3 款规定之罪未遂的，处相同刑罚。"④该法第 227 - 13 条规定："故意调换、伪造或隐匿，导致儿童身份受到损害的，处 3 年监禁并科 45,000 欧元罚金。未遂处相同刑罚。"⑤

此外，根据 1989 年通过的《收养中介人法》第 13 条和第 14b 条的规定，安排与代孕母亲联系的人也将受到同样的处罚。然而，代孕母亲和委托人都不承担任何责任。⑥ 正是由于法律上的严禁，所以在法国境内没有出现过代孕的现象。在这种情况下，法国意向父母只能到允许代孕的外国与代孕母亲签订代孕合同，以避免在法国遭到起诉与追究刑事责任。但是，这些规定似乎与 1789 年《法国人权与公民权利宣言》的基本原则相违背。该宣言第 4 条宣称，自由是指不伤害任何人的、任何事情的自由。因此，每个人行使的自然权利，只有在保证社会其他成员能够享有这些权利的情况下才会受到限制，并且这些限制只能由法律决定。该宣言第 5 条明确规定，法律只能禁止对社会有害的行为。没有法律禁止的事情是无法阻止的，没有人可以被迫做法律没有规定的事情。⑦

（三）法国《生命伦理法》的相关规定

1994 年法国通过的《生命伦理法》（Act on Bioethics）是全面禁止代孕的。

---

① 《最新法国刑法典》，朱林译，法律出版社 2016 年版，第 144 页。

② 同上。

③ 同上书，第 145 页。

④ 同上。

⑤ 同上。

⑥ See K. Svitnev, "Legal Control of Surrogacy-international Perspectives", in Joseph G. Schenker, ed., *Ethical Dilemmas in Assisted Reproductive Technologies*, Berlin and Boston, Walter de Gruyter, 2011, Chap. 13, p. 151.

⑦ Ibid.

该法规定，组织、策划代孕的协会或医生将面临3年监禁和45,000欧元的罚款。此外，那些不育夫妇即便到允许代孕的国家寻找代孕母亲并顺利得到与之有血缘关系的孩子，但根据该法的规定，这些出生在国外的孩子也无法获得法国国籍。

（四）法国全国卫生与生命科学咨询伦理委员会

法国全国卫生与生命科学咨询伦理委员会在2010年提出的一条意见中建议，为了解决妊娠代孕问题可增加一项授权进行人工生殖技术的办理程序。该意见尽管仍然强调要对妊娠代孕问题进行严格的限制和控制，但毕竟反映出了一种渴望立法进步的呼声。① 事实上，就伦理的角度而言，代孕在法国仍是一种应受到谴责的行为。而法国参议院在一份报告中建议，应禁止法国国民进行代孕。然而，代孕这种情况不能通过纯粹的法律禁令来解决，也无法通过与允许代孕的外国国家进行外交协商的方式来解决。②

第二节　法国跨境代孕司法实践

法国至今在立法上仍然禁止代孕，但并不意味着在司法实践中法国法院不会遇到跨境代孕亲子关系的确认问题。

一、法国法院对跨境代孕亲子关系所持的态度

（一）巴黎上诉法院审理的一起跨境代孕亲子关系确认案件

关于代孕子女与委托母亲建立亲子关系的问题，巴黎上诉法院于1990年6月25日作出的一项判决值得关注。该案件涉及一名美国代孕母亲为一对不育的法国夫妇（委托父母）进行了传统代孕。代孕母亲在肯塔基州生育，并在司法程序结束时放弃了对儿童的权利。委托母亲表示，代孕可使她行使“通过生育来建立家庭的自然权利”，并且这种代孕生殖行为并没有与法国的公共秩序相冲突。但是，巴黎上诉法院最终没有支持委托父母的诉求。③

---

① See Caroline Kleiner, "Surrogate Motherhood in France: The Need for a Change-considerations of French Private International Law", 38 *Kansai Univ. Rev. L & Pol.* 49 (2017), p. 62.

② Ibid.

③ CA Paris, 15 juin [June] 1990, D. 1990, p. 540, note F. Boulanger; JCP 1990. Ⅱ. 21653, note B. Edelman et C. Labrusse-Riou; JDI 1990, p. 982, note H. Gaudemet-Tallon.

（二）最高上诉法院审理的拉贝瑟（Labassée）案

在拉贝瑟案中，法国最高上诉法院作出的判决结果与上述判决类似。在本案中，一对法国委托父母前往美国寻找代孕。出生的代孕孩子拥有美国的公民身份，并且与法国委托父母建立了亲子关系。但美国为代孕子女开具的出生证明未能在法国南特民事登记处得到登记。最后，最高上诉法院对此案作出了如下判决：基于“代孕契约的无效性”规定，代孕儿童与委托父母之间的亲权关系在法国是非法的，不管其在国外的合法性如何，这与法国的国际公共秩序不相符合，不能赋予该名儿童法国国籍。① 该案后来被委托父母起诉到欧洲人权法院，被告为法国政府。②

（三）法国法院审理的梅内松（Mennesson）夫妇案

2011 年 4 月 6 日，法国最高法院在一起案件中，对出生在国外的代孕孩子作出了无权取得法国国籍的判决。这一判决结果不仅使迫切希望为自己的孩子解决国籍问题的法国夫妇大失所望，同时也再度引起了人们对于法国是否应该在立法上允许代孕的问题进行了新一轮的争论。③

本案的案情为：这对法国夫妻中的丈夫名叫多米尼克·梅内松（Dominique Mennesson），妻子名为西维尔·梅内松（Sylvie Mennesson）。他们婚后一直未能生育，于是到允许代孕的美国加利福尼亚州寻找到了一位代孕母亲。这位代孕母亲在接受了多米尼克·梅内松的精子和他的一位友人捐赠的卵子后，于 2000 年在加利福尼亚州生下了一对双胞胎女儿——伊莎（Valentina）莱阿（Fiorella）。在代孕母亲妊娠期间，加利福尼亚州最高法院作出一项判决，不仅承认代孕协议有效，而且确认梅内松夫妇为伊莎和莱阿的法定父母。④

加利福尼亚州最高法院认定梅内松夫妇为代孕双胞胎姐妹法定父母的判决理由是：“（1）准许代孕母亲改善自身的经济状况。依据该州法律，女性有权通过商业代孕的方式获取对方提供的经济报酬以提高生活水平。国家如果横加干涉甚至禁止这种行为，则属对私人财产权利的侵犯。（2）尊重当事人选择生育方式的权利。根据该州法律的规定，生育是每个自然人的基本人权。一些

---

① Labassée v. France, Application no. 65941/11, 26 June 2014.

② Labassée v. France, Application no. 65941/11, 26 June 2014. 该案案情详见第十六章“欧盟代孕立法与司法实践”。

③ Legifrance gouv. fr., “Conseil d État, Juge des référés, 04/05/2011, 348778”, https://www.legifrance. gouv. fr/affichJuriAdmin. do? idTexte = CETATEXT000023958677, September 14, 2019.

④ Mennesson v. France, Applicationno. 65192/11, 26 June 2014.

人虽然由于生理方面的缺陷而不能以传统、自然的方式繁衍后代，但随着现代生物学的发展，可以通过人工生殖技术满足其生养后代的愿望。对此，法律应当予以保护，否则便沦为因自然人生理上的缺陷而剥夺其基本人权的恶法。(3)保护儿童利益。婴儿的存活与健康成长离不开成年人的稳定、细致的照顾，对代孕出生的婴儿更是如此。为儿童最佳利益考虑，法律应尽快为代孕婴儿确定法定父母，才能明确照顾义务。"①

这对委托父母携带代孕双胞胎回到法国后，在要求法国政府转录代孕子女的美国出生证明书时却遇到了麻烦。法国有关机构对其境外实施的委托代孕行为的合法性问题开展了调查。之后，委托父母不得不寻求司法途径解决，官司从巴黎地区的克雷泰伊大审法院、巴黎上诉法院，一直打到法国最高法院。在2011年，法国最高法院作出了不承认美国加利福尼亚州法院作出的有关梅内松夫妇是代孕双胞胎合法父母的认定判决。最高法院认为，依照法国《民法典》第16条规定，认定代孕协议因违反法国公共秩序而无效，还认为法国行政机构并没有义务将子女最佳利益作为处理原则。② 具体的判决理由如下：(1)跨境代孕协议有悖自然人的身份权不得让与这一法国民法上的根本原则。依据法国《民法典》第16-1条和第16-5条的规定，亲子关系作为自然人最为基础的身份权，其建立须得法定，绝对不能由当事人自行约定或处分。此外，法国《民法典》第311条和第312条还规定，分娩行为是母亲与子女间亲子关系建立的依据，并以此为基础推定分娩妇女的合法丈夫为子女的父亲。本案中实际分娩的妇女是代孕母亲，故其应为子女法律意义上的母亲。但这个"母亲"却通过代孕合同方式将亲权转让给了这对法国籍委托父母。如果认可委托父母与代孕子女间基于契约建立的亲子关系，势必破坏法国民法上的身份权法定原则，对法国公共秩序造成极大的冲击。(2)不承认代孕协议的效力亦无损本案的儿童利益。法国最高法院认为，拒绝承认美国法院的判决不会在实质上损害本案中两名代孕儿童的权利，她们仍然可以在法国与委托父母共同生活，并获

---

① 王艺：《外国判决承认中公共秩序保留的怪圈与突围——以一起跨国代孕案件为中心》，载《法商研究》2018年第1期。

② Civ. 1ère, 6 avril [April] 2011, Bull. civ. Ⅱ, n° 72; Connseil d'Etat [State Council], 4 Mai [May] 2011 (Connseil d'Etat stated that a contract might be void according to French policy and shall not has consideration to the best interest of the child.).

得与同龄法国儿童同等条件的学校教育、社会保障等。①

在法国高等法院对本案作出判决后，委托父母向欧洲人权法院提起了上诉。②

这个案件可谓一波三折，堪称经典，耐人寻味，截至2019年9月10日，梅内松夫妇为了争取法国法院承认他们是代孕子女的法定父母已经抗争了18年。

在2014年，欧洲人权法院对梅内松起诉法国政府一案作出裁决之后，法国最高法院又再向欧洲人权法院提出上诉请求。③

欧洲人权法院在2019年4月20日的裁决中认可了梅内松夫妇（委托父母）与这对代孕双胞胎之间的亲子关系，但同时又允许各成员国自由选择承认亲权的方式。欧洲人权法院指出，在此问题上，由于欧洲没有达成共识，各国拥有自由评估的余地，譬如可以在户籍身份登记资料中誊录在外国依法签署的文件，以此来承认亲子关系，这是梅内松夫妇所希望的做法；或是由意愿母亲收养孩子，这是法国法律的现行规定。④

但是，法国司法部指出："最高法院征求了欧洲人权法院的意见，我们将根据最高法院日后对本案的裁决，确定为在外国代孕出生儿童的亲权关系法律状况提供明确说明的通函的内容。"对于最高法院将对本案作出的判决结果，委托母亲西维尔·梅内松表示，最希望看到法国法院完全承认她与代孕子女之间的亲权关系。因为政府将根据最高法院对本案作出的重要裁决，拟定一封证明法国委托母亲与外国代孕子女之间亲权关系证明的通函。这只是临时性的文件，它随时可能被废除，还是不利于代孕儿童最佳利益的保护。⑤

由此可见，法国依然会坚持全面禁止代孕的立场，不会承认跨境代孕子女在外国与委托父母建立的亲子关系。

---

① 参见王艺：《外国判决承认中公共秩序保留的怪圈与突围——以一起跨国代孕案件为中心》，载《法商研究》2018年第1期。

② Mennesson v. France, Applicationno. 65192/11, 26 June 2014，该案案情详见第十六章"欧盟代孕立法与司法实践"。

③ 参见周文仪：《代孕宝宝：谁才是我的父母？法国对这个问题将给出新解答》，载欧时大参微信公众号：https://mp.weixin.qq.com/s/f2CZjHiD9e39fVSDYvzAwA，2019年9月11日最后访问。

④ 同上。

⑤ 同上。

二、承认外国法院的跨境代孕亲子关系认定判决时遇到的公共秩序问题

在司法实践中,法国法院拒绝承认外国法院就跨境代孕亲子关系所作的认定判决是合理的,因为这类的外国判决与法国法律上所确立的维护人类尊严的基本原则是相抵触的。比如,在上述的梅内松夫妇一案中,加利福尼亚州早在1982年就专门出台了允许代孕的法案,①旨在准许代孕母亲改善自己的经济状况、尊重当事人选择生育方式的意愿以及保护儿童的利益。② 加利福尼亚州法院也是基于对本州公共秩序的考虑,作出了承认代孕协议有效、确认梅内松夫妇与代孕子女之间的亲子关系成立的判决。而法国最高法院却基于公共秩序的理由,认为当事人在美国所签订的代孕协议作为一项合同,违反了本国的公共秩序而归于无效,法国行政机构并没有义务将子女最佳利益作为处理这类案件的原则。不过,法国最高法院在不承认加利福尼亚州法院所作的亲子关系确认判决的同时,又认为这种不承认的决定不会剥夺委托父母在代孕子女出生地国家已经得到确认的父母身份,也不会妨碍代孕子女在法国与其抚养人委托父母一起生活,不影响儿童最大利益的实现。判决中存在的这种似乎自相矛盾的情况曾经让法国最高法院一度陷入尴尬的境地之中。③ 所以,便出现了在委托父母与代孕子女之间的亲子关系没有得到承认的情况下,如何才能保证代孕子女在法国的委托父母家庭里过上正常的家庭生活这个值得人们深思的问题。

三、对外国出生证明或"公民身份记录"或"公共文件"的承认

对于跨境代孕儿童的出生证,法国法院有时也会承认其效力,其依据的法律通常是法国《民法典》第47条的规定:"一切在外国作成的法国人和外国人的身份证书,如系按照该国通常方式做成者,有证据力。"需要说明的是,该条规定不是一个承认规则,而只是一个证据规则。在法国的司法实践中,对跨境代孕儿童的出生证明进行审查后会出现两种不同的结果:

一种结果:法院根据法国《民法典》第47条的规定,对代孕子女的外国出生证明进行审查后,如果认为不存在欺诈、伪造等情况,就会下令给予民事登记。

---

① See Cal. Assembly 3771,1981 - 82 Reg. Sess. (1982).

② 参见王艺:《外国判决承认中公共秩序保留的怪圈与突围——以一起跨国代孕案件为中心》,载《法商研究》2018年第1期。

③ Mennesson v. France, Applicationno. 65192/11,26 June 2014.

另一种结果:法院根据法国《民法典》第47条的规定,对代孕子女的外国出生证明进行审查后,发现其中存在欺诈、伪造等情况,就会拒绝承认外国的出生证明。

(一)对外国的出生证明予以承认与登记

例如,法国法院审理过一起委托父亲要求法国政府承认印度政府为代孕孩子签发的出生证明的纠纷案。在本案中,印度签发的出生证明中登记了委托父亲的名字和代孕母亲的名字,而没有出现委托母亲的名字。法国法院根据法国《民法典》第47条"一切在外国作成的法国人和外国人的身份证书,如系按照该国通常方式做成者,有证据力"的规定,作出了应予以登记的判决。本案的特殊性就在于,要求法官对法国《民法典》第47条从形式和字面上加以解释,以有利于保证代孕儿童利益的实现。①

又如,2009年6月,在印度孟买出生的两名儿童是由一位身份不明的印度代孕母亲生下的。法国籍委托父亲要求法国驻印度总领事对出生证明予以承认。法国驻印度总领事注意到出生证明上没有提及母亲的姓名(匿名分娩在印度不存在)并以此为由拒绝予以登记。后来,虽然该出生证明上补上了母亲的名字,但法国检察官办公室对印度出生证的真实性表示怀疑,同样拒绝承认该出生证的效力。雷恩上诉法院在2011年3月29日作出的判决中指出:检察官办公室有责任证明欺诈行为的存在,却没有提出证据证明违规或欺诈行为存在。如果检察官办公室无法证明,那么跨境代孕子女的外国出生证明应在法国被转录。因此,下令登记印度的出生证明。②

雷恩上诉法院还审理过一起案件,涉及一对男同性恋伴侣请求法院对印度出生的代孕双胞胎的出生证明予以承认的问题。该出生证明书上记载了法国亲生父亲和印度代孕母亲的姓名。法院经审理认为,涉案的印度出生证书符合事实真相,因而作出了检察官败诉的判决。③

在另一起由雷恩上诉法院审理的案件中,代孕母亲在自己捐赠的卵子与委托父亲的精子受精后怀孕生下了代孕孩子。出生证明中提到了法国亲生父亲

---

① See Laurence Brunet, et al., *Comparative Study on the Regime of Surrogacy in the EU Member States*, Brussels, Belgium, European Parliament, 2013, p. 118.

② CA Rennes, 29 mar. [March] 2011, n°10/02646; Dt famille, 2012, comm. 67, obs. C. Neirinck.

③ CA Rennes, 21 fev. [Febuary] 2012, n° 11/02758; Dt famille, 2012, comm. 67, obs. C. Neirinck, Chapter 6, Section A.

和印度代孕母亲的名字。法官依照同样的理由认为，符合法国《民法典》第47条规定的外国出生证明具有证明力，从而授权对印度的出生证明在法国进行登记。①

（二）对外国出生证明拒绝承认并不予登记

雷恩上诉法院在审理某一案件时作出了一个与前述立场、结论完全相反的判决。② 在该案中，对于当事人提出的承认外国出生证书的申请，法官根据法国《民法典》第336条的规定，采纳了检察官提出的外国出生证明因存在法律欺诈应拒绝承认的意见。法官认为，尽管出生证明与事实相符，但本案不仅涉及被法国法律禁止的代孕合同，而且涉及购买儿童，这些显然违反了公共秩序。最后，雷恩上诉法院拒绝了申请人提出的在法国当局转录外国出生证明的申请。

四、拒绝承认外国法院就跨境代孕亲子关系作出的确认判决

近年来，在跨境代孕亲子关系判决的承认方面，法国的判例法得到了较快的发展。尽管法国在很长一段时间内忽视了代孕所生孩子的利益，但仍然承认代孕孩子享有建立自己身份关系的权利，这是法国政府因在遭到欧洲人权法院的相关判决谴责之后，才迈出的一大步。

在现阶段的法国，当代孕孩子和委托父亲之间存在遗传联系时，委托父亲即遗传父亲被认定为是代孕子女的合法父亲，而委托母亲能否成为代孕子女法定母亲的问题则较为复杂。法国的司法实践表明，委托母亲与代孕子女间的亲权关系即便在国外得到确认，但仍然不会得到法国的承认，归根结底这是与法国《民法典》“分娩者为母”这一传统原则相关的。当然，委托母亲可以通过办理收养手续这种变通程序，与代孕子女建立亲子关系。在没有代孕协议的情况下，根据2013年《家事法》，同性伴侣是被允许领养孩子的。这也表明一些法国人仍旧不愿放弃他们的传统立场。③

五、小结

在梅内松（Mennesson）案和拉贝瑟（Labassée）案由欧洲人权法院作出判决

① CA Rennes, 15 jan. [January] 2013, RG n°11/07500 (unpublished), Chapter 6, Section A.

② CA Rennes, 21 fev. [Febuary] 2012, n° 11/02758; Dt famille, 2012, comm. 67, obs. C. Neirinck.

③ See Caroline Kleiner, “Surrogate Motherhood in France: The Need for a Change-considerations of French Private International Law”, 38 *Kansai Univ. Rev. L & Pol.* 49 (2017), p. 62.

之前,法国检察官拒绝在法国公民身份登记册中将出生在外国的代孕子女登记在册。欧洲人权法院的判决作出后,对法国政府产生了一定的影响。法国国内法院的判决与欧洲人权法院的判决之间存在冲突的事实表明,在推进代孕合法化的过程中,法国的民意呈现出两极分化的态势。这种情况的存在导致法国政府在决策时显得犹豫不决、徘徊不前。在法国国内,目前已经出现了根据欧洲人权法院的判决,允许跨境代孕子女获得法国国籍的判例,不再要求委托父母必须与代孕子女之间具有生物学关系。

必须指出的是,"母亲"这一概念给法国最高法院在承认跨境代孕亲子关系中的法定母亲身份时带来了困扰:一方面,在法国法律中,仍然将母亲定义为生育子女的女性。另一方面,在外国出生证明中标明的与代孕子女有"基因性""生物性"关系的父亲或母亲,往往又与代孕子女的法定父母(该代孕子女的法定监护人或收养人)不是同一人。

此外,对于如何从法律的角度解决代孕母亲在代孕子女亲子关系中的地位以及代孕子女是否有权了解其出身情况等问题,①从以往的一些判决结果来看,法国最高法院并没有作出正面、直接的回答。

---

① See Isabelle Rein Lescastereyres, "Recognition of the Parent-child Relationship as a Result of Surrogacy and the Best Interest of the Child: How will France Adapt after the ECtHR Rulings", 16 *ERA Forum* 149(2015), p. 161.

第十四章　南非代孕立法与司法实践

第一节　南非代孕法律制度

一、2005 年《儿童法》颁布之前的代孕法律制度

南非在 2005 年《儿童法》(Children's Act 38 of 2005)正式颁布之前,代孕现象就早已引人注目。人们广泛关注的第一例相关报道是 1987 年发生于察嫩(Tzaneen)的卡伦·费雷拉－豪尔赫(Karen Ferreira-Jorge)案件。① 由于无法怀孕和生育孩子,卡伦(Karen)要求她 48 岁母亲作为她的代孕者,帮她代孕生子。随后,她的母亲帮她代生下了三胞胎。此事一经披露,便成了国际头条新闻,因为这种做法已经超出了南非当时的法律保护范围。在 20 世纪 80 年代,南非没有专门制定用来处理代孕问题的法律,参与代孕安排的人以及代孕儿童都处于法律保护的边缘,特别是代孕母亲不能将自己对代孕子女的合法母亲身份转移给或归属于委托父母。虽然南非当时已颁布的与人工辅助生育相关的

---

① See Samantha Vanessa Lewis, *The Constitutional and Contractual Implications of the Application of Chapter* 19 *of the Children's Act* 38 *of* 2005 (master's thesis, University of the Western Cape, 2011), p. 13; Kashiefa Ajam, "Wombs for Rent: State to Act", http://www.iol.co.za/news/south－africa/wombs－for－rent－state－to－act－1.291108#.UNSRAW_eQd4, April 4, 2019.

法律即1983年《人类组织法》第1条①与1987年《儿童地位法》第5条②中有“人工受孕”(artificial insemination)的概念,但这些法律中都没有“代孕”(surrogacy)内容。这两部法律更没有对代孕子女的法律地位及其法定父母问题作出规定。

为了解决上述因法律缺失而产生的各种与代孕相关的问题,1993年,南非法律委员会发表了一份关于代孕母亲身份的项目报告。③ 1994年,南非全国大会成立了代孕母亲身份专门报告委员会(Ad Hoc Committee On Report of SA Law Commission on Surrogate Motherhood,以下简称专门委员会),④针对代孕以及代孕母亲的身份问题进行了研究与探讨。在1999年2月之前,该专门委员会一直在讨论这类问题。1999年,专门委员会出具了一份项目报告。该报告对与代孕相关的所有事项进行了比较全面的调查,包括代孕的基本内容、各方当事人的资格及其权利和义务关系、代孕合同的可执行性等。⑤ 此后,南非在国大的一些立法中也加入了关于生殖技术的规定。例如,南非在2003年颁布的《国家健康法》中就增加了涉及生殖技术生育治疗(reproductive health care)的规定。⑥

---

① 南非《人类组织法》第1条规定:“(1)除非本法有其他规定,‘个人的人工受孕’指的是为了人类生殖的目的,将男性一个或者多个精子通过非自然手段引入一个妇女的内部生殖器官中的手段,包括从一个男性和一个女性体内提取出各自的配子并在体外结合形成受精卵的过程,以将该受精卵植入一个女性的子宫中为目的;(2)将在人体外形成的受精卵植入一个女性的子宫中的过程。”See South Africa,“Human Tissue Act(No. 65 of 1983)”,15 *Ann. Rev. Population L.* 246(1988),p. 372.

② 南非《儿童地位法》第5条第3款规定:“与妇女有关的‘人工受孕’,指的是:(1)将男性一个或者多个精子通过非自然手段引入妇女的内部生殖器官的手段;(2)将已经由男性精子与女性卵子结合而成的受精卵从人体外植入妇女的子宫中的手段。”See South Africa,“Children’s Status Act(No. 82 of 1987)”,14 *Ann. Rev. Population L.* 470(1988),p. 471.

③ See Brigitte Clark,“Surrogate Motherhood: Comment on the South African Law Commission’s Report on Surrogate Motherhood(Project 65)”,110 *S. African L. J.* 769(1993),pp. 769 – 770.

④ See “Report of the *Ad Hoc* Committee on Report of SA Law Commission on Surrogate Motherhood(11 February 1999)”, https://pmg.org.za/committee-meeting/6785/, September 4, 2019.

⑤ Ibid.

⑥ See South Africa,“National Health Act(No. 61 of 2003)”, https://www.up.ac.za/media/shared/12/ZP_Files/health-act.zp122778.pdf, September 4, 2019, art. 2(c)(i).

二、2005 年《儿童法》颁布之后的代孕法律制度

南非于 2005 年通过的《儿童法》(第 38 号法案)明确规定,代孕为生育治疗的另一种方式。[①] 此后,在代孕机构的参与下,代孕在南非得到了空前的发展。不过,从司法实践的情况来看,南非法院在处理一些与代孕母亲有关的问题上并无统一的认识。法官罗纳尔·托尔梅(Ronel Tolmay)和乔迪·科拉彭(Jody Kollapen)认为,在司法实践中,应该引入适当的司法判例进行指导。2011 年 9 月 27 日,比勒陀利亚法院批准了一对荷兰和丹麦的男同性恋伴侣提出的代孕申请,他们已在南非居住并打算永久地居住在南非。在此案中,法院创立了规制代孕管理事项和认定单身人士亲子关系的规则,并对父母适格的含义和标准作出了界定。[②] 但令人遗憾的是,法院没有对"儿童最大利益"的概念作出界定。[③] 因为在考虑跨境代孕亲子关系是否成立的问题时,儿童最佳利益原则至关重要,甚至起着决定性的作用。在此案中,比勒陀利亚法院还强调,法院有必要充当为代孕提供中介代理服务等商业代孕协议的最终控制者和调查人员。[④] 对任何涉及的人,包括代孕母亲和中介机构,都要求必须出具申请代孕的宣誓书证明,提交给法院审查。可见,法院对代孕协议的确认并不是一个简单的行政程序,在代孕合同的授权方面同样发挥着重要的作用。

此外,在南非,代孕所产生的非法付款问题,也引起了民众的各种担忧。鉴于南非的贫困程度高,人们还担心商业代孕行业会得以迅速发展,[⑤]在这种情况下,南非当局意识到了进一步加强对跨境代孕进行监管的必要性。

---

① See South Africa,"Children's Act 38 of 2005",http://www.justice.gov.za/legislation/acts/2005-038%20childrensact.pdf, August 2, 2019 [hereinafter "South Africa, Children's Act 38 of 2005"], art. 1.

② See South Africa: North Gauteng High Court, Pretoria, "Ex parte: *WH and Others* (29936/11) [2011] ZAGPPHC 185; 2011(6) SA 514(GNP); [2011] 4 All SA 630(GNP)", http://www.saflii.org/za/cases/ZAGPPHC/2011/185.html, September 5, 2019.

③ See South Africa: North Gauteng High Court, Pretoria, "Ex parte: *WH and Others* (29936/11) [2011] ZAGPPHC 185; 2011(6) SA 514(GNP); [2011] 4 All SA 630(GNP)", http://www.saflii.org/za/cases/ZAGPPHC/2011/185.html, September 5, 2019, pp. 24-27.

④ Ibid., paras 64-67.

⑤ See Face of Malawi, "SA to Tighten Rules for Foreigners to Do for Families", http://www.faceofmalawi.com/2011/10/sa-to-tighten-the-rules-for-foreigners-to-do-for-families/, August 5, 2019.

三、2010 年《儿童法》中有关代孕的规定

南非议会于 2010 年对 2005 年《儿童法》进行了修订。修订后的《儿童法》增加了第 19 章，是专门针对代孕母亲而作出的规定。从这些规定中可以看出，南非在正式认可代孕的同时，又对代孕作了一定的限制，允许在严格和非常明确的范围内实施代孕。

（一）代孕申请人的范围

根据南非 2010 年《儿童法》的规定，代孕适用于所有人，对于代孕申请人的婚姻状况、种族、性别和性取向没有任何限制，体现了该法中所规定的权利平等原则。

（二）代孕合同

该法对代孕合同作出了规定。代孕的法律程序主要涉及委托父母、代孕母亲及其丈夫或伴侣之间在某些事项上达成的协议，如双方同意代孕是利他性质的；向代孕母亲支付"合理费用"；合法父母在子女出生后愿意放弃监护权，将代孕子女交给意向父母等。当然，对那些想要与代孕子女建立亲子关系的委托父母来说，为了使代孕协议获得生效，还必须遵循一些额外的程序。代孕母亲和委托父母之间必须签订一份正式的书面协议。代孕母亲及其丈夫或伴侣以及委托父母在签订代孕协议时应居住在南非。代孕开始前，代孕协议必须得到委托父母居住地或惯常居住地的高等法院的批准。①

尽管如此，法官在考虑批准代孕协议时，仍应对委托父母的权利与儿童享有的权利给予同等的保护，应始终尊重宪法规定的隐私、自决和不歧视父母的权利。②

（三）关于代孕母亲的法律地位问题

《南非宪法》第 12 条第 2 款第 1 项规定了生孩子的权利。2010 年《儿童

---

① 2010 年《儿童法》第 292 条第 1 款规定："代孕协议必须书面形式，由高等法院进行确认。除非符合以下情形，否则代孕协议无效：（1）本协议为书面形式，各方签字；（2）该协议在南非境内订立；（3）订立代孕协议时至少有一方是委托父母或单身人士居住在南非境内；（4）代孕母亲及其配偶在南非境内订立代孕协议；（5）该代孕协议应该得到委托父母的住所或惯常居所地具有管辖权的高等法院的确认。" See South Africa，Children's Act 38 of 2005，art. 292.

② See South Africa：North Gauteng High Court，Pretoria，"Ex parte：*WH and Others*（29936/11）［2011］ZAGPPHC 185；2011（6）SA 514（GNP）；［2011］4 All SA 630（GNP）"，http://www.saflii.org/za/cases/ZAGPPHC/2011/185.html，September 5，2019，para. 63.

法》要求法院在代孕母亲子宫植入至少有一名委托父母的基因之前,必须确认代孕协议的效力。只有在有足够的证据证明委托父母无法通过自然受孕和怀孕生育孩子时,法院才会确认该代孕协议的合法性,并允许代孕母亲受精以及采用人工辅助生殖技术将胚胎植入代孕母亲的子宫内。涉及的具体情况如下:

1. 代孕母亲签订代孕协议不是以赚钱为目的的,其动机必须是纯粹无私的,不得将代孕作为收入来源,仅是为了帮助那些希望生孩子但又不能如愿的人。

2. 代孕母亲必须身体健康和情绪稳定。

3. 代孕母亲须至少有一次成功的怀孕和分娩经历,并有一个自己抚养的孩子。

4. 代孕母亲有权终止妊娠,她对委托父母行使这一权利不承担任何责任。当委托父母因医疗原因以外的任何原因作出终止妊娠的决定时,代孕母亲可以获得补偿。

5. 对代孕母亲实施人工授精技术。根据南非《儿童法》第 296 条第 1 款的规定:"以下情况不得对代孕母亲实施人工授精的技术:(1)在法院确认代孕协议的效力之前;(2)在法院确认该代孕协议之日起 18 个月之后。"该条第 2 款规定:"任何为履行本法规定的代孕协议而对代孕母亲所实施的人工授精,必须根据 2003 年《全国健康法》的规定实施。"①

由上可见,南非法律对代孕母亲规定了严格的标准和条件。这些规定有助于法官对某位女性是否适合提供代孕服务、是否能在代孕之前就遵守代孕协议作出正确的判断。同时,这些规定也为意向父母提供了高水平的保护,能确保代孕孩子的利益得以尊重。

(四)意向父母应该具备的条件

意向父母必须填写自己适合抚养孩子的情况。这些情况是以生理和心理健康证明为标志的,以及他们具有照顾和为孩子提供所有需求的能力。

南非的立法机构和司法机构都认为,代孕现象非常复杂,对伦理、法律和社会现实生活有着深刻的影响。南非非常重视家庭生活、对儿童最大利益的保护,尊重个人拥有和抚养子女的权利。在南非,人们普遍认为,代孕案件只有那

---

① See South Africa, Children's Act 38 of 2005, art. 296.

些掌握了最为丰富法律专业知识的法官才能解决，所以，南非负责调查代孕母亲案件的法院是南非高等法院。

（五）代孕子女的亲权问题

根据有效的代孕协议，代孕母亲所生的子女，从出生之时起，都是委托父母的子女。相反，因无效代孕协议而出生的孩子将是代孕母亲的孩子。从代孕儿童的遗传来源来看，代孕儿童至少是委托父母一方的配子；若是单身人士委托代孕的，则为该单身人士的配子。① 代孕母亲有义务在孩子出生后尽快将孩子交给委托父母。如果代孕母亲是代孕儿童的遗传母亲，则可在儿童出生后60日内向法院提交书面通知撤销其与代孕子女间的亲权关系。② 比如，依据南非《儿童法》第297条第1款第2项、第3项的规定，代孕母亲及其丈夫或伴侣对代孕儿童不具有亲权或者抚养权，应尽快"合理地"将代孕儿童移交给委托父母。③ 只有这样，代孕孩子与委托父母家庭接触时才不会产生情绪障碍。④

（六）对儿童最大利益的保护

从南非《儿童法》第298条第1款的规定中可以看出，法律是不允许代孕母亲在怀孕的过程中终止代孕协议的。一直到代孕儿童出生后的60日内，代孕母亲才有权终止代孕协议。⑤ 这条规定的例外情况是，在通知各方当事人及举行听证后，在得知代孕母亲是自愿终止代孕协议的情况下，法院如果认为终止

---

① See South Africa, Children's Act 38 of 2005, art. 294.

② See K. Svitnev, "Legal Control of Surrogacy-international Perspectives", in Joseph G. Schenker, ed., *Ethical Dilemmas in Assisted Reproductive Technologies*, Berlin and Boston, Walter de Gruyter, 2011, Chap. 13, p. 153.

③ 南非2005年《儿童法》第297条第1款第2项、第3项分别规定："代孕母亲有义务在分娩后将代孕儿童尽快交还给委托父母"；"代孕母亲或者其丈夫、伴侣或其亲戚对代孕儿童不具有亲权及抚养权。"See South Africa, Children's Act 38 of 2005, art. 297(1)(b)&(1)(c).

④ South Africa: North Gauteng High Court, Pretoria, "Ex parte: *WH and Others*(29936/11) [2011] ZAGPPHC 185; 2011(6) SA 514(GNP); [2011] 4 All SA 630(GNP)", http://www.saflii.org/za/cases/ZAGPPHC/2011/185.html, September 5, 2019, para. 58.

⑤ 南非2005年《儿童法》第298条第1款规定："同时是代孕儿童之基因父母的代孕母亲，在该代孕儿童出生后的60日内，可以通过向法院提交书面通知以终止代孕协议。"See South Africa, Children's Act 38 of 2005, art. 298(1).

协议不利于保护儿童的最大利益,那么可以下达不终止代孕协议的适当命令。①无疑,该规定体现出南非对儿童最大利益的保护是高度重视的。

第二节　南非跨境代孕司法实践

在南非,尚未见到被公开披露的跨境代孕纠纷案例。不过,南非法律未禁止南非公民或在本国居住的人去其他国家或地区寻求跨境代孕。由于自愿代孕在南非是合法的,因此,在一般情况下,意向父母不需要求助于国际代孕就可以实现自己的意愿。南非意向父母如果寻求跨境代孕则可能是出于以下原因:在不希望自己的配子用于人工受精的情况下,他们就有可能寻求跨境代孕。例如,因为患有遗传性的疾病,不想将这类疾病遗传到孩子身上;委托母亲虽然可以进行分娩,但不愿意进行生育;认为国外的医疗设施更好;希望有更多的代孕母亲可供选择等。②

南非意向父母如果希望在外国通过代孕获得孩子,那么也会遇到与其他国家的意向父母进行跨境代孕时遇到的同样问题,即他们的代孕子女的合法父母身份得不到南非政府或法院的承认。南非通常使用两个标准为孩子建立合法的父母身份关系:一是父母与孩子之间的遗传联系;二是该父母是有意向成为父母的人,即通过"委托"代孕母亲为其生育子女而成为孩子父母的人。③但是,值得注意的是,在涉及跨境代孕的司法实践中,不同的司法管辖区之间在亲权的建立标准上存在一定的差异。这样一来,一些可能在代孕发生地有资格成为代孕孩子合法父母的委托父母却在南非无法与代孕子女之间建立父母身份关系。如果意向父母在外国进行的是利他代孕并被外国法律赋予了合法的父母身份,那么,在这种情况下,他们的父母身份可能会在南非得到承认,因为南

---

① 南非2005年《儿童法》第298条第2款规定:"在通知各方当事人及举行听证后,法院如果得知代孕母亲是自愿终止代孕协议并且她了解终止协议的后果的情况下,应当终止依据本法第295条所作的对代孕协议的质询;同时,如果法院可以依据儿童的最大利益,下达任何其他适当的命令。"See South Africa, Children's Act 38 of 2005, art. 298(2); South Africa: North Gauteng High Court, Pretoria, "Ex parte: *WH and Others* (29936/11) [2011] ZAGPPHC 185; 2011(6) SA 514(GNP); [2011] 4 All SA 630(GNP)", http://www.saflii.org/za/cases/ZAGPPHC/2011/185.html, September 5, 2019, p. 26.

② See Jacqueline Heaton, "The Pitfalls of International Surrogacy: A South African Family Law Perspective", 78 *Journal for Contemporary Roman-Dutch Law* 24(2015), p. 40.

③ Ibid., p. 41.

非也允许利他代孕。但是,如果意向父母在外国寻求的是商业代孕,由于商业代孕被国际上普遍认为是违法的,并且违反了南非的公共政策,①那么,即便商业代孕在其发生地国是有效的,南非法院也可能拒绝承认委托父母的法定父母身份。

有时会出现这样的情况:南非的委托父母在国外进行代孕,其对代孕子女的合法父母身份虽然未得到外国的确认,但外国法院作出了一项有利于意向父母进行跨国收养的判决。对此,南非中央机关如果认为外国法院的判决明显违反了南非的公共政策,则有权依据南非《儿童法》第270条拒绝承认该判决。②由于商业代孕针对的是南非的公共政策,所以一些外国法院对通过商业代孕生下的孩子所作出的收养判决,就无法得到中央机关的承认。但是,南非中央机关在作出决定时还必须考虑到儿童的最大利益。③ 它的立场是拒绝承认外国收养判决不会影响商业代孕孩子的最大利益,因为委托父母可以根据南非《儿童法》向儿童法院申请收养令。④ 借助这一方式,委托父母同样能与代孕子女建立亲子关系。

---

① See HCCH, "Preliminary Document 3C of March 2014 – A study of legal parentage and the issues arising from international surrogacy agreements", https://assets.hcch.net/docs/bb90cfd2-a66a-4fe4-a05b-55f33b009cfc.pdf, July 7, 2019, paras. 98-102.

② South Africa, Children's Act 38 of 2005, art. 270(1).

③ South Africa, Children's Act 38 of 2005, art. 270(1).

④ South Africa, Children's Act 38 of 2005, art. 271.

第十五章　比利时代孕立法与司法实践

第一节　比利时代孕法律制度

一、比利时未制定有关代孕的法律

目前,比利时尚未就代孕问题进行具体的立法。实践中,有些医院则利用立法上的缺陷来满足一些人的代孕请求。在比利时境内进行代孕将会出现代孕合同的效力和代孕合同强制执行的问题。根据比利时《民法》第312条之规定:“子女于婚姻关系中怀孕者,夫即取得父的资格。但父如能证明自子女出生前的第300日起至第125日止的期间,有远离他乡或者某种生理上不能与妻同居的原因,得否认其子女。”[①]据此规定,可以推定的是,代孕母亲是分娩代孕子女的合法母亲,她的丈夫则视为代孕儿童的合法父亲。如果代孕母亲未结婚,委托父亲可以在代孕母亲同意的情况下获得父亲身份。如果代孕母亲不同意,法院会组织相关当事人进行调解。

---

① Belgium and John H. Crabb, Constitution of Belgium and the Belgian Civil Code (As Amended to September 1, 1982 in the Moniteur Belge), Littleton, F. B. Rothman, 1982, Book 2 [hereinafter "Belgian Civil Code"], p. 107, art. 312.

二、关于代孕立法的相关建议

面对代孕立法的空白，比利时议会曾提出过一项有关代孕立法的议案，目的是要明确地禁止商业性代孕，只能在特定条件下允许代孕。例如，代孕的条件主要涉及意向父母的资格和医疗机构的资质，委托父母的财务状况，为代孕母亲提供的保护标准，确定代孕子女与委托父母之间的亲子关系，代孕儿童国籍的取得等，均为制定代孕立法时要考虑的核心内容。

（一）关于法律所允许的代孕类型

目前，只有自愿代孕和妊娠代孕这两种类型可以在比利时由授权的医院实施。在大多数情况下，委托父母双方与代孕儿童之间有着遗传关系。如果委托母亲不能提供卵子，则可以使用捐赠者的卵子。在比利时议会提出的有关代孕的法律草案中，只考虑到了利他主义代孕。该草案明确禁止向代孕母亲支付报酬，与怀孕和医疗检查有关的支出将由委托父母支付，强调代孕子女至少应与委托父母中的一方有着遗传关系，包括了代孕母亲提供卵子这种传统代孕安排的情况。

（二）依据委托父母的资料和医疗适应证证明决定是否给予他们代孕权

目前，只有异性恋夫妇可以在比利时某些医院进行代孕。那么，哪些异性恋夫妻能够获得代孕权？对此，前述代孕法律草案提出了如下几种不同的建议：

1. 托梅兰（Tommelein）先生及其同事提出的建议法案是，异性伴侣（已婚夫妇或未婚男女朋友）和单身女性可以获得代孕权。①

2. 德范（Defraigne）女士提出的建议法案是，将代孕权保留给已婚或未婚的异性伴侣。②

3. 特曼（Temmerman）夫人和斯威南（Swennen）先生提出的建议法案则认为，已婚或同居和生活“持久”至少3年的异性恋和同性恋夫妻享有代孕权。③

---

① Proposed law framing surrogacy, of the 9th of September 2010, tabled by Mr Bart Tommelein and associates, *Doc. parl.*, Senate, 2010, n° 5 - 130/1.

② Proposed law relating to surrogate mothers, of the 23rd of September 2011, tabled by Mrs Christine Defraigne, *Doc. parl.*, Senate, 2010, n° 5 - 160/1.

③ Proposed law relative to surrogacy, of the 6th of October 2011, tabled by Mr. Philippe Mahoux, *Doc. parl.*, Senate, 2010, n°5 - 236/1.

4. 马尔(Mahoux)先生提出的建议则是向所有有代孕需要的人开放代孕权。①

对于申请进行代孕的委托父母是否需要满足某些医学适应证的问题,大家的意见和建议都是一致的,即委托母亲生理上不能生育孩子,或者怀孕将对委托母亲本人的身体健康或孩子的生命构成威胁。医学适应证包括:先天性、后天性子宫缺失或功能障碍,以及由于委托母亲本人健康的原因或因为怀孕将导致本人或孩子的生命遇到危险而不能怀孕的。

(三)涉及代孕的所有费用

在比利时议会议员提出代孕法案草案中,也涉及由委托父母承担有关妊娠代孕费用的责任问题,包括医疗费用、保险费用、法律和行政费用等。

1. 与代孕有关的所有医疗费用都由委托父母支付,具体包括:代孕母亲怀孕、分娩及其所有的医疗费用,其中包含未能报销的医疗费用。比如,特曼夫人和斯威南先生提出,代孕合同应涉及意向父母的责任以及委托代孕的"有效和合理"成本,这些费用包括但不限于:为代孕母亲购买服装的费用;在代孕的情况下进行的每次旅行费用;如有必要,应对代孕母亲的工资损失(欧元/日)作出赔偿;代孕母亲遇到事故、医疗并发症或与怀孕有关的疾病时而应支付的费用。除多胎妊娠的情况外,代孕母亲每月收到的金额不得超过的欧元数额限度;代孕母亲在多次怀孕的情况下,每月收到的欧元金额不能超过的限度。

2. 与代孕怀孕、分娩和最终收养代孕新生儿有关的法律手续和行政的费用。

3. 与代孕母亲指定一个或多个受益人有关的保险费用,包括因事故、医疗并发症或与怀孕或分娩有关的疾病而可能出现的死亡医疗保险和人寿保险。医疗保险将用来偿还与代孕、住院、分娩等有关的医疗费用。代孕母亲负责向保险公司提交账单和证书,并向委托父母提供这些文件的副本。而人寿保险则是由委托父母支付给代孕母亲的人寿保险费用。

(四)代孕母亲的保护标准

1. 关于代孕母亲的年龄问题

比利时议会议员德范(Defraigne)女士和托梅兰先生在提出的法案草案中均认为,代孕母亲的年龄应在 45 岁以下。如果代孕母亲已生育过一名代孕子

---

① Proposed law on the organisation of surrogacy centres, of the 5th of April 2011, tabled by Mrs Marleen Temmerman et Mr Guy Swennen, *Doc. parl.*, Senate, 2010 - 2011, n° 5 - 929/1.

女，托梅兰先生提出，可以将代孕母亲的最大年龄放宽到49岁。马尔先生建议将代孕母亲最大年龄限定为36岁。特曼夫人和斯威南先生则建议将代孕母亲的年龄最小定为21岁，最大定为37岁。

上面提到的议员均认为代孕母亲至少应已生育，并有一个活着的孩子的经验。

2. 代孕母亲的自由和知情同意权

在比利时，医院目前的做法是让代孕母亲有充分的自由和知情同意权。由特曼夫人和斯威南先生提出的建议是，允许代孕母亲在怀孕开始前有3个月的反思期，对代孕母亲的知情同意权进行核实，确保代孕母亲能够自由地作出决定，充分了解代孕怀孕生子会遇到的困难。

3. 代孕母亲的医疗和心理咨询

如目前在实践中所做的那样，必须给代孕母亲提供医疗和心理支持，甚至包括社会和法律支持。

（五）委托父母的保护标准

1. 委托父母的年龄

托梅兰先生建议，在代孕安排的情况下，委托母亲的年龄限制为43岁，而在传统代孕安排中年龄限制为45岁。马尔先生建议，将委托父母的年龄限制为47岁。而特曼夫人和斯威南先生提出的建议是，委托父母的年龄不得超过45岁。

2. 对委托父母或代孕母亲的住所或国籍的要求

特曼夫人和斯威南先生在提出的建议中要求代孕母亲和委托父母必须是比利时国籍，并且委托父母之中有一方已经在比利时领土内居住了至少两年。马尔先生建议，委托父母至少在过去两年内在比利时定居过。托梅兰先生则认为，委托父母和代孕母亲均为比利时国籍或者在比利时有固定住所。

（六）法律咨询的要求

目前，从事代孕的医院要求代孕母亲的法律咨询由委托父母的法律专家负责提供。有的议员建议，委托父母和代孕母亲双方将获得代孕中心的法律专家协助与提供的相关法律咨询。而有的议员则认为，委托父母和代孕母亲必须各自得到一位独立的律师所提供的法律咨询与协助。

（七）从法律上确定亲子关系

1. 代孕子女与委托母亲之间的母子关系确立问题。

由于比利时没有与代孕相关的立法，因此在确定代孕子女与委托父母之间的亲子关系时,只能遵循传统的法律格言,按照分娩者为合法母亲的原则来处理。即使委托母亲是代孕子女的基因母亲,代孕母亲与代孕子女之间没有血缘关系,但代孕母亲因是分娩母亲,故也是代孕子女的合法母亲。委托母亲必须通过与配偶或同居者一起办理收养手续,才能与代孕子女之间建立亲子关系。如果委托母亲是单身人士,同样需要通过收养程序才能成为代孕子女的合法母亲。

2. 代孕子女与委托父亲之间的父子关系确立问题。

在现行的法律框架下,遵照比利时民法上所确立的父亲推定规则,即代孕母亲的丈夫被视为代孕儿童的合法父亲。在这种情况下,如果代孕母亲有配偶,委托父亲必须经过收养程序才能与代孕子女建立亲子关系;如果代孕母亲未结婚,委托父亲在代孕母亲同意的情况下,无须经过收养程序就能够确立其对代孕子女的合法父亲身份。

3. 比利时法律机构目前还没有针对代孕子女设立"出生令"或"出生前命令"的制度。对于通过收养程序建立亲子关系的问题,比利时国会议员提出了以下建议:

(1)第一种常规模式。在法律草案所考虑的三项拟议案中,德范女士、特曼夫人和斯威南先生建议通过一项合同的方式建立产妇与代孕子女之间的母子关系,代孕母亲所生孩子的名字中冠上委托父亲的姓氏。民事登记员在收到代孕子女已经被交付给委托父母的通知后,可以直接在出生证明上将委托父母的姓名登记在册。

(2)第二种模式。特曼夫人和斯威南先生提出,母亲的身份由出生证明中的名字决定,可以是代孕母亲,也可以是委托母亲;而父亲身份则按父亲的推定规则来确定。如果委托母亲已婚,则该孩子可以拥有委托父亲的姓氏。如果委托母亲没有结婚,那么孩子就可以拥有这位委托母亲的姓氏。德范女士、特曼夫人和斯威南先生也建议,即使委托母亲是孩子的基因母亲,也只有登记在出生证明上的母亲才可以采取诉讼的方式对代孕母亲或委托父亲的事由进行抗辩。

(3)"预先收养"的委托父母模式。托梅兰先生和他的同事建议,通过收养程序将代孕合同置于"事前收养声明"的地位。可根据民法的规定,解决代孕母亲与代孕子女之间的亲子关系建立问题。如果代孕母亲已婚或者单身,则该代孕孩子的姓氏与代孕母亲的姓氏一致,这也符合民法规定的有关姓名归属的规则。

(八)捐赠配子

配子的捐赠受到2007年7月6日颁布的《医学辅助生殖以及多胚胎和配子目的地法》的规制。① 根据该法第57条的规定,当配子进入捐赠程序后,捐赠者的信息不能被公开;而如果经过捐赠者的同意以及接收者的允许,配子的捐赠者信息也可以是公开的。②

(九)代孕儿童国籍的取得

代孕儿童可以根据其父母的国籍或基于其在比利时领土上的出生事实而取得比利时国籍。根据出生时父亲、代孕母亲或收养父母的国籍而取得比利时国籍,这是代孕儿童取得比利时国籍的最基本方式。具体而言,如果代孕儿童是在比利时父母身边出生的,那么他就自动地成为比利时公民。代孕儿童如果出生在国外,也能当然地取得比利时国籍,但有一定的条件限制,即该代孕子女的父母必须在代孕子女5岁前提出申请,才能获得比利时国籍。而基于出生在比利时境内的原因,即使父母不是比利时人,代孕儿童也能取得比利时国籍。

笔者认为,比利时议员提出的这些广泛的立法建议,事实上已在以下几方面达成了共识:一是代孕协议必须是非商业性的代孕协议。对于一直以来没有代孕立法的比利时来说,即便要制定代孕立法,也必须对代孕的种类加以限制,只能允许利他代孕行为的存在。二是只有那些医疗需要者,才享有代孕权并申请代孕。不过,在哪些人才能获得代孕权的问题上尚有争议。三是代孕子女和委托父母之间必须有遗传联系,至少与委托父母中的一方有基因联系。

---

① "Belgian Law of the 6th of July 2007 on medically assisted procreation and the destination of supernumerary embryos and gametes(Projet de loi relative à la procréation médicalement assistée et à la destination des embryons surnuméraires et des gamètes/Wetsontwerp betreffende de medisch begeleide voortplanting en de bestemming van de overtallige embryo's en de gameten)", https://www.lachambre.be/FLWB/pdf/51/2567/51K2567005.pdf, September 8, 2019 [hereinafter "Belgian Law of the 6th of July 2007 on medically assisted procreation and the destination of supernumerary embryos and gametes"].

② Belgian Law of the 6th of July 2007 on medically assisted procreation and the destination of supernumerary embryos and gametes, art. 57; Guido Pennings, "Belgian Law on Medically Assisted Reproduction and the Disposition of Supernumerary Embroys and Gametes", 14 *European Journal of Health Law* 251(2007), p. 255.

第二节　比利时跨境代孕司法实践

一、2008 年比利时法院审理的乌克兰代孕案

本案是一起涉及比利时异性恋夫妇因向一名乌克兰代孕母亲寻求跨境代孕而引发的纠纷案件。[①] 乌克兰代孕母亲通过妊娠代孕生下了代孕子女，委托父母是该代孕子女的血缘父母，出生证明中写明的代孕子女法定父母为委托父母。之后，这对比利时委托父母便请求比利时驻乌克兰大使馆承认该出生证明，并为代孕儿童办理护照，以便他们能够将代孕子女顺利带回比利时。但是，大使馆拒绝了他们的申请。为此，这对比利时委托父母根据比利时《国际私法》第 23 条[②]和第 27 条[③]之规定，在 2008 年向安特卫普一审法院提起了诉讼，请求法院承认乌克兰政府签发的出生证明。安特卫普法院最终承认了这份出生证明证书，但对出生证明中的委托母亲的身份不予承认。法院认为，乌克兰开具的出生证明书中载入委托母亲的姓名，违反了比利时法律中有关出生证明必须提及

---

① See Laurence Brunet, et al., *Comparative Study on the Regime of Surrogacy in the EU Member States*, Brussels, Belgium, European Parliament, 2013, p. 224.

② 比利时《国际私法》第 23 条关于管辖权与外国法院判决的承认与执行规定："1. 除第 121 条规定的情况外，初审法院有审理承认与执行外国判决的案件的管辖权。2. 除第 31 条规定的情形外，被告住所地或惯常居所地所在的法院具有属地管辖权；在没有前述住所或惯常居所的情况下，案件执行地法院具有管辖权。如果不能在第一款所述法院提起承认外国判决的诉讼，原告可以选择其在比利时的住所或居住地的法院起诉。如果在比利时没有前述的住所或居住地，原告可以选择布鲁塞尔的地区法院起诉。3. 法院根据《民事诉讼法》第 1025 ~ 1034 条的程序受理和处理诉讼。原告必须在法院辖区内选择住所。审理法官在短期内处理该案。4. 与普通追索权相关的外国法院判决可以申请暂时强制执行。法官可以在受担保的情形下裁定执行。5. 与《民事诉讼法》第 1029 条规定相反，在对允许执行的决定提出上诉的法定期间内，只有对被要求执行的一方的财产才可以申请采取保全措施。允许执行的裁定包含采取上述保全措施的许可决定。"

③ 比利时《国际私法》第 27 条关于外国公证文书的承认与执行的规定："1. 如果外国公证文书的有效性是根据本法(具体指第 18 条和第 21 条)所适用的准据法所确定的，则比利时的任何当局均可以无须经过任何程序，而承认该外国的公证文书的有效性。该文书必须满足根据其起草国的法律所规定的确立真实性的必要条件。本法第 24 条在必要的情况下可以适用。2. 在遵守第 121 条的前提下，并根据第 23 条规定的程序以及符合第一款条件的情况下，在起草国内具有执行力的外国公证文书，在比利时会由初审法院宣布可执行。3. 经外国法官批准并在批准和解的国家可执行的司法和解，可在与公证文书相同的条件下在比利时被宣布可执行。如果比利时当局拒绝承认文书的有效性，当事人可根据本法第 23 条规定的程序，在不影响第 121 条的情况下向初审法院提出上诉。"

分娩母亲姓名的规定,因而不承认委托母亲为代孕子女法律上的母亲身份。而委托父亲的亲子关系可以得到承认,因为他与代孕孩子之间有血缘关系。

在法院作出判决之后,委托母亲又向少年法院提出了为代孕子女办理收养手续的请求。少年法院以儿童的最大利益原则为由,支持了委托母亲的诉求,确认了委托母亲与代孕子女之间的亲子关系。

二、2010 年比利时法院审理的美国加利福尼亚州代孕案

在 2010 年 4 月 27 日,比利时上诉法院对一起跨境代孕亲子关系确认案作出了判决。[①] 在本案中,比利时一对男同性恋伴侣与美国一名加利福尼亚州的代孕母亲签订了一份代孕合同。其中一名伴侣是代孕双胞胎的基因父亲。美国代孕母亲于 2008 年 12 月生下了这对双胞胎。依据加利福尼亚州的法律,这两名男性伴侣在双胞胎的出生证明上被登记为代孕双胞胎的合法父亲。当他们向比利时政府提出对出生证明进行登记的申请、欲将这对双胞胎带回比利时,当地的政府部门不仅拒绝承认美国加利福尼亚州的出生证,还否定了这对男同性伴侣与代孕双胞胎之间的亲子关系。

随后,这对男同伴侣向比利时一审法院起诉,要求撤销比利时当局对双胞胎的出生证明所作出的拒绝承认决定。法院最终驳回了当事人的诉讼请求。法院认为,美国加利福尼亚州最高法院认定的这两名比利时父亲的出生证明,不能被比利时法院承认,因为该出生证明违反了比利时《国际私法》关于公共秩序的规定,属于故意规避比利时法律的行为。作为双胞胎的委托父亲则辩称,由于比利时的法律是允许同性恋伴侣收养儿童的,所以,比利时法院应承认美国的出生证明并不违背比利时法律的根本原则。在对本案的处理过程中,法官并没有充分考虑这对同性恋伴侣的诉求本身,而是把重点放在美国加利福尼亚州签发的出生证明、委托父母与代孕母亲的关系、代孕合同因违反比利时法而无效的问题上,所以最后作出了如果承认美国加利福尼亚州的出生证明即是违反本国公共秩序的结论。

但是,上诉法院纠正了一审法院的上述推理判断,并以儿童最大利益原则赋予了这对男同伴侣的亲权身份。上诉法院认为,这对夫妇寻求代孕母亲是事实,而且代孕合同也是违法的,但这些因素并不能构成危害儿童最大利益的理由。

---

① See Patrick Wautelet, "Belgian Judgement on Surrogate Motherhood", http://conflictoflaws.net/2010/belgian – judgment – on – surrogate – motherhood/, September 5, 2019.

三、2010年比利时法院审理的印度代孕案

2010年4月6日，比利时法院针对一起发生在印度的跨境代孕纠纷案件作出了判决。[①] 在本案中，代孕合同的一方为一名印度代孕母亲，另一方为一名比利时单身男子。该名比利时男子既是代孕儿童的委托父亲，又是代孕儿童的基因父亲。跨境代孕生殖行为是将这名比利时男子的精子和一个匿名捐赠者的卵子，通过人工辅助生殖技术形成胚胎植入印度代孕母亲子宫而完成的。在印度公证人的见证之下，代孕母亲承认这名比利时男子为代孕子女的委托父亲。随后，在印度当局签发的出生证上，没有提到代孕母亲的名字，只提到了委托父亲的名字。委托父亲要求比利时驻印度领事馆为该名代孕子女办理旅行证件，但遭到了比利时领事馆的拒绝。

为此，委托父亲向比利时法院提出了采取临时救济措施的申请。最终，比利时法院判决他胜诉，承认了他与代孕子女间的亲子关系，并责令比利时领事馆应该根据儿童与父亲之间存在的家庭生活以及儿童的最大利益原则提供必要的旅行证件。[②]

四、小结

从上述案件中可以看出，比利时法院是要求比利时驻外使领馆向代孕儿童发放旅行证件或者有条件地承认外国的出生证明的。当涉及需要对外国的出生证进行承认的问题时，法院认为，如果外国的出生证明只提到了委托母亲的姓名或未注明分娩母亲姓名，那么外国的出生证明是不能得到承认的，因为这种做法违背了比利时法律中有关"分娩女性的姓名必须登记在出生证上"的规定。在这种情况下，比利时驻外使领馆也就不可能给代孕儿童发放旅行证件。对于与代孕儿童之间有血缘关系的委托母亲，法院可以基于对儿童最大利益的考虑，承认委托母亲与代孕儿童之间的亲子关系。委托父母可以通过提起临时救济程序，为儿童提出紧急提供旅行证件的申请，或者通过承认外国证书中的父亲身份关系的程序为代孕子女申请护照。

---

① Civ. Brussels (interim), *Revue trimestrielle de droit familial*, 6 April 2010, p. 1164; Civ. Nivelles, *Rev. trim. dr. fam.*, 6 April 2011, p. 695.

② Civ. Nivelles, *Amélie and Nina*, 6 April 2011.

第十六章　欧盟代孕立法与司法实践

第一节　欧盟代孕立法概况

欧盟没有制定专门用来规范代孕问题的法律。对于是否禁止代孕生殖行为以及如何保护代孕中各方利益等问题，欧洲联盟法院（the Court of Justice of the European Union，CJEU）也从来未作出回答。但从欧盟的一些法律规定中又可以看出，"患者行动自由"的原则可适用于欧盟公民中那些自由选择迁徙的委托父母，他们可以从欧盟中的一成员国到另一个允许代孕的成员国寻求代孕，并在代孕子女产下之后，将其携带回国。目前，在欧盟的所有成员国中，只有希腊制定了较为全面的代孕法律制度。欧盟成员国公民一旦决定在欧盟范围内寻求跨境代孕，则会遇到与代孕母亲订立的代孕合同是否合法、有效的问题。

一、欧盟有关生殖权问题的立法和实践

欧盟各成员国对生殖权的问题并没有达成共识。2004 年 3 月 31 日，欧洲议会和欧盟理事会在《关于制定捐赠、采购、测试、加工的质量和安全标准、人体组织和细胞的保存、储存和分配第 2004/23 号指令》（以下简称第 2004/23 号指令）中声明，"本指令不应干扰成员国就使用或不使用任何特定类型的人类细胞（包括生殖细胞和胚胎干细胞）所作的决定。但是，如果

某个成员国授权使用此类细胞，那么鉴于这些细胞根据科学知识及其特殊性质的具体风险，本指令将要求适用所有必要条款以保护公共健康，并且保证尊重基本权利”。[①] 可见，欧盟将这项代孕选择权留给了各成员国。《欧洲人权公约》《欧洲联盟基本权利宪章》中也有一些与代孕有着密切联系的条款，对处理与代孕相关的问题具有非常重要的意义。例如，《欧洲人权公约》第 8 条[②]关于公民有权享有自己的私人和家庭生活、家庭和通信得到尊重权利的规定；第 12 条[③]有关达到结婚年龄的男女根据国内法享有结婚及成立家庭权利的规定。《欧洲联盟基本权利宪章》第 7 条关于尊重私人和家庭生活的规定，即“每个人都有权尊重他的私人和家庭生活、家庭和联系”；[④]第 9 条关于结婚的权利和组建家庭的权利的规定，即“结婚权和成立家庭的权利应根据行使这些权利的国家法律得到保障”。[⑤] 第 3 条第 2 款关于“禁止使用人体及其部位成为经济利益的来源”之规定。[⑥]

在格罗根（Grogan）一案中，因为爱尔兰不允许堕胎，而爱尔兰大学的一个学生会在分发到欧盟其他成员国的有关英国提供堕胎服务的信息显示，在英国堕胎是合法的。对此，爱尔兰保护未出生儿童协会提出了异议。该协会认为，本案应适用爱尔兰《宪法第八修正案》第 40.3.3 条关于保障未出生胎儿的生命

---

① Directive 2004/23/EC of the European Parliament and of the Council of 31 March 2004 on Setting Standards of Quality and Safety for the Donation, Procurement, Testing, Processing, Preservation, Storage and Distribution of Human Tissues and Cells, [2004] L 102/48, (12).

② 《欧洲人权公约》第 8 条关于私生活和家庭生活受到尊重的权利的规定：“1. 人人有权享有使自己的私人和家庭生活、住所和通信得到尊重的权利。2. 公共机构不得干预上述权利的行使，但是，依照法律规定的干预以及基于在民主社会中为了国家安全、公共安全或者国家的经济福利的利益考虑，为了防止混乱或者犯罪，为了保护健康或者道德，为了保护他人的权利与自由而有必要进行干预的，不受此限。”See European Convention for the Protection of Human Rights and Fundamental Freedoms (European Convention on Human Rights, as amended), November 4, 1950, 213 UNTS 221, art. 8.

③ 《欧洲人权公约》第 12 条规定：“达到结婚年龄的男女，根据规定结婚和成立家庭权利的国内法的规定，享有结婚及成立家庭的权利。”See European Convention for the Protection of Human Rights and Fundamental Freedoms (European Convention on Human Rights, as amended), November 4, 1950, 213 UNTS 221, art. 12.

④ Charter of Fundamental Rights of the European Union, [2010] OJ C83/389, art. 7.

⑤ Ibid., art. 9.

⑥ Ibid., art. 3.

权的规定,禁止女性堕胎。[①] 而学生会则声称,这些材料的分发是源自欧盟提供服务的行动自由规定。[②] 对于此案,欧洲联盟法院在作出的判决中认为,学生会在禁止堕胎的成员国分发关于可在另一成员国具有资格的诊所进行自愿终止妊娠的信息,未违反欧盟法律。关于堕胎,到目前为止,欧洲联盟法院只强调应实行不同民族传统的共存。该案的判决结果表明,虽然成员国的宪法原则可以限制生育权的自由,但欧盟成员国可以保留其政策,只要能够证明其存在的必要性且与其保护程度是成比例的。

二、意向父母和代孕母亲作为患者在欧盟境内享有行动自由权

在欧盟,意向父母与代孕母亲作为患者的行动自由没有受到限制。有关禁止辅助生殖治疗的法律规定,并不能阻止欧盟一成员国公民在欧盟其他成员国寻求治疗,即使这种治疗在另一欧盟成员国被认为是不道德的。

前述格罗根案已形成了如下判例规则,即"无论国内如何禁止辅助生殖治疗,并视其为不道德的治疗,但是如果在欧盟其他成员国接受和采用人工辅助生殖技术,国家不能阻止欧盟公民在欧盟其他成员国寻求辅助生殖治疗"。由于欧盟各成员国对代孕持有不同的立法,使不孕不育患者有机会在欧盟其他成员国寻求人工辅助技术治疗,这在实际上也是与患者的行动自由权有关的。欧盟法院在科尔(Kohll)和迪克(Decker)案中确认了委托父母和代孕母亲作为患者在欧盟境内享有行动自由权。[③] 欧盟于 1997 年颁布的《关于社会保障协调的第 1408/71 号条例》[④]第 22 条将提供治疗的自由权,扩大到了跨境医疗保健治疗领域。2011 年 2 月,欧盟部长理事会通过了欧盟《关于患者跨境医疗权利的第 2011/24 号指令》(以下简称第 2011/24 号指令)。该指令发布之后,欧盟成

---

① 爱尔兰在 2018 年 5 月 25 日的全民公投中,赞成废除该法案的有 66.4%,反对票仅有 33.6%。这样一来,爱尔兰政府将在近期修改过去的法案,废除反堕胎法案,允许怀孕 12 周内的女性堕胎。参见英国小队长:《爱尔兰废除堕胎禁令,上千人坐飞机回国投票》,载搜狐网:https://www.sohu.com/a/233207582_100147587,2019 年 8 月 14 日最后访问。

② CJEU, Judgment of the Court of 4 October 1991 – The Society for the Protection of Unborn Children Ireland Ltd v Stephen Grogan and others, Case C – 159/90, para. 4.

③ CJEU, Judgment of the Court of 28 April 1998 – *Raymond Kohll v. Union des caisses de maladie*, C – 158/96, paras. 15, 26 – 30; and Judgment of the Court of 28 April 1998 – *Nicolas Decker v. Caisse de maladie des employés privés*, Case C – 120/95, paras. 8 – 28.

④ See Laurence Brunet, et al, *Comparative Study on the Regime of Surrogacy in the EU Member States*, Brussels, Belgium, European Parliament, 2013, p. 145.

员国患者不仅可以在国外进行治疗,其治疗费用有时还可由所在的成员国予以报销。患者有权到欧盟的另一个成员国自由行动并获得治疗,而且没有什么能够阻止患者到欧盟其他成员国去接受他们国家禁止的治疗。①

传统的代孕并不需要医疗干预,在法律不禁止代孕的成员国,代孕也不会被视为医疗治疗。虽然代孕安排涉及医学上的辅助生殖技术,但怀孕和生育孩子的过程是否属于"治疗"的范畴仍值得怀疑。在代孕安排中,"治疗"已经超出了通常意义上对特定人及其身体进行干预的含义,需要重新对其作出界定。

代孕安排涉及的医学治疗,包括从委托父母或捐赠者身上收集精子和卵子,采用人工辅助生殖技术将受精胚胎植入代孕母亲子宫等一系列的过程,还包括代孕母亲的医疗保健,代孕母亲和孩子的产前护理以及孩子的分娩。从前述内容来看,代孕在一定程度上也可以被视为治疗。正因如此,欧盟法律将治疗扩展到与人类生殖有关的各种医疗服务之中,包括各种形式的辅助生殖服务,即对委托父母、配子提供者及代孕母亲的服务。②

欧盟法明确了患者应具有的三项权利:(1)出国获得代孕治疗的权利;(2)获得有关信息的权利;(3)获得医疗费用报销的权利。③ 所属国报销权的原则是第2011/24号指令规定的,偿还跨境医疗保健费用的义务仅限于在其所属的成员国中享有的医疗保险;成员国可以选择偿还跨境医疗保健的费用,而不仅仅是简单地报销治疗本身的费用。成员国免费补偿的费用包括如住宿和旅行费用、残疾人的额外费用,即使这些费用在其领土内进行医疗保健的情况下是不予报销的。④ 当然,对于欧盟成员国是否都愿意履行该指令的相关规定,则有待于进一步地观察。

三、欧盟对各方当事人的保护体现在人权保护原则与相关的医疗标准之中

为了确保《欧盟运行条约》第6条⑤所规定的保护人的基本权利的条款能

---

① See Laurence Brunet, et al., *Comparative Study on the Regime of Surrogacy in the EU Member States*, Brussels, Belgium, European Parliament, 2013, p. 142.

② Ibid., p. 143.

③ Ibid.

④ Ibid.

⑤ 《欧盟运行条约》第6条第3款规定:"人的基本权利作为欧洲人权公约保护人权和基本自由的保障,因为他们是各成员国传统宪政的结果,即构成了欧盟一般法律原则。" See Treaty on the Functioning of the European Union, [2008] OJ C115/01, art. 6(3).

够实现,欧盟严格执行欧洲人权法院对该规定的解释,其具体内容包括:

1. 不歧视原则。不歧视原则是指不同性别的人可以公平地获得相同的权利。《欧洲人权公约》第 14 条就是有关不歧视原则的规定:“对本公约所规定的任何权利和自由的享有应当得到保障,不应因任何理由如性别、种族、语言、宗教、政治或其他观点、民族或社会出身、与某一少数民族的联系、财产、出生或其他情况等而受到歧视。”①尽管欧盟法院已经在人的年龄或性取向追求平等方面做出了贡献,②但还没有出现涉及代孕的案例。

2. 儿童的权利应得到保护,与代孕母亲受到的保护一样。

3. 从医疗标准角度对生殖细胞进行保护。第 2004/23 号指令制定了生殖细胞使用的最低标准,以确保细胞的捐赠、采购、测试、加工、保存、储存和分配,由认可的机构进行控制并遵循一整套程序。该指令在人类组织和细胞的进出口这一部分内容中涉及代孕的问题,要求认证机构之间的合作必须符合指令中规定的质量和安全标准,不论该机构是来自第三国还是成员国。

4. 保护遗传父母或捐赠者。第 2004/23 号指令第 12 条对遗传父母或捐赠者的保护作出了规定。捐赠应该是自愿、无偿的,并将获得仅限于弥补与此相关的费用。在这种情况下,成员国可以确定给予补偿的条件,确保生殖细胞的采购是以非营利为基础进行的。

5. 知情权。进一步保护提供配子的捐赠者的信息,确保他们的知情同意权。采购前应该告知捐赠者采购的目的、性质、后果与风险等信息。这些信息应由专业人员以适当和明确的方式告知捐赠者并征得捐赠者的同意。

6. 匿名。涉及代孕的所有数据均要求匿名,包括遗传信息。数据保护、保密义务必须确保捐赠者和接受者均无法识别,而拥有合法权利的人除外。在 2004/23 号指令第 14 条第 3 款中有一例外的规定,即“成员国应采取一切必要措施,确保在不损害成员国有关披露条件的现行立法的情况下,不得向捐助者或其家人透露接受者的身份,反之亦然,特别是配子捐赠的情况”。③

---

① European Convention for the Protection of Human Rights and Fundamental Freedoms (European Convention on Human Rights, as amended), November 4, 1950, 213 UNTS 221, art. 14.

② See for example, Werner Mangold v. Rüdiger Helm (C – 144/04), judgment of the Court (Grand Chamber) of November 22, 2005, p. I – 10015.

③ Directive 2004/23/EC of the European Parliament and of the Council of 31 March 2004 on Setting Standards of Quality and Safety for the Donation, Procurement, Testing, Processing, Preservation, Storage and Distribution of Human Tissues and Cells, [2004] L 102/48, art. 14.3.

四、代孕合同的合法性问题

欧盟法律没有对代孕合同的合法性问题作出规定。委托父母、代孕母亲的资格和能力以及代孕合同的有效性和可执行性取决于成员国的国内法。

代孕合同的本质是合同关系，跨境代孕合同亦如此。欧洲议会和欧盟理事会于2007年7月11日通过了《关于非合同义务法律适用的第864/2007号条例》（以下简称《罗马条例Ⅱ》）。根据《罗马条例Ⅱ》第1条第2款第a项之规定，由于家庭关系而产生的非合同义务不在该条例的适用范围之内。欧洲议会和欧盟理事会于2008年6月17日出台的《关于合同之债法律适用的第593/2008号条例》（以下简称《罗马Ⅰ》）也明确规定不能适用于代孕合同，即《罗马Ⅰ》第1条第2款第a项、第b项规定的，涉及自然人地位或法律行为能力的合同义务以及由家庭关系引起的合同义务，被排除在该条例的适用范围之外。因此，欧盟成员国法院在处理跨境代孕合同的有效性和可执行性纠纷时，都必须依照各成员国本国的国际私法来决定。当然，对于禁止代孕的成员国而言，它们既不承认跨境代孕合同的效力，也不承认跨境代孕合同具有执行性。

五、与代孕相关的法律

欧洲人权法院的相关判例法是根据《欧洲人权公约》第8条以及《欧洲联盟基本权利宪章》第9条[①]和第14条[②]的规定作出的，因为这些规定是调整所有家庭法律关系的基础。如在梅内松一案中，欧洲人权法院会在儿童利益原则中所体现的家庭生活权、委托父母的权利、捐赠者的隐私权和代孕母亲健康权之间进行平衡。

目前，欧盟没有关于跨境代孕的国际私法立法。欧盟理事会于2003年11月27日颁发的《关于婚姻事项及父母责任事项的管辖权及判决的承认和执行

---

① 《欧洲联盟基本权利宪章》第9条关于结婚的权利和组建家庭的权利规定，结婚权和成立家庭的权利应根据行使这些权利的国家法律得到保障。See Charter of Fundamental Rights of the European Union 26.10.2012, art. 9.

② 《欧洲联盟基本权利宪章》第14条关于受教育的权利规定："1.人人有权接受教育，并有权接受职业培训和继续培训。2.这项权利包括接受免费义务教育的可能性。3.建立教育机构的自由应当尊重民主原则，父母有权确保其子女的教育和教学符合其宗教、哲学和教育信念，应遵守国家有关法律的规定行使这种自由和权利。"See Charter of Fundamental Rights of the European Union 26.10.2012, art. 14.

并废除第1347/2000号条例的第2201/2003号条例》第1条第3款规定，本条例不适用于：(1)亲子关系的设立及解除；(2)收养的决定、收养前的准备措施以及收养的无效或撤销；(3)子女的姓名；(4)成年宣告；(5)抚养义务；(6)信托及继承；(7)因子女犯罪而采取的措施。① 可见，该条例不适用于建立合法的父母身份关系，因为它与父母责任的归属不同，也不属于与人的地位有关的问题。因此，在对委托父母的法定父母身份进行确认时主要适用于欧盟各成员国的国内法。实际上，欧盟中不乏承认代孕儿童与委托父母之间亲子关系的成员国。

第二节　欧洲人权法院的基本概况

一、欧洲人权法院成立的背景

欧洲理事会是在第二次世界大战之后成立的，其目的是确保欧洲的团结和保障人权。《欧洲人权公约》于1953年生效，并设立了欧洲人权法院。② 欧洲委员会的所有47个成员都受该条款的约束。如果人权是表达人们对自由民主的客观原则的道德承诺（express a moral commitment to objective principles of liberal democracy），那么《欧洲人权公约》就反映了欧洲委员会成员之间的一项协议，即在法律上受到自由民主的某些基本原则的约束（to be legally bound by certain fundamental principles of liberal democracy）。③ 在第二次世界大战结束时，民主治理被破坏殆尽，所以这一承诺对重建民主制度尤为重要。④ 因此，在反对"纳粹的历史背景"下，欧洲人权法院建立了。⑤ 人们相信利用国际组织监督政府的做法，有助于促进国内个人权利保护和国际和平与安

---

① 参见邹国勇译注：《外国国际私法立法选择》，武汉大学出版社2017年版，第429页。

② See Nina-Louisa Arold, *The Legal Culture of the European Court of Human Rights* (Ph. D. diss.), Stanford University, 2006, p. iv.

③ See George Letsas, *A Theory of Interpretation of the European Convention on Human Rights*, Oxford, Oxford University Press, 2007, p. 11.

④ Ibid., pp. 18 – 19.

⑤ See Víctor Ferreres Comella, *Constitutional Courts and Democratic Values: A European Perspective*, USA, Yale University Press, p. 150.

全,[1]并能够通过保障《人权宣言》涵盖的权利来"防止侵略和镇压独裁政权的复兴"。[2]

如今,欧洲人权法院被认为是事实上(de facto)的欧洲宪法法院,执行其事实上的权力。[3] 虽然欧洲人权法院作出的判例经常受到欧盟成员国的质疑,但是,因有大多数欧盟成员国的善意和诚意,以及随着《欧洲人权公约》和自身日益增强的影响力,使欧洲人权法院在国际上享有最为有效的人权体制的美誉。[4] 可见,欧洲人权法院在保障人权、监督各成员国实现人权保护方面具有广泛的影响力。

二、欧洲人权法院遵循均衡原则和有限度差异原则来处理人权保护案件

欧洲委员会的主要职能之一,是保护和加强民主多元化。[5] 与此同时,它关注的是阐明成员国遇到的主要社会问题的共同解决办法。[6] 而管理这两个目标则需要在民主多元化和主要社会问题的共同解决办法之间做出选择。虽然《欧洲人权公约》没有规定均衡原则(principle of propotionality),但均衡原则非常重要。在调整公民与国家之间的关系时,它是用来评估政府行为合法性的标准,也是衡量成员国公民行使权利时有无受到该国不合理限制的一个重要原则。换言之,均衡原则是欧洲人权法院判断公民权利受限是否在合理限度内的标准。均衡原则要求政府为实现合法目标与为实现该目标而采用的手段之间存在合理的关系。[7] 因此,在一般情况下,均衡原则要求政府采取的行动必须符合

---

① See George Letsas, *A Theory of Interpretation of the European Convention on Human Rights*, Oxford, Oxford University Press, 2007, p. 18.

② Richard Burchill, "The Role of Democracy in the Protection of Human Rights: Lessons from the European and Inter-American Human Rights Systems", in David P. Forsythe and Patrice C. McMahon, eds., *Human Rights and Diversity: Area Studies Revisited*, USA, U of Nebraska Press, 2003, p. 146.

③ See R. C. van Caegnegem, *An Historical Introduction to Western Constitutional Law*, Belgium, Cambridge University Press, 1995, p. 134.

④ See Richard Burchill, "The Role of Democracy in the Protection of Human Rights: Lessons from the European and Inter-American Human Rights Systems", in David P. Forsythe and Patrice C. McMahon, eds., *Human Rights and Diversity: Area Studies Revisited*, USA, U of Nebraska Press, 2003, p. 146.

⑤ Ibid.

⑥ Ibid.

⑦ See Artūras Panomariovas, " Egidijus Losis, Proportionality: From the Concept to the Procedure", 2 *Jurisprudence* 257(2010), pp. 263 - 264.

合理的标准。

除了均衡原则之外，欧洲人权法院的判例还采用了有限度允许地区差异(margin of appreciation)原则，即针对不同地区、不同历史、文化、社会背景而应该允许存在有限度的差异。[①] 欧洲人权法院在保护人权时不仅需要解决一致性和多样性之间的紧张关系，[②]同时，它还要协调其运作所牵涉的微妙政治环境，赋予欧盟成员国一定的自由裁量权，允许欧盟成员国以不同的方式解决人权问题。容许有限度的地区差异和比例标准能够实现个人利益和更广泛公共利益的公平和平衡。[③] 这一原则尤其适用于极富争议的诸如堕胎、安乐死、同性伴侣收养儿童以及在委托代孕单方面撤回同意的情况下禁止体外受精等领域。对于这些有争议性的话题，目前在欧盟成员国之间并没有达成共识。比如，欧洲人权法院在1997年审理的X、Y和Z诉英国一案中认为，在某些领域，欧洲委员会成员国之间几乎没有共同点，一般而言，法律也处于过渡阶段，国家必须获得广泛的自由限度。[④] 法院之所以取消了对同性恋鸡奸的禁令，其中有部分原因是因为欧洲各国已经在这个问题上达成了共识，即此类禁令与民主社会的人权承诺是背道而驰的。

第三节 欧洲人权法院作出的跨境代孕纠纷判决对欧盟成员国的影响

早在20多年前，欧洲就已有不少国家意识到代孕等人工辅助生殖技术会引发出伦理和法律问题，其中有些国家先后颁布了规制代孕的法律，出现的不少相关案例亦已引起学界的广泛关注。对于是否允许委托父母通过代孕母亲生下代孕子女，是欧洲乃至世界上最有争议的问题之一。跨境代孕所涉及的国际私法问题也非常复杂。由于欧盟对跨境代孕问题没有制定统一的国际条约，

---

① *Belgian Linguistic Case*, App. No. 1474/62, 1 Eur. H. R. Rep. 252(1968), p. 278.

② See Eva Brems, "The Margin of Appreciation Doctrine of the European Court of Human Rights", in David P. Forsythe and Patrice C. McMahon, eds., *Human Rights and Diversity: Area Studies Revisited*, USA, U of Nebraska Press, 2003, p. 81.

③ Dickson v. United Kingdom, App. No. 44362/04, 46 Eur. H. R. Rep. 41 (2008); Gordon Anthony, *UK Public Law and European Law: The Dynamics of Legal Integration*, Oxford, Hart Publishing, 2002, pp. 173 – 174.

④ X, Y and Z v. United Kingdom, App. No. 21830/93, 24 Eur. H. R. Rep. 143(1997), p. 169.

所以在欧盟内部处理跨境代孕问题时,主要依据的是欧盟成员国各自的国内立法。此外,欧盟对代孕的监管,是借助欧洲人权法院通过对成员国就跨境代孕案件所作的判决进行审判的方式来体现的。

欧洲人权法院在审理跨境代孕亲子关系确认案件时,通常会遇到以下四个问题:

1. 代孕行为是否被授权或禁止,代孕通过哪种方式进行的;

2. 如何制定一个允许代孕在成员国之间互相流动的规则,以便将代孕子女携带到委托父母原籍国;

3. 如何保护代孕安排的各方参与人;

4. 如何审核委托父母与代孕母亲之间所签的代孕合同的合法性。

一、欧洲人权法院审理欧盟成员国授权或禁止的代孕案件

(一)2011 年一对奥地利夫妇起诉奥地利政府案

在欧洲人权法院审理的案例中,尚未见到有直接涉及授权或禁止欧盟成员国代孕母亲采用人工辅助生殖技术进行代孕生殖的事例,尤其是跨境代孕生殖行为的案例。事实上,以人工医疗辅助生育为目的的境外生殖旅行,已经得到了欧盟内一些国家与地区的鼓励。

2011 年,欧洲人权法院在审理一对奥地利夫妇起诉奥地利政府的案件时,不得不面对这对夫妇试图通过试管婴儿怀孕的纠纷案件。① 经过审理,欧洲人权法院查明,本案涉及一对希望能通过采用试管婴儿方式怀孕的奥地利夫妇,需要使用捐赠者的精子和卵子形成的胚胎。可是,奥地利法律明确禁止使用捐献精子和卵子进行人工辅助生殖。欧洲人权法院还指出,尽管整个欧洲有明显的允许将捐赠配子进行体外受精的倾向,但此乃正在发展之中所达成的共识,并非既定的法律原则。

总之,对于代孕母亲、委托父母、代孕儿童和基因父母的保护,欧盟主要是通过欧洲人权法院适用保护人权的基本原则而实现的。在本案中,欧洲人权法院支持了奥地利政府作出的决定,维护了奥地利的相关法律,目的是避免将来出现两名妇女都自称是同一孩子生母的情况发生,以便保护奥地利立法者、儿童和父母的利益。

---

① SH and others v. Austria [GC], Application No. 57813/00, 3 November 2011.

(二)2007年娜塔丽·埃文斯诉英国政府一案

2007年4月10日,欧洲人权法院针对一名名叫娜塔丽·埃文斯的女性诉英国政府一案作出了判决。① 在该案中,娜塔丽·埃文斯被诊断患有卵巢癌,在取出卵巢之前欲将其中的卵子提取出来,以便将来与其丈夫的精子受精后生育子女。从这名妇女的卵巢中一共提取了6枚卵子并被放置在存储器中,供未来用于生育治疗。可是,在这对夫妻离婚时,丈夫取消了同意前妻可以使用他的精子的决定,即前夫明确表示不想成为娜塔丽·埃文斯女士未来孩子的基因父亲。因此,英国法院要求将前夫精子予以销毁,以阻止埃文斯女士生下与前夫有基因关系的孩子。为此,埃文斯女士向欧洲人权法院起诉了英国政府。

欧洲人权法院虽然同情埃文斯女士的处境,但没有发现英国政府有违反《欧洲人权公约》第2条②关于生命权、第8条关于尊重家庭生活的权利和第14条中关于禁止歧视的情况。尽管本案并不直接涉及代孕问题,但欧洲人权法院在处理时较为谨慎,在欧盟没有达成共识的情况下,不愿意对某一国的国内法进行谴责,只是试图在各方的基本权利之间进行平衡。

目前有几个方案专门用于保护儿童权利,但都未考虑为代孕儿童建立合法的父母身份。③ 在处理这类案件时,欧洲人权法院认为,应依据《欧洲人权公约》第8条关于尊重家庭生活的权利和第14条关于禁止歧视的规定,确保儿童在没有任何自己的身份信息时不被遗弃。④ 同时,法院也比较注意平衡各方面的利益关系,在家庭生活的基本权利和公共利益之间寻找平衡点。在平衡家庭生活的基本权利方面,主要考虑儿童的个人发展及其知情权,以及与家庭其他成员之间的利益平衡;至于公共利益方面,则主要考虑的是预防堕胎,注意在非

---

① Evans v. United Kingdom [GC], Application no. 6339/05, 4 October 2007.

② 《欧洲人权公约》第2条关于生命权的规定:"1. 任何人的生命权应当受到法律的保护。不得故意剥夺任何人的生命,但是,法院依法对他所犯的罪行定罪并付诸执行的除外。2. 在使用武力是绝对必要的情况下,其所导致的对生命的剥夺不应当视为与本条的规定相抵触:(1) 防卫任何人的非法暴力行为;(2)为执行合法逮捕或者是防止被合法监禁的人脱逃;(3) 镇压暴力或者是叛乱而采取的行动。" See European Convention for the Protection of Human Rights and Fundamental Freedoms (European Convention on Human Rights, as amended), November 4, 1950, 213 UNTS 221, art. 2.

③ Council of Europe, "Building a Europe for and with children", https://www.coe.int/t/dg3/sscssr/Source/Susie_Morgan_presentation_May2011.pdf, August 15, 2019, p. 5.

④ ECtHR, Factsheet-Reproductive Rights, June 2019, p. 2.

法堕胎、遗弃婴儿的行为与社会公共利益之间进行平衡。

二、欧洲人权法院就跨境代孕亲子关系认定案件所作出的判决

欧洲人权法院没有为代孕亲子关系的确认问题提出专门的解决方案，而是尝试以试管婴儿和收养的方法来处理代孕亲子关系的确认问题，尤其是在审理与同性恋伴侣有关的跨境代孕亲子关系的确定案件时更是如此。在这方面，欧洲人权法院曾经审理过弗朗辛·邦诺（Francine Bonnaud）和帕特里夏·莱科克（Patricia Lecoq）诉法国政府案以及涉及跨境收养的 X 诉奥地利政府案等案件。

（一）弗朗辛·邦诺（Francine Bonnaud）和帕特里夏·莱科克（Patricia Lecoq）诉法国政府案①

在本案中，法国法院拒绝了申请人提出的确认其为代孕子女合法父母的请求。申请人弗朗辛·邦诺和帕特里夏·莱科克是两名女同性恋者，从 1989 年开始在一起生活，于 2012 年分居（在向欧洲人权法院提出申请后）。1998 年 10 月，邦诺在比利时求助于医学辅助生殖技术后，生了一个女儿名叫伊尔。2002 年 5 月，邦诺和莱科克建立了民事伴侣关系。2003 年 11 月，莱科克在比利时也通过使用医学辅助生殖，生下了一个男孩名叫伊斯。

2006 年 6 月，两位申请人根据法国《民法典》第 377 条的规定，即“父亲和母亲可以在需要的情况下共同或单独聘请一名法官，以便将其全部或部分的亲权委托给值得信赖的第三者、家庭成员、获准接收子女的机构来行使，在获得法院同意的授权之后，第三者、家庭成员、有关机构才可以对子女行使全部或部分的父母权利”，②她们共同向法国家事法院提出了申请，请求法院允许她们可以相互授权对这两个孩子行使父母的权利。

在 2007 年 12 月 11 日的判决中，法国家庭事务法官批准了申请人提出的申请，并裁定她们应对两个代孕孩子一起行使共同的父母权利。检察官对该判决提出上诉。2008 年 12 月 11 日，法国上诉法院推翻了判决，驳回了申请人的请求。法院指出，申请人未能证明她们将全部或部分亲权委托给对方来行使的紧

---

① Bonnaud and Lecoq v. France, Application no. 6190/11, 1 March, 2018.

② “French Civil Code [English Version Translated by Georges Rouhette]”, https://www.legifrance.gouv.fr/content/download/1950/13681/version/3/file/Code_22.pdf, June 20, 2019, art. 377.

迫性。

申请人依据《欧洲人权公约》第 8 条和第 14 条的规定声称:法国法院拒绝其将父母的权利委托给对方的申请是基于对她们性取向的歧视,并且上诉法院在处理本案时存在不合理的做法。所以,她们向欧洲人权法院起诉了法国政府。

欧洲人权法院在 2012 年年初对申请人的情况进行了审查。经过审查,法院认为,法国上诉法院作出的判决没有基于性取向的待遇差异。法院还指出,申请人被周围的人视为两个孩子的父母,也没有遭到任何的歧视。因此,必须对法国申请人的诉讼要求予以拒绝。

(二)X、Y 和 Z 诉英国政府案件

1997 年,欧洲人权法院审理了 X、Y 和 Z 诉英国政府一案。[①] 在本案中,X 是一名由女性转变为男性的变性人,与其伴侣 Y 和他们的孩子 Z 一起生活。Z 是通过捐赠者的精子和卵子受精后植入 Y 的子宫而怀孕生下的,出生在一个持有牌照的生育诊所。X 声称,他在法律上有权成为代孕儿童 Z 的父亲。而站在英国政府的立场上看,只有那些与孩子之间拥有血缘关系的人,才能在出生登记中将其指定为孩子的父亲。因此,X 作为 Z 的父亲身份没有得到英国的承认。为此,X、Y 和 Z 遂向欧洲人权法院起诉了英国政府。

欧洲人权法院经过审理后认为,由变性引发的复杂问题在欧洲尚没有普遍的解决方法,英国政府并没有违反《欧洲人权公约》。也就是说,英国政府部门对 X 和 Z 间的父子关系不予认定的行为,并非不尊重《欧洲人权公约》第 8 条规定的私生活和家庭生活受到尊重的权利。不过,欧洲人权法院也承认,X 及其伴侣 Y 以及他们的孩子 Z 是一个事实上的家庭,根据《欧洲人权公约》第 8 条的规定,他们有权组成家庭并应受到保护,但又不愿看到,承认变性人的亲子关系在法律上成为一种发展的趋势。所以,欧洲人权法院最终认定,英国在拒绝承认 X 为孩子的父亲方面并未超出自由裁量权的范围。归纳言之,欧洲人权法院作出前述判决的原因是:其一,在法律上并不存在将一个术后从女性变为男性的变性人认定为一个孩子父亲的趋势。[②] 其二,强调亲子关系的认定依赖于血缘关系的重要性,即父母和子女之间必须存在血缘关系。[③] 在这种情况下,

---

① X, Y and Z v. United Kingdom, App. No. 21830/93, 24 Eur. H. R. Rep. 143(1997), p. 169.

② Ibid.

③ Ibid.

英国政府拒绝承认亲子关系的做法并没有对孩子的最大利益造成危害。所以，欧洲人权法院作出了支持英国政府做法的判决。

三、欧洲人权法院对几起涉及代孕儿童国籍取得的纠纷案所作出的判例

（一）梅内松（Mennesson）夫妇诉法国政府①

欧洲人权法院在2014年对梅内松夫妇诉法国政府一案进行了审理，最终判决法国政府败诉。在判决中，欧洲人权法院认为，法国法院就两名出生在美国的代孕儿童与其存在基因关系的委托父母之间的亲子关系所作出的拒绝承认判决，违反了《欧洲人权公约》第8条的规定。② 同时，欧洲人权法院还强调了以下理由：第一，法国法院完全忽视了代孕儿童与其委托父亲之间已经建立了亲子关系的事实，不仅拒绝承认美国的出生登记证书，而且也导致委托父亲无法以其他的方式在法国与代孕子女之间建立法定的父母身份，③对他们的私人和家庭生活权利进行了干涉。第二，对于法国法院作出以上干涉行为的目的是否合理的问题，欧洲人权法院认为，法国是在追求一个合法目标，因为法国禁止代孕并试图阻止公民到国外寻求代孕，以此来保护代孕儿童以及代孕母亲的权利。对于这种干涉究竟是否合理的问题，鉴于欧盟对于代孕协议的合法性问题还未达成共识，故应该交由各成员国自己决定。各成员国有权决定领土内的代孕和发生在外国的代孕生殖行为是否合法有效。④

对于欧洲人权法院就本案作出的裁决，法国政府不服，又向欧洲人权法院提出了上诉。针对法国政府的上诉，欧洲人权法院大法庭在2019年4月20日作出了判决，再次认可了委托母亲与这对代孕双胞胎之间的亲子关系，但同时指出让各成员国自由选择承认亲权的方式。⑤

---

① 关于本案详情可见本书第十三章第二节“法国跨境代孕司法实践”。

② Mennesson v. France, Application no. 65192/11, 26 June 2014.

③ 例如，根据法国法律承认他的父亲身份，或在事实上享有地位或收养的基础上在法国获得法律父权。

④ See Isabelle Rein Lescastereyres, “Recognition of the Parent-child Relationship as a Result of Surrogacy and the Best Interest of the Child: How will France adapt after the ECtHR rulings”, 16 *ERA Forum* 149 (2015), p. 155.

⑤ 参见周文仪：《代孕宝宝：谁才是我的父母？法国对这个问题将给出新解答》，载欧时大参微信公众号：https://mp.weixin.qq.com/s/f2CZjHiD9e39fVSDYvzAwA，2019年9月11日最后访问。

（二）2014 年拉贝瑟诉法国政府（Labassée v. Frence）案件

欧洲人权法院于 2014 年 6 月审理了拉贝瑟诉法国政府一案，[①]即一对法国意向父母因为不满法国法院作出的拒绝承认跨境代孕亲子关系判决，而向欧洲人权法院起诉法国政府。经审理，欧洲人权法院认为，如果法国政府拒绝承认跨境代孕儿童与委托父母的亲子关系，将违反《欧洲人权公约》第 8 条对尊重私人生活和家庭的规定。尽管法国委托父母在国外寻求代孕的行为被认为违反了法国公共秩序保留，法国法院拒绝承认跨境代孕子女的亲子关系，其目的是阻止法国公民去海外寻求代孕，但欧洲人权法院在判决中指出，不承认跨境代孕亲子关系的后果不仅影响了法国委托父母，而且对跨境代孕子女产生了负面影响，他们的私生活和建立自己身份能力的权利受到严重影响，这些违背了儿童的最大利益和《欧洲人权公约》第 8 条的规定，因为儿童的最大利益才是法院应该考虑的首要因素。

（三）多娜蒂娜帕迪索（Paradiso）和乔瓦尼坎帕（Campanelli）起诉意大利政府案件[②]

欧洲人权法院于 2015 年审理多娜蒂娜帕迪索和乔瓦尼坎帕起诉意大利政府一案[③]时指出，代孕儿童取得国籍更为困难。[④] 在本案中，意大利当局将涉案代孕婴儿从申请人即委托父母的身边带走，放在儿童之家，随后又寄养在一户人家里。在发现意大利当局存在违反《欧洲人权公约》第 8 条的情况时，[⑤]欧洲人权法院指出，意大利当局基于对公共秩序包括对委托父母企图规避意大利代孕法律和国际收养法律的考虑，都不能优先于儿童最大利益的保护。不论代孕儿童与委托父母之间是否缺乏遗传关系，孩子在他们那里得到照顾的时间长短，如果意大利政府想采取强制措施将代孕孩子从委托父母家庭中带走，那么只有在孩子立即发生危险的情况下，这种强制措施的采取才是合理的。但从目前的情况来看，鉴于该儿童已经与他的寄养家庭建立了情感关系，因此无法要求意大利政府将儿童送回给他们。[⑥]

---

① ECtHR, Case of Labasée v. France, 26 June 2014, Application No. 65941/11, p. 76.

② 关于本案详情可见本书第十章第三节“意大利法院审理跨境代孕亲子关系承认案件时遇到的公共秩序问题”。

③ Paradiso and Campanelli v. Italy [GC], Application No. 25358/12, 24 January 2017.

④ Ibid.

⑤ 应该指出的是，Raimondi 和 Spano 法官在本案中表达了共同的和部分持异议的意见。

⑥ Paradiso and Campanelli v. Italy [GC], Application No. 25358/12, 24 January 2017.

本案后来被提交给欧洲人权法院大法庭(Grand Chamber)审理。大法庭于2017年1月24日作出了与欧洲人权法院截然不同的判决。大法庭认为,对儿童与父母的直接、不可逆转的隔离等于干涉了他们的私生活的个人权利。尽管如此,如果不将代孕子女与委托父母进行隔离,又相当于将他们所造成的情况合法化了,这就明显地违反了意大利法律对代孕予以禁止的重要规定。

大法庭的法官认为,由于代孕儿童和意大利意向父母之间缺乏基因联系,所以国家的利益优先于儿童最佳利益原则。不过,在这种情况下,仍需要判断对儿童采取的措施,特别是对他进行监护的委托父母已经被解除了监护权的时候,是否符合儿童的最佳利益原则。

四、欧洲人权法院作出的涉及儿童探视权问题的判例

在安娜优(Anayo)一案中,德国法院拒绝让原告(配子捐献者)对与他从未在一起生活过的一对双胞胎享有探视权。① 为此,申请人向欧洲人权法院起诉了德国政府。欧洲人权法院认定,德国法院的判决违反了《欧洲人权公约》第8条的规定,德国当局并没有审查双胞胎和申请人之间的关系是否符合儿童利益的问题。必须指出的是,欧洲人权法院对本案作出的判决显然对捐献配子的代孕案件有着一定的借鉴和启示作用。

第四节　欧盟成员国对欧洲人权法院判决的执行情况

欧洲人权法院针对梅内松诉法国(Mennesson v. France)和拉贝瑟诉法国(Labassée v. France)等案件作出的判决,对一些欧盟成员国已产生重要的影响。

一、意大利的司法实践

欧洲人权法院在梅内松诉法国和拉贝瑟诉法国案件中所作出的判决规则,

---

① Anayo v. Germany, Application No. 20578/07, 21 December 2010.

被体现在意大利法院于2014年9月26日作出的一项判决之中。① 意大利法院认为,一份乌克兰出生证明上已经表明,意大利夫妇是由于跨境代孕而成为一名在乌克兰出生的代孕儿童的合法父母。由于意大利委托父母不是该代孕儿童的遗传父母,所以乌克兰的出生证明不能获得意大利承认,下级法院于是决定对该代孕孩子启动收养程序。② 从欧盟的实践来看,许多跨境代孕案件最终都是通过收养程序承认了儿童与委托父母之间的亲子关系。

二、英国的司法实践

英国法官在2014年审理一起跨境代孕儿童案时认为,代孕儿童是通过商业代孕安排使用了捐赠者的卵子和意向父亲的精子于2010年在美国佐治亚州出生的。根据英国2008年《人类受精和胚胎学法》第33条,通过代孕携带或分娩孩子的妇女将被视为孩子的母亲(无论该妇女当时是否在英国)。该案中的代孕母亲下落不明,无法确认代孕儿童的母亲身份。因此,"迫切需要用国际文书创建统一的监管制度,为一个监管代孕的市场提供适当的法律制度"。③

英格兰最高法院在作出的一项判决中指出,虽然申请人未在儿童出生后的6个月法定期限内提起亲权令诉讼,但法院仍可基于儿童最佳利益的保护和《欧洲人权公约》第8条的规定作出亲权命令,赋予委托父母为代孕子女的合法父母身份。④

三、德国的司法实践

在德国,联邦法院曾经撤销了下级法院的一个判决。⑤ 与之前的德国法院所作出的大部分判决不同的是,联邦法院在判决意见中认为,由美国加利福尼亚州作出的将两名德国委托父亲确定为代孕儿童合法父母的判决,应该在德国

---

① Supreme Court of Cassation Italy (Corte Suprema di Cassazione), 1a sezione civile, 24001/2014, 26 September 2014; See also, Centro antiviolenza bigenitoriale, "Civil Cassation, Section I, Sentence n. 24001/2014", http://www.centroantiviolenzabigenitoriale.com/2014/11/25/cass - civ - sez - i - sent - n - 240012014/, September 18, 2019.

② 儿童与有意父母之间缺乏任何遗传关系实际上也违反了乌克兰的代孕法,该法规定一个有意的父母应该与儿童在遗传上相关。虽然事实非常相似,但这是一个与 Paradiso and Campanelli v. Italy 不同的情况。

③ Re D (A Child) [2014] EWHC 2121, para. 1.

④ Re X (A Child) (Surrogacy: Time limit) [2014] EWHC 3135.

⑤ BGH 2014 judgement, app. no. Ⅻ ZB 463/13.

得到承认，其依据是《欧洲人权公约》第8条规定和欧洲人权法院在梅内松诉法国和拉贝瑟诉法国案件中所作出的判决。联邦法院指出，代孕儿童最大利益的实现需要承认其在美国建立的合法亲子关系，而且代孕儿童不能对成年人的行为负责，并认为收养可能会导致委托父母在孩子出生后改变主意，从而逃避对孩子的责任。联邦法院强调了收养与代孕之间的区别，并指出在代孕案件中应当在孩子出生时建立合法的亲子关系。此外，联邦法院还认为，对外国判决的完整转录将侵犯儿童了解其身份的权利，因为它不包含代孕母亲的信息。由于登记册仅涉及亲子关系的记载，因此保护儿童了解其遗传起源的权利不是公民出生登记处的职责。

四、瑞士的司法实践

瑞士是禁止商业代孕的国家。瑞士联邦法院曾经对一起上诉案作出了这样的判决：根据美国的出生证明，应将瑞士两名委托父亲即男同性恋伴侣登记为在美国代孕出生孩子的合法父母，因为这是符合儿童最佳利益的保护原则。[①] 该法院指出，如果不这样做，将会使代孕儿童处于"跛行"儿童身份的状态，同时还会使得第二个委托父亲无法与代孕子女建立法定父权关系，造成代孕孩子对该委托父亲的财产无法享有继承权。

五、法国的司法实践

欧洲人权法院在梅内松诉法国一案中判定法国败诉，认为法国未确定该案中代孕双胞胎的法定父母，使该双胞胎的国籍和身份地位不能确定，最大利益也得不到保障。[②] 在判决结果出来之后，法国政府发言人瓦尔斯(Manuel Valls)在接受采访时明确表示，不会对欧洲人权法院的判决提出上诉，法国也不会改变其对代孕的国内禁令。他同时指出：一方面，法国政府出于法律秩序和公共政策的考虑，不希望授权自动转录由跨境代孕而导致的外国公民身份行为，"这等同于接受代孕和代孕正常化的行为"而不可取；但另一方面，法国不会将跨境代孕子女视为没有亲属关系也没有身份的子女，也不会置代孕儿童与其家庭的最大利益于不顾。法国政府需要时间来思考如何规制跨境代孕的"国际倡议"

---

① 虽然法院没有直接引用欧洲人权法院的判决，但法院的推理表明它们可能已被考虑在内。

② Mennesson v. France, Applicationno. 65192/11, 26 June 2014. 该案案情详见本书第十三章第二节"法国跨境代孕司法实践"。

问题。[1] 法国内阁于 2014 年 12 月 12 日作出的一项决定中,确认了司法部部长于 2013 年 1 月 25 日颁发的《关于授予国外出生子女国籍证书的有效性国际审计准则》。[2] 法国内阁无意对欧洲人权法院强调的法定血统和国籍后果进行评价。因为根据法国《民法典》第 18 条有关"父母亲中至少有一人是法国国籍的情况下,其子女方可取得法国国籍"的规定,子女应该拥有法国国籍。在某些情况下,如果父亲在出生证明中不是在国外出生孩子的遗传父亲,那么相关外国民事方面的文书可能不会被转录到法国登记处,原因是它包含的事实不符合现实情况。参照欧洲人权法院的判决,法国议会表示,取消孩子的国籍将是对儿童依据《欧洲人权公约》第 8 条所享有的应尊重其私生活的权利进行了"不成比例的干涉"。[3]

---

① La Croix, "Manuel Valls: France intends to promote an international initiative on GPA" ("Manuel Valls: La France entend promouvoir une initiative internationale sur la GPA"), https://www.la - croix. com/Actualite/France/Manuel - Valls - La - France - entend - promouvoir - une - initiative - internationale - sur - la - GPA - 2014 - 10 - 02 - 1215549, September 18, 2019, Qestions 2 & 3.

② 《法国民法典》第 47 条第 1 款规定,除非其他由该文书产生的文件或者外部数据证明该文书是非常规的,或是伪造的,或者与实际情况不一致的,否则一切在外国作成的法国人或外国人的身份证书,如系按照该国通常方式作成的,有证据力。第 2 款规定,如有疑问,如果提早于当事人申请创建、登记或签发记录外国文书而送达,应当延迟当事人的申请,并通知该当事人可以在 2 个月内,向南特的政府检察官申请公证该外国文书。第 3 款规定,如果政府检察官认为公民所提出文书检查的请求是无根据的,应在 1 个月内将不予受理的消息通知并送达至申请人。第 4 款规定,如果对文书送达事项有疑问,南特的政府检察官应开展一切有用的调查,特别是在不超过 6 个月的期限内将此事提交给适当的领事机构,可根据调查要求延长 1 个月。政府检察官应尽快通知有关人员和送达人员相关调查结果。第 5 款规定,在展示调查结果的过程中,政府检察官可以将事项提交至南特大审法院以求一份关于该外国文书有效性的判决,在适当情况下,任何审查程序都是可取的。

③ Laurence Brunet, et al., *Comparative Study on the Regime of Surrogacy in the EU Member States*, Brussels, Belgium, European Parliament, 2013, p. 59.

第十七章　跨境代孕亲子关系认定中的国际私法问题

第一节　跨境代孕亲子关系认定中的法律冲突问题

如前所述,在禁止代孕的大陆法系国家,跨境代孕子女的身份认定沿袭了罗马法上的"谁分娩,谁为母亲"(maters impercertaist)的分娩说,而且这一分娩者为母的原则,从未因跨境代孕现象的出现而受到冲击与影响。而一些英美法系国家继承了"私法自治"的法律精神,对于跨境代孕子女的身份认定,持契约说、最佳子女利益说和基因说。[①] 正因如此,各国对跨境代孕亲子关系的认定会出现两种结果:要么是分娩母亲及其丈夫为代孕子女的法定父母,要么是委托父母为代孕子女的法定父母。这样一来,在跨境代孕亲子关系的认定方面,各国的法律之间就存在冲突的问题。

比如,在前面已提到的印度法院于 2008 年受理的婴儿万治(Baby Manji)案中,[②]由于印度与日本在法律上对亲子关系的认定标准上有着不同的规定,导致两国

---

① See Laurence Brunet, et al., *Comparative Study on the Regime of Surrogacy in the EU Member States*, Brussels, Belgium, European Parliament, 2013, p. 191.

② Baby Manji Yamada v. Union of India, the Supreme Court of India, (C) No. 369 2008.

在认定跨境代孕儿童婴儿万治(Baby Manji)的亲子关系时出现了不同的结果。印度是持基因说和契约说,认为委托父母是代孕子女的法定父母;而日本是持分娩说,认为分娩母亲即代孕母亲是代孕子女的法定母亲。

2008年英国法院受理的英国夫妇在乌克兰的代孕案也是如此。① 根据乌克兰法律的规定,英国已婚夫妇是代孕双胞胎的法定父母。但是,英国《人类受精和胚胎学法》坚持分娩者为生母原则。根据该法的规定,除非该子女随后被收养或者被法院判决改变其亲权关系之外,不管代孕行为发生在英国国内还是在英国国外,也不管代孕母亲是否与代孕子女有基因关系,代孕母亲都被认为是代孕子女的法定母亲。可见,在对涉案的跨境代孕亲子关系进行认定时,英国法与乌克兰法两国之间出现了法律冲突问题。

就国际私法的角度而言,要解决跨境代孕亲子关系认定的法律冲突问题,必须从以下三个方面入手:②

1. 首先要确定哪国法院对跨境代孕亲子关系认定纠纷可以行使管辖权的问题;

2. 有管辖权的法院需要解决适用哪一国家的法律作为处理案件准据法的问题;

3. 在法院作出判决后,还有可能会碰到内国法院作出的判决要在外国法院获得承认和执行的问题,或碰到外国判决要在内国法院获得承认和执行的问题。

第二节 跨境代孕亲子关系认定纠纷的管辖权问题

目前,国际社会还没有一套协调和规制跨境代孕亲子关系认定纠纷管辖权的国际条约。对于跨境代孕亲子关系认定纠纷的管辖权,各国都是依据国家主权原则通过国内成文法或判例法确定的。综观各国的立法和司法实践,确定跨境代孕亲子关系认定纠纷的管辖权依据,主要有以下几种。③

---

① Re X and Y(Foreign Surrogacy)[2008] EWHC 3030(Fam).

② 参见沈娟主编:《国际私法》,社会科学文献出版社2006年版,第7页。

③ 参见袁泉、罗颖仪:《跨境代孕亲子关系认定所涉及的若干国际私法问题》,载《国际法研究》2016年第6期。

一、委托父母本国或住所地法院行使管辖权

对于跨境代孕亲子关系认定纠纷,多数国家的国际私法立法规定,由委托父母本国或住所地法院行使管辖权。例如,阿根廷在《蒙得维的亚国家民商法条约》第 21 条中规定,“关于婚姻效力问题之外的其从属关系的合法性问题,由孩子出生时的夫妻住所地法院管辖”。据此规定,涉及亲子关系认定纠纷,由委托父母住所地法院管辖;如果委托父母的住所地在国外,代孕子女出生在国外,委托父母住所地法院对其享有管辖。① 巴西国际私法也有类似的规定。巴西《国际私法》没有专门就跨境代孕亲子关系认定纠纷的管辖权作出规定,但依据该法第 2 条之规定,任何关于家庭法的案件都由委托父母住所地法院管辖。② 委内瑞拉《国际私法典》第 39 条规定,对于跨境代孕亲子关系认定的管辖权以被告住所地为确立的根据。如果被告在委内瑞拉有住所,而实际上居住在国外时,委内瑞拉也有管辖权,在这一点上,委内瑞拉与英国的做法颇为相似。日本《法律适用通则法》第 28 条规定:“如果子女出生时,任一父母国籍国认为该子女合法,则该子女合法。”该法第 29 条还补充规定:“如果该子女为不合法出生,则其父子亲权认定由子女出生时父亲国籍国管辖,其母子亲权认定由子女出生时母亲国籍国管辖。”

二、代孕子女出生地法院行使管辖权

在捷克斯洛伐克,委托父母的住所、国籍和代孕子女的出生地均不是确定跨境代孕亲子关系认定纠纷的管辖权依据,而是以保护儿童最佳利益为原则作为法院行使管辖权的依据。捷克《国际私法法典》并未对跨境代孕亲子关系认定纠纷的管辖权作出规定,但该法典第 23 条规定:“亲权认定的管辖由子女出生时所获得的国籍国管辖。如果子女出生在捷克,则由捷克行使管辖权,如果

---

① Treaty of Montevideo on International Civil Law Art21. 转引自 Katarina Trimmings and Paul Beaumont, “*International Surrogacy Arrangements Legal Regulation at the International Level*” (Hart Publishing Ltd. 16C Worcester Place, Oxford, OXL 2JW, 2013), pp. 20 - 21。

② Katarina Trimmings and Paul Beaumont, “*International Surrogacy Arrangements Legal Regulation at the International Level*” (Hart Publishing Ltd. 16C Worcester Place, Oxford, OXL 2JW, 2013), p. 90.

这种选择符合子女的利益。"①该法典第25条还规定:"如果子女出生时拥有多重国籍,由捷克行使管辖权,适用捷克法律。如果符合子女的利益,则由孩子出生时母亲所在的惯常居所地管辖。如果孩子的惯常居所地在捷克,如果符合子女的利益,则其亲权认定适用捷克法。"②据此规定,捷克均可依据代孕子女国籍国、代孕母亲惯常居所地和有利于保护儿童利益原则确定跨境代孕亲子关系认定纠纷的管辖权。

墨西哥是以代孕子女的出生地为根据确立管辖权的。根据墨西哥2011年《国际私法草案修正案》第20条的规定:"由血缘或人工生殖技术产生的亲子关系,其权利和义务由子女出生地管辖。"该修正案第22条补充规定:"子女的监护权以及委托父母要求认定亲子关系的权利由子女住所地或者子女出生地法院管辖。"③

三、专属管辖

匈牙利不承认其他国家对匈牙利公民个人身份纠纷的管辖。依据匈牙利《国际私法典》第62条的规定:"匈牙利公民关于个人身份的一切权利和义务由匈牙利专属管辖。"跨境代孕亲子关系的认定属于个人身份法的范畴。因此,对于跨境代孕亲子关系认定纠纷,匈牙利法院对其享有专属管辖权。④

四、小结

笔者认为,如果委托父母或儿童公民的身份问题在代孕协议中"孤立地"出现,那么代孕子女出生地国、代孕母亲惯常居所地或国籍所属国以及委托父母的国籍所属国或惯常居所地对跨境代孕亲子关系认定纠纷均有管辖权。以代孕子女、代孕母亲和委托父母为出发点确立管辖权,可以体现对儿童利益进行

---

① Section 23 of the PIL ACT. 转引自 Katarina Trimmings and Paul Beaumont, "*International Surrogacy Arrangements Legal Regulation at the International Level*" (Hart Publishing Ltd 16C Worcester Place, Oxford, OXL 2JW, 2013), p. 115。

② Section 25 of the PIL ACT.

③ Project for the Model Code of Private International Law. 转引自 Katarina Trimmings and Paul Beaumont, "*International Surrogacy Arrangements Legal Regulation at the International Level*" (Hart Publishing Ltd. 16C Worcester Place, Oxford, OXL 2JW, 2013), p. 115。

④ Katarina Trimmings and Paul Beaumont, "*International Surrogacy Arrangements Legal Regulation at the International Level*" (Hart Publishing Ltd. 16C Worcester Place, Oxford, OXL 2JW, 2013), p. 181.

全方位的保护,符合跨境代孕立法现代化的要求。

值得注意的是,在特定的情况下,跨境代孕案件中会出现代孕合同纠纷、父母身份纠纷与儿童公民身份纠纷叠加产生的问题,而这些具体的纠纷又分属不同国家法院的管辖事项。笔者认为,为了更好地解决跨境代孕亲子关系认定纠纷,可先对代孕合同纠纷进行处理,然后再进行与儿童公民身份纠纷相关的诉讼。

第三节　跨境代孕亲子关系认定中的法律适用问题

对于跨境代孕亲子关系认定的法律适用,英国、美国、新西兰、阿根廷、爱尔兰、印度、委内瑞拉、匈牙利等国适用委托父母的本国法。① 无论子女出生在国内还是国外,委托父母的本国法均适用于该子女。这种规定的优点有二:一是可以避免跨境代孕亲子关系认定纠纷法律适用的复杂化;二是使代孕子女在委托父母家庭中的生活环境与社会生活环境基本相适应。②

在一些国家,无论代孕子女在国内出生还是国外出生,有关认定亲子关系的国内法同样对其有约束力。例如,英国《人类受精和胚胎学法》第33条规定:"代孕母亲不管是否与代孕子女有基因关系,不管代孕行为发生在英国国内还是英国国外,都被认为是法定母亲。"③新西兰《儿童权利法》第5条第3款规定:"该条规定适用于一切儿童,不管该儿童是否出生在新西兰,也不管该儿童的父母是否居住在新西兰。"④在英美法系国家的司法实践中,外国的出生证明不能视为亲子关系认定的证据,跨境代孕亲子关系认定纠纷应受本国法管辖。⑤此外,许多国家的国家行政机关通过颁发指导性方针的形式规定跨境代孕亲子

---

① Hague Conference Permanent on Private International Law(HCCH),"Preliminary Document No. 10 of March 2012 for the attentionof the Council of April 2012 on General Affairs and Policy of the Conference", https://assets. hcch. net/docs/d4ff8ecd - f747 - 46da - 86c3 - 61074e9b17fe. pdf, September 18,2019,p. 23.

② 参见袁泉、罗颖仪:《跨境代孕亲子关系认定所涉及的若干国际私法问题》,载《国际法研究》2016年第6期。

③ UK Legislation,"Human Fertilisation and Embryology Act 2008", https://www. legislation. gov. uk/ukpga/2008/22/contents, September 18,2019, section 33.

④ New Zealand Legislation,"Status of Children Act 1969", http://www. legislation. govt. nz/act/public/1969/0018/latest/whole. html#DLM390675, September 18,2019 section 5(3).

⑤ 参见2008年英国法院受理X和Y一案,英国法院明确表示跨境代孕亲子认定纠纷适用英国国内法。See *Re X and Y*(Foreign Surrogacy)[2008] EWHC 3030(Fam).

关系的认定纠纷应适用法院地法。英国边境机关颁发的指导方针规定:“任何人参与跨境代孕必须了解,只要他们居住在英国,则其行为受英国法约束。”①又如,爱尔兰司法部门出台的类似指导性方针规定,跨境代孕行为导致代孕子女出生在爱尔兰境外的,适用爱尔兰法。该指导性文件还进一步指出:“外国出生证明或者外国法院的判决并不一定为爱尔兰法律承认。”②新西兰社会发展局发出的指导性文件也规定,“关于所有的跨境代孕行为,不管是在海外发生的代孕行为,还是试图将代孕子女带回新西兰,都适用新西兰法律。特别值得注意的是,委托父母与代孕子女的亲子关系认定也将适用新西兰法律”。③

许多国家将代孕协议的效力和亲子关系的认定等问题交由法院判决或由行政主管机关裁定。法院或行政机关则主要是依据法院所在地法、行政机关所在地法来解决跨境代孕问题的。但是,依法院地法很容易导致“跛足代孕”的产生。具体而言,造成“跛足代孕”的主要原因有:第一,委托父母本国法存在不承认代孕,或尚未有代孕之规定,或者尚无承认跨境代孕亲子关系的情况。第二,各国关于代孕亲子关系认定的法律规定不同。例如,代孕子女与委托父母的亲权关系的确立,依照代孕子女出生地法是符合法律要求的,而依委托父母所在地法却可能是不合法的。

为了避免“跛足代孕”的发生,对于跨境代孕亲子关系的认定,新西兰、爱尔兰在适用本国法的同时,又将基因说和子女最佳利益原则作为重要的考虑因素。新西兰社会发展局在2007年针对代孕发布的一份指导性文件中指出,委托父母至少有一方与代孕子女有血缘关系。新西兰法院于2011年便根据基因说和子女最佳利益原则,认定一对新西兰男同性恋伴侣与美国代孕子女之间的亲子关系成立。在该案中,这对男同性恋伴侣为了享受当父亲的幸福感,在美

---

① UK Border Agency,“Inter-country surrogacy and the immigration rules”, https://assets.publishing.service.gov.uk/government/uploads/system/uploads/attachment_data/file/261435/Intercountry-surrogacy-leaflet.pdf, September 18,2019, para. 10.

② Irish Department of Justice and Equality,“Citizenship, parentage, guardianship and travel document issues in relation to children born as a result of surrogacy arrangements entered into outside the state”, https://lgbt.ie/wp-content/uploads/2018/06/attachment_233_20120221_Guidance_Document.pdf, September 18,2019, p. 2.

③ New Zealand Ministry of Social Development,“Information Fact Sheet: International Surrogacy”, https://safetravel.govt.nz/sites/default/files/161213%20-%20Information%20Sheet%20-%20International%20Surrogacy%20-%20December%20Update%20docx.pdf, September 18, 2019, p. 2.

国加利福尼亚州委托了一位代孕妈妈。他们使用第三方捐赠的卵子和其中一位同性恋父亲捐赠的精子,植入美国代孕母亲的子宫并生下了一对双胞胎。随后,这对男同性恋伴侣向家事法院申办领养手续。① 在处理本案的过程之中,新西兰法院遇到的主要问题有二:一是本案中的委托父母是否适格;二是最佳子女利益说是否适用于此类领养案件。美国加利福尼亚州法院在认定母亲身份时,采用的是与认定父亲身份同样的规范、推定及程序。加利福尼亚州《家庭法》第7633条规定,依本节所采取之措施,可在小孩出生前实行,也就是说允许出生前即进行亲权认定。加利福尼亚州法院认定这对新西兰籍男同性恋伴侣是该代孕双胞胎的法定父母,并在出生证上的父母一栏中填写了这对男同性恋伴侣的名字,他们有权得到由移民局签发的一张期限为12个月的访问签证,以便携带代孕双胞胎进入新西兰。新西兰法院认为,这对委托伴侣有意愿将双胞胎带回新西兰并留在新西兰抚养,成为新西兰的常住居民。该双胞胎的出生完全是出于委托父母的意愿,并且与委托父母中的一方有血缘关系,符合子女最佳利益原则。因此,新西兰法院根据新西兰社会发展局于2007年针对代孕发布的指导性文件以及《人工生殖辅助技术法案》第4条有关"在人工生殖的过程或是子女身份的认定中,人工生殖子女的健康和福利应为重要考虑"的规定,承认了这对男同性恋与代孕子女间的亲子关系,从而避免了"跛足代孕"的发生。

尽管爱尔兰持分娩说,但爱尔兰法院在2013年审理的一例涉及代孕亲子关系认定的案件中,基于委托母亲与代孕子女间的血缘纽带关系(blood tie),判决委托母亲是代孕子女的法定母亲。② 而英国法院在适用英国法时,主要以保护儿童利益作为适用法律的基本原则。英国法院主张,对儿童的"利益"应作更广泛的解释,不应仅仅从生理或道义上简单地理解"利益"的含义,而是要从父母之年龄、职业、品行、健康情形、经济能力及生活状况是否能适任委托父母来加以考虑。英国法院在处理这类案件的时候,通常会认为委托父母中的父亲与代孕子女的基因联系更为重要。在英国,一对男同性恋伴侣可以顺利地为其跨境代孕所得的子女申请亲权命令,只要他们中有一位与代孕子女有血缘关系即可。但在同样的情况下,女同性恋伴侣为其跨境代孕所得的子女申请亲权命令则不那么容易,即使其中一位女性与代孕子女有基因关系也是如此。首先,根据英国《人类受精和胚胎学法》的有关规定,分娩者为母,即使委托母亲与代孕

---

① Re application by WBS[2011]New Zealand Family Law Reports 529.

② M. R & Anor v. An tArd Chláraitheoir & Ors [2013] IEHC 91.

子女有血缘关系，委托母亲也不能立刻被认为代孕子女的法定母亲。只有在先认定了委托父亲与代孕子女间的亲子关系后，委托母亲才能通过收养的方式取得对代孕子女的亲权。其次，如果代孕发生地国也持分娩说，认为代孕母亲是代孕子女的法定母亲，而委托母亲与代孕子女在法律上毫无关系。如此一来，委托母亲不仅无法被认定为代孕子女的法定母亲，而且也没有资格为代孕子女申请护照将其带回英国。这就给那些英国女同性恋伴侣的委托母亲在提请跨境代孕亲子关系认定上带来了潜在的风险，容易导致“跛足代孕”现象的发生。①

第四节　跨境代孕亲子关系认定的承认制度

跨境代孕亲子关系都是由代孕子女出生地国通过法院判决或者签发出生证明的方式认定的。因此，跨境代孕亲子关系认定判决承认的核心，是使在某一外国已经认定的父母子女关系能够被另一内国予以承认。在实践中，由于委托父母需要将跨境代孕子女带回本国定居生活，因而产生了外国法院就跨境代孕亲子关系作出的认定判决或者外国政府部门签发的出生证明，需要得到委托父母所在国（跨境代孕儿童接受地国）承认的问题。委托父母所在国能否承认外国的相关判决或出生证明，将直接影响到跨境代孕亲子关系认定的效力和代孕子女的切身利益。在这方面，世界各国的做法可归纳如下。②

一、委托父母本国对跨境代孕亲子关系的承认

事实表明，在跨境代孕亲子关系认定的承认方面，一些国家在法律上规定了限制性的条件，如日本、西班牙、荷兰和法国等。而有的国家则比较灵活，例如英国、比利时、美国和以色列等。因此，可以将委托父母所在国的承认制度分为两类：严格限制的制度与具有灵活性的制度。

（一）严格限制的制度

1. 日本

根据日本《民事诉讼法》第 118 条的规定，日本承认外国法院判决的条件

---

① 参见袁泉、罗颖仪：《跨境代孕亲子关系认定所涉及的若干国际私法问题》，载《国际法研究》2016 年第 6 期。

② 同上。

为:"(1)法院对涉外民商事案件具有合格的管辖权,管辖权是依据法律或者公约的规定;(2)诉求请求人收到一项法院的判决或者法院的传票足以发起这个诉讼请求;(3)法院的判决没有违反公共秩序;(4)有互相承认的条约。"在实践中,日本法院对外国代孕亲子关系的认定判决或出生证明,往往以违反本国公共秩序为由拒绝承认。最著名的案件是2003年向井亚纪(Aki Mukai)的美国代孕案。[①] 向井亚纪是一名日本电视明星,她的丈夫高田延彦(Takada)是一名职业摔跤手。向井亚纪因做了子宫摘除手术无法生育,她和丈夫来到美国内华达州,将他们自己的精子、卵子通过人工辅助生殖技术植入一位美国内华达州的美国代孕母亲子宫内。2003年,该代孕母亲生下一对双胞胎。内华达州法院认定委托父母高田延彦与向井亚纪与该双胞胎间的亲子关系成立,并发放了双胞胎的出生证书,出生证书上的父母一栏登记了委托父母的姓名。随后,该夫妇为这对双胞胎申请了美国护照并顺利将其带回了日本。但是,高田延彦与向井亚纪回日本后为双胞胎申报户口时,日本政府认为,分娩者不是向井亚纪,不认可其与代孕子女间的亲子关系,因而拒绝予以登记。此案最终诉至日本最高法院。2007年,日本最高法院根据《民事诉讼法》第118条第3款的规定,即"外国法院的判决,不违背日本的公共秩序和善良风俗",认为代孕协议虽然在美国内华达州合法,并获得内华达州法院对委托父母与代孕子女之间的亲子关系的认定判决,但外国判决在日本国内申请强制执行,须以不违反日本国内法律及公序良俗为前提。然而,依据日本《民法》所确立分娩者为母原则,即使委托母亲与代孕子女有血缘关系,委托父母与代孕子女间的亲子关系也不能成立,并以此驳回了向井亚纪提出的将代孕母亲生下的两个孩子登记为自己子女的申请。从实质上看,日本是拒绝承认美国内华达州法院对这对双胞胎的亲子关系所作出的认定判决。事实上,跨境代孕亲子关系的认定在日本很少能得到承认,前文提及的2004年日本法院受理的优可(Yoko)美国代孕案亦是如此。

2. 西班牙

不是只有日本一国在跨境代孕亲子关系认定的承认上采取了拒绝承认这种强硬的态度,西班牙同样如此。西班牙《人工生殖法》明确规定,禁止代孕,并且任何代孕行为引发的法律关系都为无效。例如,在2008年,西班牙一对男同性恋伴侣在美国加利福尼亚州寻找了一名代孕妈妈,他们使用第三方捐赠的卵

---

① See Marcelo De Alcantara, "Surrogacy in Japan: Legal Implications for Parentage and Citizenship", 48 *Family Court Review* 417(2010), p. 418.

子和其中一位同性恋父亲捐赠的精子植入美国代孕母亲的子宫生下了一对双胞胎，加利福尼亚州法院作出了该对同性恋父亲与代孕子女亲子关系成立的判决。[①] 该对伴侣以他们是代孕子女的两位父亲为由，向西班牙驻美国大使馆为这对双胞胎申请护照，结果被拒。随后，该对男同性恋伴侣诉至法院。2010 年 9 月，西班牙巴伦西亚法院经过审理认为，本案中委托父亲为男同性恋，故对跨境代孕合同的效力、代孕子女亲子关系的认定均已经违反了西班牙法律及公共秩序。因此，西班牙对双胞胎在美国加利福尼亚州法院取得的亲子关系认定判决不予承认。在判决生效不久，即 2010 年 10 月，西班牙政府文件登记和公证总局为了规范西班牙法院对跨境代孕亲子关系认定的承认工作，专门颁布了一个指引。该指引指出：(1)如果申请西班牙法院承认在外国认定的跨境代孕父子身份关系，必须是外国法院已作出确定的判决。这意味着外国的出生证明、外国民事机关的出生登记以及根据外国法律认定的亲子关系（不涉及司法机关）都不在西班牙法院承认的范围内。(2)该外国判决必须与诉讼存在真实的、有效的联系，不存在欺诈情形。(3)该外国判决不存在"挑选法院"（forum shopping）的情况，不能侵犯了西班牙的专属管辖权。(4)外国法院的判决不能违反西班牙的公共秩序。[②]

3. 荷兰

荷兰对跨境代孕子女亲子关系认定的承认制度大体上与日本、西班牙相类似。在对跨境代孕亲子关系认定的承认方面，荷兰法院往往以违反本国公共秩序为由不予承认。依荷兰《民法典》的有关规定，如果亲子关系的承认申请涉及代孕子女，还应特别注意出生证明或外国判决是不是由权力机关作出，是否在境外作出，是否为合法的法律文件，是否符合当地法律与是否不违背荷兰的公序良俗。[③] 荷兰《民法典》第一编"自然人法和家庭法"第 101 条对外国法律行为（legal act）或事实（fact）违反公序良俗的情况作了明确的规定："荷兰公民在外国与子女做出的亲子关系的认定，荷兰不予承认。"2009 年 11 月，一对荷兰籍同性恋请求荷兰法院承认他们与在美国加利福尼亚州出生的代孕子女的亲子

① See Laurence Brunet, et al., *Comparative Study on the Regime of Surrogacy in the EU Member States*, Brussels, Belgium, European Parliament, 2013, p. 357.

② Ibid.

③ See Wetboek Online, "Dutch Civil Code, Book 1, Personal and Family Law", http://www.wetboek-online.nl/wet/BW1.html, September 18, 2019, art. 18b.

关系。该代孕子女已在出生前进行了亲权认定,加利福尼亚州法院认为荷兰同性恋伴侣是该代孕双胞胎的法定父母,并在出生证上的父母一栏填上了荷兰男同性恋伴侣的名字。当这对伴侣回到荷兰按照荷兰法律规定的亲子关系承认程序向法院提出承认请求时,遭到了荷兰法院的拒绝。荷兰法院认为,美国加利福尼亚州的出生证明缺乏母亲的姓名,没有认定母子的亲权关系,并且该代孕合同的效力和加利福尼亚州法院所作的亲子关系认定判决,均已违反了荷兰《家庭法》的根基——分娩者为母的基本原则,即违反了荷兰法律及公序良俗。①

4. 法国

法国对外国代孕子女身份关系认定的承认制度也非常严格。法国在承认外国代孕子女亲子关系的认定判决时,首先,要审查外国法院判决的合法性和管辖权。其次,要审查外国代孕子女亲子关系的认定判决是否不违反法国国内的公共秩序。比如,法国法院在审理两起法国夫妇分别在美国加利福尼亚州、马萨诸塞州的代孕案件时,对美国加利福尼亚州法院和马萨诸塞州法院所作出的亲子关系认定判决均不予承认,拒绝的理由是,个人的身份不能取决于私人协议。② 而代孕协议是私人协议的一种,由此代孕协议产生的亲子关系认定都是无效的。

(二)采用灵活性的制度

1. 英国

英国在承认外国代孕子女亲子关系的认定判决方面没有过于严格的限制。英国《代孕协议法》为承认外国代孕亲子关系的认定提供了法律依据,即合法的委托人也就是法院亲权令之申请人,基于有效代孕契约的约定,可于子女出生后6个月内,向法院申请亲权命令,即可成为该代孕子女法律上的父母,但代孕母亲在子女出生后的6周内有选择保留权。

在这方面,最具里程碑意义的判例要属英国法院于2010年对婴儿L案所作的判决。③ 在本案中,一对英国夫妇在美国加利福尼亚州寻找了一位代孕母

---

① See Kees J. Saarloos, European Private International Law on Legal Parenting? Thoughts on a European Instrument Implementing the Principle of Mutual Recognition in Legal Parenting(Ph. D. diss., Maastricht University, 2010), p. 238.

② See Laurence Brunet, et al., *Comparative Study on the Regime of Surrogacy in the EU Member States*, Brussels, Belgium, European Parliament, 2013, p. 99.

③ Re L(A Minor)[2010] EWHC 3146(Fam).

亲,他们将第三方捐赠的卵子和委托父亲提供的精子植入美国代孕母亲的子宫怀孕并生下了代孕子女。当这对英国夫妇回到英国向英国法院申请亲权令时,英国法院认为,在跨境代孕中,子女最佳利益不仅是法院认定代孕子女亲子关系时需要考虑的因素,而且也是法院承认跨境代孕亲子关系认定判决时的最为重要的标准。同时,法院还认为,本案必须注重公共利益和子女最佳利益之间的平衡,并且最佳子女利益原则应该优先适用。只有在本国公共政策遭受明显的侵害时,法院才会拒绝承认跨境代孕子女与委托父母间的亲子关系。最终,英国法院承认了这对英国委托父母是代孕孩子 L 的法定父母,并颁发了亲权命令。

2011 年英国法院受理的婴儿 X 一案亦是如此。本案涉及一对英国夫妇在印度委托一位印度代孕母亲产下了代孕子女 X。X 与委托父亲有血缘联系。不幸的是,委托父亲在向法院申请亲权命令时突然去世,而委托母亲与该代孕子女并无血缘联系。在这种情况下,英国法院仍然承认了代孕子女与委托父母间的亲子关系。①

由上可见,英国法院对跨境代孕子女亲子关系的认定判决或外国出生证明的承认未采取限制措施,只要程序正确和合法,便会予以承认。

2. 比利时

比利时对外国代孕子女亲子关系的认定判决或外国出生证明的承认采取了非常宽松的自由主义政策。比如,比利时法院在审理萨麦尔(Sameal)一案时查明,萨麦尔于 2011 年在乌克兰通过自己提供的精子和第三方捐赠的卵子配子成功之后,植入一位已婚乌克兰代孕母亲的子宫并生下了代孕子女。随后,乌克兰当局签发的出生证书父母身份一栏中填写了代孕母亲和萨麦尔的姓名。萨麦尔回到比利时后,便向比利时法院提出了对乌克兰的出生证书予以承认的申请。经过审理,比利时法院认为,承认外国代孕子女亲子关系认定的条件必须有三:(1)外国代孕安排必须得到代孕子女出生地国同意。(2)委托父母中必须有一方与代孕子女有血缘联系。(3)该代孕安排没有违反比利时公共秩序。在实践中,只要比利时委托父母中有一方与代孕子女有血缘联系,法院一

① Re X and Y (Foreign Surrogacy)[2008] EWHC 3030(Fam).

般都会以最佳子女利益原则为由支持委托夫妇的诉求。① 因此,法院判决承认本案中的萨麦尔为代孕子女的法定父亲。比利时法院在审理 C 案件和 AMND 案件亦采用了萨麦尔一案的做法。这两起案件涉及两个比利时单身男士分别在印度委托了两位代孕母亲。他们使用自己提供的精子和第三方捐赠的卵子,植入两位印度代孕母亲的子宫并生下了代孕子女。在印度出生证书上填写的父亲名字为这两名比利时单身男士的名字,但母亲一栏都为空白。经过审理,比利时法院认为,如果拒绝承认委托父母与代孕子女间的亲子关系认定,会侵犯代孕子女和委托父母享受家庭生活的权利,也将违反《欧洲人权公约》第 8 条之规定。最后,法院以最佳子女利益原则为依据承认了能够证明两位比利时单身男士与代孕子女间亲子关系成立的出生证明。②

3. 美国

美国在承认外国代孕亲子关系认定时采用的是自动承认的方式,即对美国人在国外成立的亲子关系认定,只要没有被美国法院否决,美国则默认该跨境代孕子女与委托父母间的亲子关系成立。不过,这一做法引起了美国不少专家学者的批评和指责。例如,美国学者保罗(Paul)认为,自动承认国外成立的亲子关系认定,实际上将代孕子女亲子关系认定的权利,全部交给了主管认定代孕子女亲子关系的法院或行政机关,从而使专门负责代孕工作的中央主管部门被架空,不符合美国权力需要制衡的原则。③

综上所述,在承认跨境代孕亲子关系认定时,许多国家根据本国的具体情况采取了不同的承认方式,这是一种正常的现象。正如美国保罗教授在对相关问题进行了全面、客观调研后所指出的那样,很少有国家真正找到了承认外国代孕子女亲子关系认定判决或出生证明的正确方法和途径。无论如何,国际社

① Kingdom of Belgium Foreign Affairs, Foreign Trade and Development Cooperation, Steven Vanackere, "Surrogate Motherhood", https://diplomatie.belgium.be/en/Newsroom/news/press_releases/foreign_affairs/2011/02/ni_1802110_vanackere_surrogate_motherhood, September 8, 2019.

② Consular Information, "Children Born of a Surrogate Mother", http://www.diplobel.us/BelgianCitizens/Nationality/surrogatemother.asp, September 20, 2019.

③ See Katarina Trimmings & Paul Beaumont, "International Surrogacy Arrangements: An Urgent Need for Legal Regulation at the International Level", 7 *Journal of Private International Law* 627 (2011), p. 635.

会的条件尚未成熟到形成多边同意行动和趋于一致的地步。①

二、跨境代孕亲子关系认定中的公共秩序与儿童最佳利益保护之争

在国际私法上,公共秩序的作用是维护法院地国法律的既定规则。一国法院在审理涉外民商事案件的过程中,当遇到经本国冲突规范的指引需要适用外国法作为准据法时,如果外国法与本国的基本道德观念、法律根本原则或重大社会利益相违背,则可以排除外国法的适用,也可以此作为拒绝承认与执行外国法院民商事判决的理由。公共秩序一般被认为是保护国家法律原则和社会制度的一种"安全阀"。跨境代孕案件本身极具伦理争议,交织着对委托父母生育权尊重、个人身份权不可让与、儿童利益保护等诉求,这些不同价值内涵的需求都被贴上了"公共秩序"标签。代孕子女出生地国作出的跨境代孕亲子关系的认定判决,往往需要得到委托父母所在地国法院的承认,而委托父母所在地国法院便时常会以违反本国公共秩序为由拒绝承认。② 对跨境代孕儿童利益的保护,则取决于接收地国对出生地国亲子关系认定判决的承认结果。

一国对跨境代孕亲子关系认定判决的不予承认行为,会给跨境代孕子女带来一系列的不利后果,如无法取得国籍、成为无父无母的孤儿等。事实上,在跨境代孕中,代孕母亲也无意或无能力对代孕子女行使抚养权,她们在生下代孕子女之后一般就会明确地表示放弃与代孕子女的亲权关系,这一情况的存在也不利于跨境代孕子女利益的保护。③

那么,子女最佳利益究竟包括哪些内容呢?笔者认为,子女最佳利益的具体内涵,应该从各国国内法所规定的儿童基本权利与相关国际条约中规定的儿童基本权利两个方面加以确定。就国际社会而言,联合国《儿童权利公约》所规定的"子女基本权利"以及其他国际人权公约中所规定的"子女基本权利",例如,《公民权利和政治权利国际公约》第 14 条、第 18 条及第 23 条中的有关规定,都属于子女最佳利益原则的内容。此外,一些专门性的国际组织,如联合国国际

---

① See Katarina Trimmings & Paul Beaumont, "International Surrogacy Arrangements: An Urgent Need for Legal Regulation at the International Level", 7 *Journal of Private International Law* 627 (2011), p. 633.

② 参见王艺:《外国判决承认中公共秩序保留的怪圈与突围——以一起跨国代孕案件为中心》,载《法商研究》2018 年第 1 期。

③ 参见王吉文:《儿童最大利益原则在跨国代孕判决承认中的适用问题——以德国的判例为例》,载《青少年犯罪问题》2018 年第 4 期。

劳工组织(International Labour Organization,ILO)、世界卫生组织(World Health Organization,WHO)、联合国难民事务高级专员办事处(United Nations High Commissioner for Refugees,UNHCR)等所缔结的国际条约中有关子女权利的规定,也应属于"子女最佳利益"的范围。当然,"子女最佳利益"还应包括了国际习惯法或国际惯例法认可的儿童基本权利。

对代孕子女接受地国而言,在决定是否对跨境代孕亲子关系认定进行承认时,就存在一个如何在公共秩序与儿童利益保护原则之间进行合理平衡的问题。在此,不妨以前面已提到的梅内松夫妇一案为例作些具体的说明。在本案中,美国法院对代孕子女的亲子关系作出了认定,法国法院拒绝承认美国法院的代孕子女亲子关系认定判决,而欧洲人权法院又承认美国法院的代孕子女亲子关系认定判决,可谓一波三折,如坐"过山车"。在实质上,这场持续了20年、至今尚无定论的官司,是一场公共秩序之战(详细分析见表1)。

表1　梅内松夫妇案中相关法院对公共秩序的理解及判决结果①

<table>
<tr><th>"梅内松案"
涉及的法院</th><th>对公共秩序的考量</th><th>公共秩序冲突的后果</th></tr>
<tr><td rowspan="3">美国加利福尼亚州最高法院</td><td>准许代理孕母改善自身经济状况</td><td rowspan="3">承认代孕协议效力、确认代孕委托父母梅内松夫妇与代孕子女间的亲子关系</td></tr>
<tr><td>尊重当事人的生育方式选择权</td></tr>
<tr><td>保护儿童利益</td></tr>
<tr><td rowspan="2">法国最高法院</td><td>自然人的身份权不得让与</td><td rowspan="2">拒绝承认美国加利福尼亚州最高法院的判决</td></tr>
<tr><td>保护儿童利益</td></tr>
<tr><td rowspan="2">欧洲人权法院</td><td>个人享有私人生活不受公权力机关无端干涉的自由</td><td rowspan="2">裁定法国最高法院的判决有悖《欧洲人权公约》</td></tr>
<tr><td>保护儿童利益</td></tr>
</table>

从表1可以看出,美国法院、法国法院以及欧洲人权法院在审理梅内松夫妇一案时有如下分歧:首先,对于商业代孕行为这一事实,法国与美国各有其价值判断标准,以致在对公共秩序含义的理解上出现分歧。美国加利福尼亚州最高法院认为,代孕属于个人选择生育方式的自由,法律无权禁止,否则便是对私人权利的不当干预;而法国最高法院则认为跨境代孕涉及私人对亲子关系的有

① 参见王艺:《外国判决承认中公共秩序保留的怪圈与突围——以一起跨国代孕案件为中心》,载《法商研究》2018年第1期。

偿转让,进而构成了对身份权法定原则的彻底破坏,故以违反本国公共秩序为由拒绝承认美国法院的判决。[①] 其次,美国法院、法国法院以及欧洲人权法院在审理该案时,均提到了对代孕儿童利益的保护问题,都强调应将儿童利益保护与本国的公共秩序放在一起平衡考量。但这个考量可能会使法国法院陷入两难的困境:一方面,无法以儿童利益保护为由去否认身份权法定的合理性;另一方面,又无法以身份权法定的合理性为由,去否定自然人享有私生活不受公权力机关无端干涉的自由。其实,欧洲人权法院在对儿童最佳利益进行评估时,所把握的标准也存在自相矛盾的地方。比如,欧洲人权法院在梅内松诉法国和拉贝瑟诉法国这两起案件中,对儿童最佳利益的评估标准就不完全一样。[②]

总之,各国在承认外国代孕亲子关系认定方面都存在一定的问题,具有一定的局限性,难以为人们所普遍接受。海牙组织一直在呼吁各国学者对外国代孕亲子关系的承认问题进行调查研究,以便改变各国目前在承认外国代孕亲子关系方面的极端混乱状态,力求达到统一化的目标。

---

① 参见王艺:《外国判决承认中公共秩序保留的怪圈与突围——以一起跨国代孕案件为中心》,载《法商研究》2018 年第 1 期。

② 详见本书第十六章“欧盟代孕立法与司法实践”。

第十八章　海牙组织对跨境代孕问题的关注

第一节　海牙组织对跨境代孕问题的讨论

一、海牙组织拟起草专家意见稿的背景

从1893年开始至今的国际私法的统一化进程中，海牙组织一直是从事国际私法统一的最为重要和最富有影响力的国际组织。[①] 肇始于19世纪的国际私法统一化运动，其目标是以统一的国际私法直接调整超法域利益的冲突，它是调整法律冲突甚至是调整不同国家之间的利益冲突的最完善手段。[②] 跨境代孕这一新兴的问题，早已引起了海牙组织的高度关注。跨境代孕给传统家庭关系带来了全面的挑战，涉及父亲身份、母亲身份、监护权、探视权、儿童的权利等方面。目前，世界各国之间在对跨境代孕亲子关系的认定上存在突出的法律冲突问题。如何合理地解决这一问题，促进跨境代孕亲子关系认定工作的顺利进行，迫切需要进行国际协调。

---

① 参见赵相林主编：《国际私法》，中国政法大学出版社2005年版，第55~58页。

② 参见沈涓：《冲突法及其价值导向》，中国政法大学出版社2002年版，第50~51页。

同时,对于跨境代孕行为也需要国际社会共同监管。① 在这种背景下,专门致力于解决各国民商事法律冲突问题的海牙组织无疑应该担负起这一重任。

海牙组织从2010年开始关注跨境代孕的问题。海牙保护跨国儿童特别委员会将跨境代孕行为视为国际家庭法新兴的问题,需要对其加以进一步研究和讨论。该委员会指出,在发展迅速的跨境代孕中,出现了许多"地位无法确定的儿童"以及跨境代孕行为,不适用国际收养公约。② 这个问题在2010年3月也引起了海牙组织和国际家庭法司法会议的重视。2011年3月,海牙组织事务和政策委员会就国际代孕问题进行了深入的讨论。会议曾照会各成员国,"为准备制定能够消除跨境代孕亲子关系认定方面的法律冲突和加强国际合作的新公约而努力。"③同时,该会议还提交了一份更为详细的报告,指出将进一步研究国际代孕问题,特别是跨境代孕中的亲子身份如何在委托父母所在国获得承认等国际私法问题。2013年,海牙常设局就跨境代孕亲子关系认定问题面向各成员国、各国法律部门和各国代孕医疗机构展开了一系列的调查问卷工作。根据调查问卷的反馈意见,2015年,海牙常设局又发布了一份名为《亲子关系认定及代孕项目的最新报告》(The Parentage / Surrogacy Project: An Updating Note)。该报告指出,在当前的国际代孕活动中,经常会遇到的问题是代孕子女出生后,不能离开出生地所在国家前往委托父母所在国,因为委托父母的国家不允许代孕,如澳大利亚。澳大利亚法律规定,代孕子女法律意义上的父母是代孕母亲及其配偶,而不是委托父母。在这种情况下,如果代孕子女出生地国法律又认为代孕子女法律意义上的父母为委托父母而非代孕父母的话,那么该代孕子女就有可能沦为无国籍儿童。通过跨境收养手续,允许孩子从出生国前往领养国,往往耗时甚长,如前面提到的日本的婴儿万治(Baby Manji)案。④ 另

---

① 参见杜涛:《跨境代孕引发的国际私法问题》,载《中华女性网》2016年3月6日。

② Hague Conference Permanent Bureau, "Conclusions and Recommendations adopted by the Council on General Affairs and Policy of the Conference, 7 – 9 April 2010", https://www.hcch.net/upload/wop/genaff2010concl_e.pdf, September 19, 2019, p. 3.

③ Hague Conference Permanent on Private International Law (HCCH), "Preliminary Document No. 3A of February 2015 for the attention of the Council of April 2011 on General Affairs and Policy of the Conference", https://assets.hcch.net/docs/d96dd6e7 – 94e3 – 4b17 – 8cf8 – b0342fc92f53.pdf, September 18, 2019.

④ Hague Conference Permanent Bureau, "The Desirability and Feasibility of Further Workon The Parentage / Surrogacy Project, 2014, Doc. Prel. No 3B", https://assets.hcch.net/docs/6403eddb – 3b47 – 4680 – ba4a – 3fe3e11c0557.pdf, September 12, 2019.

外，还存在一种情况，即委托父母与代孕子女之间的亲子关系，被代孕子女出生地国的法院认定或者被代孕子女出生地国出具的出生证明认定。而委托父母回到所在国为代孕子女申报户口时，可能会遇到所在国以该认定判决或出生证明违反本国的公共秩序为由，不承认该认定判决或出生证明在国内的效力，本书前面所述的日本法院于2004年受理的优可美国代孕一案即是其例。鉴于此，这份报告认为，在跨境代孕亲子关系的认定方面，应组成一个专门的专家小组就如何消除法律冲突和加强国际合作的问题作进一步研究，并在合适的时候制定一部新的公约。

2016年2月，各国专家小组在海牙举行了一次会议并提交了一份报告。该报告指出，在跨境代孕所引发的国际私法问题上，目前各国的法律之间存在很大的差异，短期内也很难统一各国的实体法，而国际私法方法可以在各国法律之间建立起一座沟通的桥梁。专家小组赞成对儿童加以国际保护的观点，强调加强代孕子女出生国主管机关与委托父母所在国主管机关的沟通和合作的意见。[①] 关于加强各缔约国主管机关间的合作问题，在海牙组织以前起草、制定的一些公约中就已有所涉及。例如，海牙组织1965年11月15日《关于民商事司法文书和司法外文书海外送达公约》、1970年3月18日《关于民商事案件域外取证公约》、1980年10月25日《关于国际司法救助公约》《国际非法诱拐儿童民事方面的公约》等，都涉及了一些关于司法和行政合作的问题。专家小组认为，这些公约都强调各缔约国的中央主管机关之间应建立合作机制，而将来的立法也可借鉴这种通过海牙公约建立起来的各国主管机构之间的合作机制，使各国中央机关之间的合作也越来越密切，从而保证那些被“非法地迁移或留置在某一缔约国的儿童”(children wrongfully removed to or retained in a contracting state)能够顺利返还。

二、海牙组织各成员国的态度

2014年，许多欧洲国家代表团向海牙组织建议，应就跨境代孕亲子关系的

---

① Hague Conference Permanent Bureau, “Report of the February 2016 Meeting of the Experts’ Group on Parentage / Surrogacy”, https://assets.hcch.net/docs/f92c95b5 - 4364 - 4461 - bb04 - 2382e3c0d50d.pdf; See also, Hague Conference Permanent Bureau, “Background Note for the Meeting of the Experts’ Groupon the Parentage / Surrogacy Project, Jan. 2016”, https://assets.hcch.net/docs/8767f910 - ae25 - 4564 - a67c - 7f2a002fb5c0.pdf, September 4, 2019.

认定问题缔结一项新的全球性国际公约。该建议得到了大多数海牙组织成员国的积极响应。美国专家组认为,跨境代孕亲子关系的认定变得越来越复杂,不仅涉及的范围广、程序多,而且法律冲突日渐突出,甚至出现了借跨境代孕拐卖儿童的现象。海牙组织应担当起制定新的国际代孕公约的重任。跨境代孕亲子关系认定公约的设计,不应该只定位于制定一个统一冲突规则和关注传统国际私法上的管辖权和法律适用问题,而是应在管辖权和适用法律等方面提供一套能适应不同国家法律制度各异的解决方法。①

跨境代孕亲子关系认定的实体规范和合作机制,已成为海牙组织即将起草的专家意见稿的主要目标。然而,由于各国对跨境代孕亲子认定的管辖权规范、法律适用规范以及外国判决的承认与执行规范无法达成一致意见,很难使新公约成为协调各国有关代孕的法律冲突的统一实体法。

制定该公约的计划所面临的挑战来自必须在全球各大洲、各大洋之间架起许多座沟通的桥梁。尽管需要战胜各种挑战,克服不同法系制度上的障碍,但是,人们已从以前许多成功的先例,如《海牙跨境收养公约》中看到了该项公约计划成功的希望。而一项全球性国际公约在法律上所带来的更为显著的确定性和公平性,无疑会更为有效地保护代孕子女的利益。到目前为止,尽管跨境代孕亲子关系认定公约专家意见稿的起草工作已取得了某些进展,但由于存在一些难以尽快逾越的障碍,如有些国家之间在亲子关系的认定标准上处于严重对立的状态,一时无法调和。因此,海牙组织尚未能正式起草该公约。

三、我国参与了《跨境代孕亲子关系认定公约(专家意见稿)》的起草工作

可以说,跨境代孕亲子关系认定法的统一化运动已成为当今国际社会的一种普遍共识。自海牙组织开始尝试就跨境代孕亲子关系认定问题进行统一立法之时起,各国专家意见组也纷纷行动起来,对相关的课题展开调查和研究。我国政府参加了海牙组织该专家意见稿的讨论。

笔者认为,我国应进一步融入跨境代孕亲子认定法的统一化运动之中。海牙组织的宗旨与我国的原则和立场基本上是一致的。我国应抓住机遇充分借

① Hague Conference Permanent Bureau,"The Desirability and Feasibility of Further Workon The Parentage / Surrogacy Project,2014,Doc. Prel. No. 3B",https://assets. hcch. net/docs/6403eddb－3b47－4680－ba4a－3fe3e11c0557. pdf,September 12,2019.

鉴别的国家在跨境代孕亲子关系认定上的先进经验和成功做法，健全我国的与国内代孕和跨境代孕相关的法律制度。

我国加入海牙跨境代孕亲子关系认定立法的讨论，实际上也是遵循联合国《儿童权利公约》精神和原则的具体体现。随着社会的进步和人类文明的发展，世界各国都越来越意识到保护儿童和维护儿童合法权益的重要性，我国也不例外。在联合国 1989 年 11 月 20 日通过了《儿童权利公约》后不久，我国便于 1990 年 8 月 29 日批准了该公约。该公约是一项具有世界性普遍效力的保护儿童权益的国际法律规范，虽然未对代孕子女的权益作出专门规定，但其以保护子女最佳利益为原则的基本精神对确立跨境代孕亲子关系的认定标准提供了借鉴。在代孕子女亲子关系的认定标准上，许多国家首先考虑的是代孕母亲和委托父母的利益，很少考虑到代孕子女的利益，更不用说将代孕子女利益的保护置于首位了。中国加入海牙跨境代孕亲子关系认定的立法讨论也有利于更好地维护我国海外代孕子女的权益。

总之，无论是否禁止代孕以及跨境代孕，我国都应该充分地了解其他国家的跨境代孕法律制度，也必须让其他国家和国际社会了解我国的代孕法律制度。因此，我国参与这项全球性的跨境代孕亲子认定公约的制定活动意义重大。

第二节　对起草跨境代孕亲子关系认定公约的建议

一、外国学者就代孕国际公约的制定问题所提出的建议

在国外学界，大多数学者都呼吁，应尽快制定、通过一部专门规制跨境代孕的国际私法条约。《关于国际代孕安排的国际法规制》一书的作者指出，理想公约旨在协调跨境代孕领域的法律冲突，并建议起草这一公约的法律框架大致如下：①

（一）应明确跨境代孕公约的目的和宗旨、适用范围和基本原则

比如在适用范围上，跨境代孕公约可适用于惯常居住地在缔约国的委托父母、代孕母亲；无论代孕合同签订地是否在缔约国或在第三国，代孕母亲所在国均为代孕儿童的原住国，委托父母所在国为代孕儿童的接收国。代孕母

① See Katarina Trimmings and Paul Beaumont, *International Surrogacy Arrangements: Legal Regulation at the International Level*, Oxford, Hart Publishing, 2013, pp. 532 – 535.

亲惯常居住地一旦被确认,则不得更改,以防止代孕母亲被故意或恶意地带到一个“偏好代孕行为”的辖区内进行生产,有利于减少贩卖代孕妇女的犯罪行为。与此同时,也不妨碍代孕母亲的居住自由,只要求其在一国居住达到一定的法定期间。即使其在该国并无定居意图,也不影响对代孕母亲惯常居所的认定。

(二)对跨境代孕当事人的资格作出规定

代孕子女、委托父母、代孕母亲等代孕当事人都须符合公约规定的资格,而代孕子女所在国的主管机关和委托父母的主管机关应共同负责并严格履行各自的责任和义务。

(三)对跨境代孕亲子关系认定的国际合作也应作出规定

对于跨境代孕亲子关系认定的国际合作问题,不仅要规定中央主管机关制度,而且也要对政府控制的公共机关和私人“委任机构”(accredited bodies)的功能、任务和条件等作出具体的规定。比如,对代孕子女出生国而言,其主管机关负有以下职责:(1)必须确认该代孕母亲适合于代孕。(2)跨境代孕须经代孕母亲、委托父母与相关机构的商议同意,且相关机构向其提供了咨询意见和告知代孕母亲、委托父母同意会带来的法律后果,特别是要对代孕安排会导致儿童与代孕母亲之间的法律关系终止后果作出评估。要求代孕母亲只能在儿童出生之前作出同意。该同意须按法律明确表达或用书面方式表示。(3)委托父母必须出示法律文件说明,代孕母亲所在国承认代孕行为的合法性,并许可代孕母亲产下的儿童以委托父母亲生子女的身份出境。(4)委托父母应承诺在代孕行为完成后照顾子女。(5)委托父母须提供与代孕母亲签订的经过公证的代孕协议。(6)代孕治疗只能由已在医学研究委员会登记的诊所实施。(7)委托父母回国时有权得到离开许可,且有权得到一份由辅助生殖诊所出具的有关该夫妇已是代孕子女的法定父母,并与代孕母亲已无任何法律关系的证明。对委托父母所在国的主管机关而言,它的职责应包括如下内容:(1)审核委托父母的合格性和适合性,提供意向父母合格性和合适性的报告,包括委托父母的身份、动机、经济能力、家庭和身体状况。(2)为委托父母提供相关资讯,确保委托父母同意代孕协议是出于真实的意思表示,并清楚地知悉代孕协议的内容及法律后果。(3)许可并促进人工生殖儿童进入国境。这是跨境代孕最终得以实现的实质条件,如果代孕子女不能被允许进入意向父母所在国,并与委托父母一起在该国永久居住,则跨境代孕毫无意义。(4)后续追踪委托父母有无承担抚养代孕子女义务的情况。

（四）对跨境代孕亲子关系认定的程序要作出规定

对从代孕开始到代孕结束的整个过程中，就代孕子女出生国和委托父母所在国应做的工作及其具体的操作程序须作出规定。

（五）跨境代孕亲子关系认定的承认与效力

在不违反公共秩序的前提下，应承认别国对代孕亲子关系的认定。

二、国内学者就代孕国际公约的制定问题所提出的建议

（一）制定代孕国际公约应将儿童最佳利益作为基本原则和指导思想

笔者认为，目前很多国家均以子女最佳利益原则来处理跨境代孕亲子关系的认定事项，如希腊《家庭法》和南非《儿童保护法》都明确规定，子女最佳利益原则是处理代孕协议以及因代孕协议引发的纠纷的根本考虑。新西兰《人类辅助生殖技术法案》也明确规定，子女最佳利益是法院处理跨境代孕纠纷的重要考虑因素。英国 2010 年《人类受精和胚胎学（亲权令）条例》明文规定："子女的利益是首要的考虑。"2012 年英国法院在审理跨境代孕子女 D 和 L 的一案时便适用了子女最佳利益原则。①

在起草跨境代孕公约时，应该明确将保护儿童最佳利益作为制定这一公约的基本原则和指导思想，并将其贯彻落实到该公约的整个起草过程之中。换言之，公约除了应该明确坚持子女最佳利益原则的立场和态度外，在其他的一些相关条款中也应该隐含地体现出子女最佳利益原则的精神，强调公约的起草应该以子女最佳利益原则为指导思想。值得指出的是，该公约中所体现的代孕子女基本权利，主要是指已被相关国际条约或国际习惯所规定的子女基本权利，其范围可能超出了各国国内法所规定的子女基本权利界限。

（二）对跨境代孕亲子关系认定案件的管辖权和法律适用的建议

笔者认为，确定跨境代孕亲子关系认定纠纷案件的管辖权也应以保护子女最佳利益为立足点和出发点，以保护子女最佳利益作为行使管辖权的依据。然而，在跨境代孕中，代孕子女出生国和委托父母所在国对子女最佳利益的看法可能并不一致。代孕子女出生国和委托父母所在国都倾向于由本国法院行使管辖权，以便通过法院对跨境代孕进行直接的控制，从而达到更为有效地监督和规制跨境代孕的目的。

---

① Re D and L［2013］EWHC 2631（Fam）.

对于跨境代孕亲子关系认定的法律适用问题，笔者认为，可以借鉴《海牙跨国收养公约》的做法。对此，下文将有详细阐述，此处从略。

（三）在承认外国法院的亲子关系认定判决或外国出生证明的效力方面建立自动承认制度

海牙组织已制定出的外国判决承认与执行公约，一般都对承认与执行外国判决的具体条件或依据作了明确、具体的规定。比如，海牙组织1961年《关于未成年人保护机关的权力及法律适用公约》第7条、1965年《收养管辖权、法律适用和判决承认公约》第8条和1973年《关于抚养义务判决的承认与执行公约》第7条和第8条，都对外国判决的承认与执行条件作了规定。而《海牙跨境收养公约》则并未将跨境收养纠纷案件管辖权作为承认与执行外国判决的基础和依据，即各国的法律没有明确规定外国法院对跨国收养纠纷作出的判决，必须在其享有合法管辖权的前提下才能够得到承认。笔者认为，可以借鉴《海牙跨境收养公约》的做法来处理跨境代孕亲子关系的承认问题。这种"自动承认的制度"（automatic recognition），不需要经过任何特定的程序，既不需要办理任何登记手续，也不需要经过任何承认与执行的强制性程序，更不需要承认国的法院和行政机关再作出任何的判决或裁决，只要求该跨境代孕亲子关系的认定是依公约作出并得到了其境内国家主管机关的证明即可。

关于拒绝承认跨境代孕亲子关系认定的条件，多数国家认为，如果承认跨境代孕亲子关系的认定判决将与本国的公共秩序相抵触的，则可以公共秩序为由拒绝承认。

（四）建立中央机关制度与海牙组织成员国的合作机制

由于政治经济、法律制度、文化传统、风俗习惯和宗教信仰不同，对于跨境代孕亲子关系的认定问题，有的国家由司法机关负责，有的国家由移民机构负责，还有的国家由行政机关负责。因此，为了解决跨境代孕亲子关系认定中的法律冲突问题，在起草公约时应专门设立中央机关制度。中央机关是以保证各国间代孕合作机制为目的，全面负责跨国代孕工作的，它不仅在各缔约国内保证和促进跨境代孕的顺利健康发展，还为跨境代孕的正确实施和成功运作提供保障。

第三节　借鉴《海牙跨国收养公约》的经验[①]

一些专家认为,唯一需要采取的是将现有的国际收养法律制度延伸适用于跨境代孕协议。[②] 现阶段,为了更好地解决跨境代孕亲子关系的认定纠纷问题,多数意见认为,目前应当统一各国有关父母身份的国际私法规则,可以借鉴和参考《海牙跨国收养公约》的有关规定,解决跨境代孕中的诸多法律问题。待时机成熟,由海牙组织起草、制定专门的跨境代孕公约。[③]

跨国收养又称涉外收养、国际收养。依《海牙跨国收养公约》第2条所作的界定,跨国收养是指惯常居住在一缔约国(原住国)的儿童被惯常居住地在另一缔约国(收养国)的夫妻或个人收养,从而产生永久性的父母子女关系的行为。海牙组织于1993年通过的专门规范国际收养关系的《海牙跨国收养公约》,旨在预防跨国的儿童贩运,对相关国家在跨国收养中的作用和责任进行了规定。它确立了收养儿童原住国和接收国的合作机制,极大地规范并促进了跨国收养的健康发展,成为当今国际社会规制跨国收养的最重要的国际法律文件。[④] 欧洲理事会于2008年通过的《关于儿童收养的欧洲公约》在加强对被收养儿童权益的保护方面有着重大的进步,对推动欧洲地区收养法的统一有着重要影响。[⑤]

一、跨境代孕公约的起草借鉴《海牙跨国收养公约》的必要性

笔者倾向于克里斯·托马勒(Chris Thomale)的观点,对跨境代孕合同所产生的法律问题,比较现实的做法是对《海牙跨国收养公约》进行补充修改,即

---

① 参见袁泉、罗颖仪:《跨境代孕中的法律冲突及其解决路径——〈跨国收养方面保护儿童及合作公约〉的经验》,载《国际法研究》2019年第2期。

② Hague Conference Permanent on Private International Law(HCCH),"Preliminary Document No. 10 of March 2012 for the attention of the Council of April 2012 on General Affairs and Policy of the Conference", https://assets. hcch. net/docs/d4ff8ecd - f747 - 46da - 86c3 - 61074e9b17fe. pdf, September 18,2019, p. 30.

③ Ibid.

④ 参见师秀霞:《论跨国收养国际法律制度的完善及启示——预防儿童贩运的视角》,载《青少年犯罪研究》2016年第6期。

⑤ 参见蒋新苗:《欧洲收养法律冲突解决的新方略》,载《社会科学家》2018年第4期。

“采用《海牙跨国收养公约》适用于跨境代孕安排应是法律改革的主要焦点”。[①]国外也有不少学者认为,基于该公约在国际社会的高度成功,所以跨境代孕公约的草案框架可完全以该公约为参照,具体理由如下:

其一,截至2019年2月1日,《海牙跨国收养公约》缔约国有102个,[②]涵盖了世界上的发达国家和发展中国家。该公约是国际社会保护儿童最有利的法律武器。这应归功于1988年海牙组织吸引了被收养儿童原住地国如中国、印度、南非和收养儿童接收地国的参加。基于缔约国的覆盖面是如此之广,有理由认为,该公约已设法在原住国和收养国利益之间找到了平衡点——公约成功运作的前提条件。因此,跨境代孕公约的制定,需要代孕子女出生地国和委托父母所在国的积极参加。

其二,在20世纪80年代,跨国收养在各国属于道德敏感问题,但《海牙跨国收养公约》以灵活的立法方式和中立的道德态度成功地解决了这些问题,值得跨境代孕公约借鉴。

其三,《海牙跨国收养公约》为缔约国的收养子女、收养儿童的亲生父母和意向收养父母提供了一系列的保障措施。因此,该公约的影响力不仅产生在缔约国范围内,而且也能让非缔约国的收养儿童受益于该公约。海牙组织中的国际收养公约特委会在一份报告里认为,公约的标准和保障措施不应仅适用于缔约国之间,缔约国与非缔约国处理国际收养儿童纠纷,也推荐自觉适用公约的标准和保障措施。[③] 而在处理跨境代孕问题时,有些禁止代孕的国家尚不能加入公约,但对存在大量跨境代孕行为的国家来说,也可参照《海牙跨国收养公约》作出类似的规定。

二、跨境代孕公约的起草借鉴《海牙跨国收养公约》的可行性

海牙跨境代孕公约的草案框架可以借鉴《海牙跨国收养公约》的如下条款:

《海牙跨国收养公约》第1条关于公约宗旨所涉及的国际社会开展合作和

---

① Chris Thomale, "State of Play of Cross-border Surrogacy Arrangements-is there a Case for Regulatory Intervention by the EU?", 13 *Journal of Private International Law* 463(2017), p. 463.

② 海牙组织官方主页上列出了各国加入该公约的时间、是否提出保留。See HCCH, "Print", https://www.hcch.net/en/instruments/conventions/status-table/print/? cid=69, February 1, 2019.

③ See HCCH, "Adoption Section", https://www.hcch.net/en/instruments/conventions/specialised-sections/intercountry-adoption, September 1, 2019.

目标的规定,[①]可延伸适用到跨境代孕公约中,以利于实现对代孕儿童的最大利益保护,达到防止拐骗、贩卖代孕儿童或用代孕儿童作交易的目的。

起草跨境代孕公约可参考《海牙跨国收养公约》第2条关于公约的适用范围之规定,[②]借此可让跨境代孕起源国(代孕母亲的惯常居所地)和代孕儿童接收国(法定父母的惯常居所)都成为缔约国。同时,根据跨境代孕的特殊性,还需考虑让其他参与者如代孕服务提供者的主要营业地、代孕服务提供商的分支机构、生殖服务的所在地、代孕儿童出生地国家,也应该加入公约。

《海牙跨国收养公约》第4条对跨国收养原住国当局确认该儿童适于收养的责任、确认跨国收养符合儿童的最佳利益作出了规定;[③]第5条则强调了跨国收养中收养国当局的责任。[④] 在跨境代孕公约的起草中,也可采用这些规定,因为跨境代孕主要涉及出生地国、接收国的法律制度,具体包括:

(1)跨境代孕委托父母的资格问题,包括委托父母的法定年龄资格、跨境代孕的申请是单独一方还是双方联合提出,是已婚配偶双方还是事实上的同居方或者单身人士提出;委托父母的精神状况和身体健康情况等。

---

① 《海牙跨国收养公约》第1条关于公约的宗旨包括:制定保障措施,以保证跨国收养的实施符合儿童最佳利益和尊重国际法所承认的儿童基本权利;在缔约国之间建立合作制度,以确保上述保障措施得到遵守,从而防止拐骗、贩卖儿童或用儿童作交易;保证根据本公约所进行的收养得到缔约国的承认。

② 《海牙跨国收养公约》第2条规定:“本公约适用于惯常居住在一缔约国(原住国)的儿童在该国被惯常居住在另一缔约国(收养国)的夫妻或个人收养以后,或者为在原住国或收养国进行此收养的目的,已经、正在或将要被移送到收养国的案件。”

③ 《海牙跨国收养公约》第4条规定:“本公约范围内的收养应开始进行,只要原住国的主管机关:1. 确认该儿童适于收养。2. 对在原住国内安置该儿童的可能性作了应有的考虑后,确认跨国收养符合儿童的最佳利益。3. 保证:(1)对于必须经其同意方可进行收养的个人、机构和机关,必要时已经与其进行商议并适当告知其同意的后果,特别是对于收养是否导致儿童与其出生家庭的法律关系终止的结果;(2)上述个人、机构和机关已经自主地表示同意,且该项同意是按照所要求的法律形式作出,或以书面方式予以表达或证明;(3)这种同意不是以给付任何形式的报酬或补偿所导致的,且没有被撤回;且(4)有必要征得母亲同意时,该项同意只是在儿童出生以后作出的。4. 考虑到儿童的年龄和成熟程度,保证:(1)已与该儿童商议并适当告知其收养的后果和其同意收养的后果;(2)儿童的愿望和意见已给予考虑;(3)在需要征得儿童同意时,儿童对于收养的同意是自主地作出的,且该项同意是以所要求的法律形式作出,或以书面形式予以表达或证明;且(4)此项同意不是以给付任何形式的报酬或补偿所导致的。”

④ 《海牙跨国收养公约》第5条规定,“1. 本公约范围内的收养应开始进行,只要收养国的主管机关:2. 已经确认预期养父母条件合格并适于收养儿童,已经保证预期养父母在必要时得到了商议,3. 且已经确认该儿童已经或将被批准进入并长期居住在该国。”

(2)代孕母亲的资格问题,同样也包括代孕母亲的法定年龄资格,代孕母亲是否已婚,其精神状况和身体情况等。

(3)跨境代孕合同中的"同意权"问题,包括委托父母是否同意委托代孕中介诊所与代孕母亲,是否需要取得第三方如代孕母亲配偶同意;代孕母亲是否同意租借其子宫为意向父母生育代孕子女,是否明确表示在孩子出生后放弃抚养权等。参照《海牙跨国收养公约》的做法,将与代孕母亲有关的法律问题均交给代孕儿童出生地国当局解决,将与委托父母有关的法律问题交给接收国处理。需要注意的是,在代孕儿童出生地国和接收国的权力和责任之间必须进行平衡。

(4)对于商业代孕的有效性问题、跨境代孕合同的解释与履行问题(解除合同)、代孕母亲或委托父母不履行合同的救济途径,以及是承担全部或部分违约责任的问题,《海牙跨国收养公约》并没有可供借鉴的规定,可由各国法院按照合同法或其他民事法律进行处理。

(5)对于跨境代孕中的收养问题,与跨国收养不同的是,跨境代孕是建立在跨境代孕合同这个基础之上的。如果在跨境代孕合同中引入"公民身份资格",则将导致跨境代孕合同的法律适用与"公民身份"之间出现法律冲突,甚至会出现法国法院拒绝承认跨境代孕亲子关系认定的情况。因此,对于跨境代孕中的收养问题,最终还要依赖于儿童最佳利益原则加以解决。

三、制定跨境代孕公约必须建立中央机关制度

可借鉴《海牙跨国收养公约》第6条,[①]在跨境代孕公约的起草中也要求缔约国建立一个中央机构,负责与其他缔约国中央机构的合作,以及在管辖区域内对从事代孕行业的私人机构进行监管。中央机关以保证各缔约国之间跨境代孕合作机制为目的,全面负责跨境代孕工作,促进跨境代孕的顺利健康发展,为代孕的实施和成功运作提供保障。

必须指出的是,跨境代孕应通过中央机关进行,首先由委托父母向本国的中央机关提出跨境代孕申请,并经本国的中央机关同意。其次由其向代孕母亲

① 《海牙跨国收养公约》第6条规定:"1.每一缔约国应指定一个中央机关,负责本公约对该机关所规定的任务。2.联邦国家,具有一个以上法律制度的国家,或拥有自治领土单位国家,可以指定一个以上中央机关,并确定他们职权所及的领土或个人范围。当一国指定一个以上中央机关时,应指定一个可资通信的中央机关,以便通过它将有关信息转达其国内适当的中央机关。"

所在国的中央机关转交该申请。代孕母亲所在国的中央机关在接到申请后，认为该代孕行为可以实施时，则应准备一份包括代孕母亲所在国法律规定允许代孕的报告，并将其转交给意向父母所在国的中央机关。委托父母所在国的中央机关通过再次确认后，可以批准同意委托父母的代孕合同。这样一来，代孕合同就既符合代孕母亲所在国的法律，也符合委托父母所在地国的法律。另外，两国中央机关应采取一切必要措施，以使代孕儿童获准离开出生地国，进入并长期居住在意向父母所在国。参照《海牙跨国收养公约》第 7 条、[①]第 9 条、[②]第 10 条[③]和第 11 条[④]之规定，在跨境代孕公约的起草中，也可赋予中央机关两个重要的职能：一是负责提供各自国家有关代孕的法律规定、统计数据、标准格式等资料；二是就本公约的实施和执行情况互通信息，并尽力消除阻碍公约贯彻实施的任何障碍。

---

① 《海牙跨国收养公约》第 7 条规定："1. 中央机关应相互合作，并促进其各自所在国家主管机关之间的合作，以保护儿童和实现本公约的其他宗旨。2. 中央机关应直接采取一切适当措施以便(1)提供各自国家有关收养法律的资料以及其他一般资料，诸如统计数字、标准格式等；(2)就本公约的执行情况经常互通信息，并尽力消除实施公约的任何障碍。"

② 《海牙跨国收养公约》第 9 条规定："中央机关应直接或通过公共机关或在本国受到适当委任的其他机构，采取一切适当措施，特别是：1. 收集、保存和交换有关儿童和预期养父母情况的资料，只要这对于完成收养是必要的；2. 促进、遵守和加快收养的程序，以便实现收养；3. 推进各自国家的收养咨询和收养后服务的发展；4. 相互提供关于跨国收养经验的综合性评价报告；5. 在本国法律允许的情况下，对其他中央机关或公共机关关于提供一具体的收养情况资料的正当请求作出答复。"

③ 《海牙跨国收养公约》第 10 条规定："一个机构只有当其表现出有能力正当履行委托给它的任务时，才能得到委任并保持这种资格。"

④ 《海牙跨国收养公约》第 11 条规定："1. 受委任机构应该按照委任国主管机关确定的条件和限制范围，追求非营利目标；2. 由在道德标准方面和在跨国收养领域培训或经验方面合格的人员进行领导，并配备此类人员；3. 且接受该国主管机关对其组成、业务和财务情况的监督。"

第十九章　我国有关跨境代孕亲子关系认定的立法现状及前瞻

第一节　我国的跨境代孕立法现状

一、我国对于代孕是否应该合法化的讨论

在我国,希望拥有子女的夫妻可以通过办理收养手续的方式在法律上与收养孩子之间建立父母子女关系。但是,对不孕不育夫妇、年长或是患病的妇女、单身人士、同性恋伴侣来说,如果想拥有与自己基因有联系的遗传后代,只有借助于代孕这种方式。而应否将代孕合法化的问题,国内各界的意见存在分歧。在是否开放代孕的问题上,除了要考虑我国的国情外,还必须在各相关领域建立配套的措施,这就需要在各有关部门之中进行充分的沟通与讨论,以便达成共识。总的来说,在我国是否应允许代孕的问题上,目前主要存在两种不同的观点:

(一)赞成将代孕合法化

持这一观点的人认为,从现实情况来看,在我国有代孕的实际需求。据《纽约时报》的报道,虽然中国由于计划生育、伦理问题而禁止代孕,但代孕地下行为却正在迅速增加。根据具体的服务项目,如是否需要精卵子、是否需要选择婴儿性别以及付款的方式等,委托家庭需要向中介机构支付从50万元到150万元不等的费用。多家提供代孕服务的美国公司表示,中国国内对代

孕的需求量非常大。它们当中至少有3家公司每年的业务量增幅在30%左右。对于每年通过代孕诞生的婴儿数量,业内人士在5000人到1万人以上。①

根据另一份报道,近两年随着我国二胎政策的放开,去美国做代孕的意向父母也逐渐增多。美国的一家代孕公司透露,来自中国的客户在其所有客户中的占比从2008年的约1%增长到了现在的40%,其中多为公司老板,最近也有一些白领雇员和金领雇员加入这个行列之中。② 二胎开放之后,大龄夫妻的申请也变得多起来。"失独群体应该是我们的客源之一,但客户通常不愿谈起这些。"③

在我国,人们对代孕最大的疑虑是,一旦代孕被合法化将会对妇女的传统角色提出挑战。

(二)反对将代孕合法化

持这一观点的人士认为,代孕的负面影响太多,故我国不宜将代孕合法化。自20世纪70年代后期出现商业代孕业以来,代孕一直被指充斥着丑闻、剥削和滥用。在前面所提到的婴儿M一案中,代孕母亲改变了主意,拒绝将代孕子女交给日本亿万富翁,因为他从不同的泰国诊所订购了16名儿童。④

商业代孕被批评是物化女性、出租子宫。代孕者提供自身的子宫为委托者产子的行为也会有损女性的尊严。女性尊严是代孕中最富有争议的话题。反对者认为,代孕行为把女性定义为生产胎儿的角色,严重侵犯了代孕者的人格。医疗科技的植入,使女性成为婴儿的生产线,而生命的孕育一旦被工具化,女性身体健康将被忽视。在商业代孕中,一些贫困女性可能被高额的金钱报酬所吸引而参与代孕,其作出决定的自愿性必将难以保证,难免会带有被胁迫的成分。

我国如果将代孕合法化,则很可能与俄罗斯、印度和乌克兰一样,成为一个

---

① 参见James:《纽约时报揭中国代孕黑市:广州代孕妈妈一次可赚20万》,载医享网:http://www.yx129.com/yxqy/5885.html,2019年9月18日最后访问。

② 参见财经:《代孕:法律不禁、政府不允的尴尬处境》,载搜狐新闻网:http://news.sohu.com/20170320/n483879884.shtml,2019年7月8日最后访问。

③ 同上。

④ The Guardian,"Thailand to ban commercial surrogacy in wake of Gammy scandal",https://www.geneticsandsociety.org/article/thailand-ban-commercial-surrogacy-wake-gammy-scandal,September 18,2019;大纪元:"一日本男「生」16代孕婴国际刑警大追查",载https://www.google.com.hk/amp/www.epochtimes.com/gb/14/8/24/n4232224.htm/amp,2019年9月20日最后访问。

具有“子宫”的商业旅游目的地。其实,有不少国家试图使代孕产业合法化,但最终没有获得成功。例如,2005 年,罗马尼亚时任总统特拉扬·巴塞斯库(Traian Băsescu)否决了旨在使利他代孕合法化的生殖药物法草案。克罗地亚于2009 年通过了一项禁止代孕的法律。塞尔维亚于2010 年完全禁止代孕。目前,印度、泰国也已经禁止商业代孕,它们不希望自己国家的女性公民成为世界上的婴儿工厂。同样,中国女性也不应该成为生孩子的“容器”。

二、我国的相关立法均对代孕作出了禁止的规定

目前,我国内地制定的涉及代孕的法规只有原卫生部(现在更名为国家卫生健康委员会)在 2001 年 8 月 1 日起实施的部门规章《人类辅助生殖技术管理办法》。该办法第 3 条规定,“人类辅助生殖技术的应用应当在医疗机构中进行,以医疗为目的,并符合国家计划生育政策、伦理原则和有关法律规定。禁止以任何形式买卖配子、合子、胚胎。医疗机构和医务人员不得实施任何形式的代孕技术”,该条规定被视为处理代孕问题的基本原则。原卫生部于 2003 年修订的《人类辅助生殖技术和人类精子库伦理原则》中规定,“医务人员不得实施代孕技术”;于同年发布的《人类辅助生殖技术规范》中也明确规定,禁止医务人员实施代孕技术。

我国香港特别行政区于 2000 年颁布的《人工生殖科技条例》承认代孕行为的合法性,但是明确禁止商业代孕和营利性中介机构。该条例允许无偿代孕生殖行为,但对其有明确的限制性规定:代孕的配子只能是由合法夫妻提供;代理孕母必须年满 21 周岁且不容易患有妊娠并发症;代理孕母和意向父母必须依法被告知代孕在法律上是不能强制执行的。该条例第 17 条明确规定,禁止属于商业性质的代孕安排等。[①]

我国澳门特别行政区没有在相关的行政法规或规章中明确禁止代孕。但

---

① 香港特别行政区《人类生殖科技条例》第 17 条规定:“任何人不得:(1)(a)在香港或其他地区为以下事项而作出或接受付款——(i)提出或参与任何以作出代孕安排为出发点的商议;(ii)要约或同意商议作出代孕安排;或(iii)以将数据使用于作出或商议作出代孕安排为出发点,而搜集该等资料。(b)谋求寻觅愿意作出违反(a)段的作为的人。(c)参与管理或参与控制属法团或不属法团的团体,而该团体的事务包含或包括任何违反(a)段的作为。或(d)在知道或理应知道某项代孕安排是某项违反(a)段的作为的标的之情况下,进行或参与任何促进该项安排的作为。(2)在不损害第(1)(b)款的一般性原则下,任何人不得安排公布或分发,或明知而公布或分发关乎代孕安排的广告,不论该广告是否邀请任何人作出违反第(1)(a)款的作为。”

是,《澳门民法典》第1726条规定,"任何为第三人生育或妊娠之协议均属无效",这条规定表明代孕协议在澳门是不合法的,不具有法律效力。

我国有关代孕的立法跟世界上的其他许多国家相比存在很大差异,尤其是内地几乎没有任何规定,使法院在处理跨境代孕及其可能产生的跨境代孕亲子关系认定等问题时无法可依。笔者认为,法律作为维护社会秩序和基本行为的规范体系,应当顺应社会发展的需要,尤其是要对新兴科技的运用所带来的社会问题作出积极的反应,而不是消极的漠视或贸然的禁止,更何况禁止并不一定能达到"因禁而止"的效果,甚至会导致跨境代孕地下化、隐蔽化,催生出更多的社会问题。

三、我国跨境代孕现况

在我国,随着人民生活水平的提高,跨境代孕这种生育方式的采用率呈迅猛发展的态势。笔者在搜索引擎"百度"中输入关键词"海外代孕网",即发现有不少的海外代孕中介机构网站,如爱你海外代孕网、香火海外代孕网和孕宝宝海外孕育网等,专门为中国客户提供代孕服务。"海外代孕行业"网络现已遍布全国各地,包括北京、武汉、上海和广东等。随着中国经济的不断增长,一些为不孕症困扰的中国夫妻,在国内禁止代孕生殖行为的情况下,选择去美国寻找代孕母亲。虽然到美国寻求跨境代孕的费用高昂,但许多富有的夫妻仍然不惜耗费巨资前往。在他们眼里,在美国寻求代孕,不仅能解决不孕问题,而且生下的小孩还能拥有美国国籍,长大后还可帮父母申请绿卡。加利福尼亚州的一个代孕中心,因不孕不育而要求提供代孕服务的中国人占全部客户中的大多数。有一对委托父母事先在国内尝试过很多方法,但都以失败而告终。于是,他们来到美国,并通过代孕迎来了第一个女儿。这对夫妇随后又进行了一次委托代孕,并得到了一对双胞胎儿子。到国外寻求代孕是男同性伴侣最常用的求子方式。来自上海的34岁商人马克(Mark)表示,他清楚自己身为男同性恋者,想要孩子在中国是难以实现的。他选择在美国加利福尼亚州通过代孕得到女儿伊凡。[①] 实际上,中国公民赴美国寻求代孕的风潮已有多年,只是跨境代孕市场一直处于地下操作状态。

---

① Studio Cataldi,"La surrogazione di utero all'estero:profili di responsabilità penale(Avv. Luca Mazzanti,Dott. ssa Giuditta Pavan)", https://www.studiocataldi.it/news_giuridiche_asp/news_giuridica_11416.asp,May 6,2019.

在司法实务中,也有外国委托父母来中国寻求跨境代孕的案例。2010年,湖南省常德市鼎城区人民法院审理了一对外籍华人夫妇诉柳某监护权纠纷一案。本案中,受精卵源于外籍意向父亲的精子和捐赠者的卵子,通过植入代孕母亲柳某子宫怀孕产子。后来,代孕母亲反悔,拒绝交出代孕儿。于是,外籍意向父母向法院提起了诉讼,主张对代孕儿享有监护权。法院经过审理认为,代孕协议是当事人真实意思表示,且不违反法律的禁止性规定,对当事人具有法律约束力。代孕母亲与代孕儿没有基因联系,不是代孕儿的母亲,意愿父亲是代孕儿的父亲,获得代孕儿的监护权。法院依据我国《合同法》的相关规定,认定了代孕协议的合法性和有效性,并据此作出了如下判决:代孕母亲对所生孩子不享有监护权,代孕孩子的监护权归外籍原告H先生和R女士夫妇享有。[①]

鉴于跨境代孕生育已在我国客观存在的现实,我国的立法机构应该及时地作出应有的反应,制定出相应的法律、法规,用以规制跨境代孕行为、解决跨境代孕中可能出现的委托父母与代孕子女之间的亲子关系认定问题。

第二节　修改与完善我国相关立法的建议

一、问题的提出

我国没有在立法中明确规定跨境代孕亲子关系的认定标准。我国是禁止代孕的国家,国内认定亲子关系的法律都是以分娩者与基因母亲是同一个人为基础的。不过,在司法实践中,我国也存在单纯采用基因说来确定代孕亲子关系的情况。比如,厦门市思明区人民法院受理的一起代孕母亲诉委托父母要求给予抚养费的案件。本案中的受精卵源于代孕母亲的卵子与意向父亲的精子配子,代孕母亲怀孕并生下代孕子女之后,拒绝交出代孕孩子,委托父亲也因此拒绝支付抚养费。法院通过DNA检测结果,最后判决代孕母亲是代孕孩子的母亲,认定了委托父亲是代孕儿的法定父亲。由此可见,我国司法实践中采用基因说作为亲子关系的认定标准。[②]

此外,从人民法院对国内的代孕案件所作出的判决来看,法官们的倾向性意见是:代孕合同违反了公共利益。在2015年,上海闵行区人民法院审理的一

① 参见高英:《借腹生子引发的离奇官司》,载《常德晚报》2010年8月26日。

② 参见朱晓峰:《非法代孕与未成年人最大利益原则的实现——全国首例非法代孕监护权纠纷案评释》,载《清华法学》2017年第1期。

起罗某的父母起诉儿媳陈某的监护权纠纷案即是如此。① 本案案情为:上海有一对夫妻,因为妻子陈某患有不孕不育症,丈夫罗某与妻子陈某遂商定委托代孕母亲进行代孕,丈夫罗某的精子与非法购买的卵子通过委托医疗机构进行体外受精并配子成功后,植入代孕母亲的子宫。代孕母亲于 2011 年 2 月生下一对异卵双胞胎。为此,委托夫妻支付给代孕母亲约 80 万元。陈某通过非法手段为这对双胞胎办理了出生医学证明,在该证明上登记的生父母是罗某与陈某,并顺利办理了这对双胞胎的户籍申报,其后孩子一直与这对夫妻共同生活并由其进行抚养。2014 年 2 月 9 日,丈夫因病去世,两个孩子仍由妻子单独抚养。但是,同年 12 月 29 日,罗某的父母将儿媳陈某起诉至上海市闵行区人民法院,称他们去世的儿子才是这两个代孕孩子的生父,儿媳陈某与他们根本就没有血缘关系,而且未形成法律规定的拟制血亲关系。因此,要求法院判决他们是这对双胞胎的监护人并抚养他们。② 闵行区人民法院经过审理认为,代孕行为本身不具有合法性,所以陈某与代孕子女之间不存在拟制血亲关系;此外,陈某既非代孕子女卵子的提供者,也非代孕子女的分娩孕母,无法将代孕子女视为其婚生子女,陈某与代孕子女之间欠缺法定的必备要件而未建立合法的收养关系。鉴于此,在代孕子女生父罗某死亡而代孕母亲又下落不明的情况下,为了保护代孕子女的合法权益,这对双胞胎的祖父母要求担任他们的监护人等要求于法有据。③

一审法院支持了原告的诉讼请求,陈某不服,向上海市第一中级人民法院提起上诉。

二审法院经审理认为,代孕子女是罗某与陈某在婚后通过代孕的方式生下的子女,属于缔结婚姻关系后夫妻一方的非婚生子女。由于代孕子女一直与夫妻双方共同生活,陈某已经在事实上与代孕子女之间形成了有抚养关系的继父母子女关系。从儿童最大利益原则出发,由陈某获得监护权更有利于代孕子女的健康成长。因此,二审法院最终支持了陈某的上诉请求,判决陈某对代孕子女拥有监护权。④

---

① 参见上海市闵行区人民法院民事判决书,(2015)闵少民初字第 2 号。

② 参见朱晓峰:《非法代孕与未成年人最大利益原则的实现——全国首例非法代孕监护权纠纷案评释》,载《清华大学》2017 年第 1 期。

③ 参见上海市闵行区人民法院民事判决书,(2015)闵少民初字第 2 号。

④ 参见上海市第一中级人民法院民事判决书,(2015)沪一中少民终字第 56 号。

由上可见,两审法院均认定有偿代孕协议无效,即委托父母与代孕母亲之间签订的有偿代孕协议,以金钱给付作为代孕母亲提供子宫并孕育体外胚胎行为的对价,侵犯了代孕母亲的人格尊严,违反了社会公共道德以及由此体现出的社会公共利益原则,依据我国《民法通则》第 7 条、第 55 条的规定,认定代孕协议无效。① 不过,两审法院在判决谁对代孕子女拥有监护权方面分歧较大。正因如此,若中国委托夫妇去国外寻求跨境代孕,选择外国的法律支撑代孕合同的合法性和有效性,那么根据我国《涉外民事关系法律适用法》第 5 条"外国法律的适用将损害中华人民共和国社会公共利益的,适用中华人民共和国法律"的规定,我国法院很可能排除外国法的适用而适用中国法律。即便如此,我国法院也要考虑对跨境代孕子女合法权益的保护问题。在这方面,我国现行法律上同样处于一片空白状态,法院处理起来无法可用,无法可依。

二、对我国《涉外民事关系法律适用法》的完善建议

我国与跨境代孕亲子关系认定有关的法律是《涉外民事关系法律适用法》第 25 条规定:"父母子女人身、财产关系,适用共同经常居所地法律;没有共同经常居所地的,适用一方当事人经常居所地法律或者国籍国法律中有利于保护弱者权益的法律。"据此规定,父母子女的法律关系适用共同居所地法律;没有共同居所地的,在一方当事人经常居所地法律或者国籍国法律中适用最有利于保护弱者权益的法律。该法第 30 条规定,"监护,适用一方当事人经常居所地法律或者国籍国法律中有利于保护被监护人权益的法律"。这两条法律规定都体现了在认定涉外父母子女身份关系时,在保护子女利益方面,强调在法律适用的确定性与灵活性之间保持平衡的立法取向。

在国际私法的立法上,我国应顺应国际和国内形势的需要,建立一套跨境代孕亲子关系认定的法律制度。为此,笔者提出以下几点立法建议:

(一)确立立法的基本原则

笔者认为,应该在《涉外民事关系法律适用法》中强调,我国在认定跨境代孕亲子关系时必须将对儿童利益的保护作为首要标准或原则,还应建立对委托父母和代孕母亲家庭进行详细调查以及对实施代孕医疗行为的诊所或医生实行严格审查的制度。在认定跨国代孕亲子关系时,强调以保护儿童最佳利益为

① 参见朱晓峰:《非法代孕与未成年人最大利益原则的实现——全国首例非法代孕监护权纠纷案评释》,载《清华大学》2017 年第 1 期。

原则，这不仅是各国应当采取的做法，实际上也是各国在实践中处理跨境代孕亲子关系认定法律适用问题的一种发展趋势，已经成为法院或其他机构处理跨境代孕亲子关系认定问题的首要原则。[①] 我国当然也不例外。我国在1991年加入了联合国《儿童权利公约》，此后相继出台的《未成年人保护法》《婚姻法》以及相关司法解释中，都明确了保护儿童利益原则。坚持儿童最佳利益原则，既表明我国是在自觉地履行国际公约，也是为了保障儿童的发展权和受保护权，避免儿童因代孕出生而被歧视、被虐待和被买卖情况的发生，给代孕儿童营造一个充满关爱的生活环境。

(二)跨境代孕亲子关系认定纠纷的管辖权

我国2017年《民事诉讼法》第四编"涉外民事诉讼程序的特别规定"中没有对跨境代孕亲子关系认定纠纷的管辖权作出专门规定。该法第259条规定："在中华人民共和国领域内进行涉外民事诉讼，适用本编规定。本编没有规定的，适用本法其他有关规定。"而实际上，在《民事诉讼法》第二章也找不出相关的规定。因此，笔者建议在《民事诉讼法》第四编中新增一条：因跨境代孕亲子关系认定发生纠纷提起的诉讼，代孕子女出生地所在国、代孕母亲的惯常居所地或国籍国以及委托父母的国籍国或惯常居所地，对跨境代孕亲子关系认定纠纷均具有管辖权。以代孕子女、代孕母亲和委托父母为出发点确立管辖权，能够全方位地对儿童利益进行保护。充分保护儿童的利益符合跨境代孕立法现代化的要求。[②]

(三)跨境代孕亲子关系认定的法律适用

对跨境代孕亲子关系的认定说到底就是确定父母子女的身份关系，有了身份才会有身份权，而亲属权属于身份权的一种。一旦确定了亲属权则可以确定双方之间抚养、赡养、扶养的权利和义务。[③] 在这个问题上，可借鉴现行《涉外民事关系法律适用法》中有关涉外父母子女身份关系方面的法律适用规定，采取重叠适用法律的做法，以适用委托父母共同居住地法为主，以适用委托父母一方惯常居所地法或代孕子女出生地国法或代孕母亲惯常居所地或国籍国法

① 参见严红：《跨国代孕亲子关系认定的实践与发展》，载《时代法学》2017年第6期。

② 参见袁泉、罗颖仪：《跨境代孕亲子关系认定所涉及的若干国际私法问题》，载《国际法研究》2016年第6期。

③ 参见郑净方：《利用人工生殖技术所生子女亲子身份的认定》，厦门大学法学院民商法学专业2008年硕士学位论文，第20页。

为辅。委托父母没有共同居住地的,适用委托父母一方惯常居所地法或代孕子女出生地国法或代孕母亲惯常居所地或国籍国法中最有利于保护代孕子女利益的法律。

(四)对认定跨境代孕亲子关系的外国判决或出生证明的承认

对外国法院就跨境代孕亲子关系所作出的认定判决或签发的出生证明的承认方式,笔者认为,我国应实行"自动承认的制度",不需要经过任何特定的程序,即既不需要办理任何登记手续,也不需要经过任何承认与执行的强制性程序,更不需要法院和行政机关再作任何的判决或裁决,只要求跨境代孕亲子关系的认定是由跨境代孕国家的主管机关作出的即可获得承认。当然,"自动承认制度"是建立在我国与其他国家签订国际条约的基础上才能实现的。

后 记

本书是2017年教育部规划项目“跨境代孕国际私法问题研究”的最终研究成果，即将由法律出版社付印出版，欣喜之情，无以言表。

在书稿的撰写过程中，遇到了不少的困难，尤其是在资料的收集与翻译方面大费周折。而修改书稿所耗费的时间，远比写初稿的时间多。前后几易其稿，耗时十月有余，个中滋味，如鱼饮水，冷暖自知。

由于本书援引与参考了大量的第一手英文、俄文、日文等多种外文文献资料，加之我的外文水平有限，因此在相关外文资料的翻译方面遇到了许多的难题，也得到了不少热心朋友的无私帮助。比如，为了将外文中的人名翻译准确，我经常向我校高级翻译学院的胡正茂教授请教，而他总是不厌其烦，非常耐心地给我提供新华社、商务印书馆《译名手册》的多种不同译法作为参考之用。在一些句意、词意的翻译上，像“analogy of *jus*”“*isalat - ol - ibaha*”这类句子，胡教授都会答疑解惑，不吝赐教。借此机会，向胡教授鸣致谢意！

在这本书上，我虽然付出了大量的精力，但深感这一付出却是值得的。从当今情况看，跨境代孕这一社会现象有继续发展壮大的态势，早已引起了一些外国学者的密切关注。对此，我国学界也应顺势而上，有所作为。在此方面，我希望本书能起到抛砖引玉的作用，期待有更多的同仁加入对跨境代孕法律问题进行研究的行列之中。对于本书的错误、疏漏，敬请同行们批评指正。

非常幸运的是，本书被纳入黄进教授主编的武汉大学“国际法文库”。

最后，感谢法律出版社法治与经济分社沈小英社长和刘晓萌编辑，她们对本书提出了许多中肯、有益的意见，付出了大量的心血。在此，向她们衷心地致以谢意！

袁泉

2019 年 12 月于广州

图书在版编目(CIP)数据

跨境代孕国际私法问题研究 / 袁泉，罗颖仪著. --
北京：法律出版社，2019
(国际法文库)
ISBN 978-7-5118-9038-2

Ⅰ. ①跨… Ⅱ. ①袁… ②罗… Ⅲ. ①卫生法-研究
-世界②国际私法-研究 Ⅳ. ①D912.164②D997

中国版本图书馆 CIP 数据核字(2019)第 297651 号

跨境代孕国际私法问题研究
KUAJING DAIYUN GUOJI SIFA WENTI YANJIU

袁 泉 罗颖仪 著

策划编辑 沈小英
责任编辑 沈小英 刘晓萌
装帧设计 李 瞻

出版 法律出版社
总发行 中国法律图书有限公司
经销 新华书店
印刷 固安华明印业有限公司
责任校对 李景美
责任印制 吕亚莉

编辑统筹 法治与经济出版分社
开本 710 毫米×1000 毫米 1/16
印张 17.25
字数 301 千
版本 2019 年 12 月第 1 版
印次 2019 年 12 月第 1 次印刷

法律出版社/北京市丰台区莲花池西里 7 号(100073)
网址/www.lawpress.com.cn
投稿邮箱/info@lawpress.com.cn
举报维权邮箱/jbwq@lawpress.com.cn
销售热线/400-660-8393
咨询电话/010-63939796

中国法律图书有限公司/北京市丰台区莲花池西里 7 号(100073)
全国各地中法图分、子公司销售电话：
统一销售客服/400-660-8393/6393
第一法律书店/010-83938432/8433
西安分公司/029-85330678
重庆分公司/023-67453036
上海分公司/021-62071639/1636
深圳分公司/0755-83072995

书号：ISBN 978-7-5118-9038-2
定价：89.00 元